Enigma

Andrew Razeghi

Enigma

De onde as idéias vêm e o que fazer para melhorá-las

TRADUÇÃO
Elvira Vigna

Ediouro

Título original
The Riddle: Where ideas come from and how to have better ones

© 2008 by Andrew Razeghi
Copyright da tradução © Ediouro Publicações S.A., 2008

Tradução publicada sob acordo com a Jossey-Bass,
um selo da John Wiley & Sons.

Editor associado: A. P. Quartim de Moraes
Assistente editorial: Marcia Batista
Coordenadora de produção: Adriane Gozzo
Assistente de produção: Juliana Campoi
Editora de arte/capa: Ana Dobón
Preparação: Rodrigo Fragelli
Revisão: Márcia Duarte Companhone
Ilustrações de miolo: vide página 240
Projeto gráfico e diagramação:Dany Editora Ltda.

Dados Internacionais de Catalogação na Publicação (CIP)
(Câmara Brasileira do Livro, SP, Brasil)

Razeghi, Andrew
   Enigma : de onde as idéias vêm e o que fazer para melhorá-las / Andrew Razegui ; tradução Elvira Vigna. — São Paulo : Ediouro, 2008.

   Título original: The Riddle: Where ideas come from and how to have better ones.
   ISBN 978-85-00-01410-9

   1. Criatividade 2. Criatividade nos negócios I. Título.

08-07203   CDD-153.35

Índice para catálogo sistemático:

1. Criatividade : Idéias para mudanças : Psicologia   153.35

Todos os direitos reservados à Ediouro Publicações S.A.

Rua Nova Jerusalém, 345 – Bonsucesso
Rio de Janeiro – RJ – CEP 21042-235
Tel.: (21) 3882-8200 Fax: (21) 3882-8212 / 3882-8313
www.ediouro.com.br

Aos que resolvem problemas

Sumário

Introdução ■ Choradeira por inovação	9
Capítulo 1 ■ Intenção de inovar	23
Capítulo 2 ■ Os deuses devem estar loucos (ou vai ver sou eu!)	33
Capítulo 3 ■ Momento-eureca	42
Capítulo 4 ■ Foi um sonho	55
Capítulo 5 ■ Entrando no clima	66
Capítulo 6 ■ Mistério total	80
Capítulo 7 ■ De um óbvio ululante	100
Capítulo 8 ■ Parentes distantes	147
Capítulo 9 ■ Em posições opostas	173
Capítulo 10 ■ Um súbito brilhantismo	196
Epílogo ■ E é isso que acontece com tudo que é novo	221
Notas	225
Bibliografia ampliada	237
Agradecimentos	239

INTRODUÇÃO

Choradeira por inovação

Você já se deparou com um problema que não conseguia resolver, não importa quanto tentasse? Ao vê-lo assim, sem norte na vida, alguém provavelmente lhe disse: "Pare um pouco. Não pense tanto". E você obedeceu. E depois, ao acordar, no chuveiro ou no tráfego, aconteceu: você teve uma grande idéia. "Ahá!", você disse. "Consegui! Resolvi!" Este livro é sobre o momento do "Ahá!" — por que acontece, como acontece e o que você pode fazer para que aconteça mais.

Bem-vindo ao *Enigma*.

O enigma a que me refiro é o "xis" da questão de todo processo criativo: como podemos chegar à origem desse momento chamado "Eureca!": o mágico nanossegundo em que uma grande idéia dá uma festa surpresa dentro do seu cérebro. É nesse instante misterioso e cheio de adrenalina que problemas são resolvidos, idéias nascem e a inspiração surge. Esse desnorteante instante de genialidade inesperada é o grande objeto de desejo de artistas, designers, empresários, inventores, comerciantes, desenvolvedores, compositores e praticamente qualquer um que tenha a quase impossível missão de criar, em tempo real, soluções inovadoras para problemas existentes. Ao isolar e compreender o que provoca esse instante tão efêmero, você estará mais bem equipado para gerar idéias criativas intencionalmente, em vez de por acidente.

Isolar o "momento-eureca" não é muito fácil, e vou dizer por quê.

Primeiro, não temos o hábito de analisar a criatividade das pessoas: nos contentamos em separar quem é de quem não é criativo. E achamos que os que são criativos o são por uma espécie de graça divina, e não porque se esforçaram para isso. Essa categorização de "ter ou não ter" impede a noção de que criatividade é algo que pode ser entendido e aprendido, incluindo aí o processo de como as idéias nascem. Será que os atos criativos não são aleatórios? Existe alguma lógica envolvida?

Segundo, quase todo mundo já teve um momento-eureca na vida, mas ninguém consegue recuperar exatamente o processo cognitivo em curso; só gostamos de lembrar mesmo do momento-eureca. O fascínio e a exultação com as idéias que são o resultado do processo criativo nos impedem de ter o trabalho de tentar compreender por que afinal elas aconteceram, e como poderíamos tentar repetir o que parece ser algo completamente fora de nosso controle. Mas que tal se você conseguisse reproduzir os eventos anteriores àquele instante mágico da sua última grande idéia? Que tal se você conseguisse se tornar propositalmente, ao invés de acidentalmente, criativo?

Terceiro, por causa da aura mítica que a cerca, a criatividade é bastante mal compreendida. Temos várias desculpas para nossos fracassos e não paramos para pensar na lógica que regula o processo criativo e na possibilidade de empregá-la. Essa incompreensão começa com as muitas definições de criatividade. Bem, e se você for mais ativo em relação à sua criatividade, em vez de ficar sentado esperando por uma graça divina? Será que aumentariam as suas chances de sucesso em inovações?

Vamos começar pela procura por criatividade. Desde que escrevi meu último livro, volta e meia lembro de um comentário que o inovador das finanças, Charles Schwab, me fez. Estávamos discutindo sobre como ajudar escolas a preparar melhor nossos futuros líderes, e ele me contou uma conversa que teve com o diretor de uma faculdade de administração de Bay Area. O diretor perguntou como poderia melhorar o curso, e Schwab disse qualquer coisa assim: "O problema com vocês, professores, é que tudo acaba se resumindo a provas e cabeças compartimentadas, tudo bem quadrado mesmo".

Schwab se referia a testes padronizados, média para passar de ano e outros cacoetes acadêmicos. E "vocês, professores" incluía os administradores das escolas, além dos administradores das empresas e do mundo todo.

Embora essas avaliações acadêmicas padronizadas tenham, com certeza, função vital em nosso sistema educacional, o problema fundamental com notas e cabeças quadradas é simples: o negócio da criatividade é o negócio de pensar fora de compartimentos quadrados, não dentro. Quanto às avaliações, mesmo melhoradas com a inclusão de ensaios escritos, elas ainda assim não conseguem reconhecer ou medir criatividade. E isso vale para avaliações voltadas ao mundo dos negócios também. A grande ironia é que o mundo dos negócios gira em torno da criatividade. Dinheiro novo inunda os que conseguem lançar com sucesso produtos novos, serviços novos e modelos novos de negócios. É preciso admitir que os que desenvolvem e aplicam os testes padronizados nunca disseram que poderiam medir criatividade (aliás, dizem justo o contrário, que não podem), e isso vale para vários outros métodos de mensuração de desempenho. Pode parecer que não existe teste de criatividade. Mas existe. Só que não costumamos aplicá-los, não com a mesma freqüência dos testes de inteligência, por exemplo. Alguns poderiam argumentar que a capacidade criativa de um aluno pode ser avaliada pelo seu envolvimento em atividades extracurriculares, mas acho que essas atividades são mais uma medida de aptidão de liderança do que de aptidão criativa. Mas não quero aqui ficar batendo na tecla dos testes, porque eles estão longe de ser os únicos responsáveis pela crise da criatividade.

A responsabilidade em diminuir a crise cai direto nos meus ombros — é assunto para o campo em que trabalho, o campo da inovação. Como qualquer outro campo, esse também se beneficiaria sobremaneira de uma compreensão em comum, de uma estrutura prática comum, que pudesse ser usada para o entendimento e o ensino da criatividade. Isso quer dizer compreender, e muito, a psicologia dos gênios criativos, e como se originam suas idéias. Há uma dificuldade: mesmo nós, que estudamos o assunto, não conseguimos ter uma compreensão completa da psicologia dos gênios criativos, embora, sim, tenhamos nossas bem-informadas opiniões e uma litania acadêmica a respaldá-las. Bem, e há também uma vantagem: o campo da inovação não é um campo. Pelo contrário, somos um bando bem variado: artistas, arquitetos, psicólogos behavioristas, cientistas neurocognitivos, inventores, músicos, engenheiros mecânicos, designers de produto, cientistas sociais, engenheiros de software e, ocasionalmente, um lunático ou dois. Diversidade é nosso cartão de visitas. Como o pesquisador de criatividade Edward de Bono teorizou décadas atrás, pensamento lateral é pensamento criativo. (Pensamento lateral é pensar sem se ater às categorizações convencionais.) A desvantagem associada a essa vantagem é que não temos qualquer modelo operacional realista para gerenciar a parte visível da coisa, o *insight* criativo. E isso vale para *insights* criativos de pessoas e empresas. Sem estrutura lógica para organizar a criatividade, as pessoas lançam mão de todo tipo de ritual, na tentativa de suscitar grandes idéias. Vale uma longa caminhada ou banhos quentes de banheira. Ficamos parecendo aqueles videntes que, em volta de uma mesa vazia, ficam chamando por parentes mortos. Era bom se funcionasse, e para isso estamos dispostos a nem tentar entender o como.

Não são só pessoas que querem agarrar esse diferencial tão significativo. Empresas também querem. Corporações investem pesado em busca de novas idéias, embora tendam a ser um pouco mais organizadas do que pessoas nesse seu esforço. Uma vez identificada uma boa idéia, há todo um processo estruturado para desenvolvê-la e conseguir o maravilhoso objetivo final: vender. O processo, como uma rede, tenta pescar e aglutinar inovações, e um bom exemplo é o patenteado Stage-Gate, de desenvolvimento de produtos. Mas, com ou sem processo, a choradeira continua: De onde virá a próxima grande idéia? Para responder à pergunta, precisamos entender primeiro como as pessoas se inspiram, e só depois poderemos aplicar isso a empresas. Antes de começar a criar esse admirável mundo novo cheio de resolvedores de problemas, vamos rechear nossa conversa com uns enfoques novos. Por exemplo, precisamos pensar outra vez o que quer dizer a frase *pensar de forma diferente*.

Se você não é um profissional de inovação, vai saber que, fora desse círculo, a criatividade é, na melhor das hipóteses, uma nota de pé de página do currículo escolar. Algo que fica perto dos devaneios artísticos. E até mesmo nas escolas de administração e marketing, em geral vem com o rótulo de matéria eletiva. Acredito que isso se deva porque ainda não caiu a ficha que criatividade aplicada deveria ser uma disciplina, tal como, digamos, contabilidade. A inovação está, se tanto, distribuída em outras disciplinas, como marketing, produção, desenvolvimento organizacional, liderança, e por aí vai. Sem ser integrada. Existem aqueles, como eu, que ensinam indivíduos ou corporações a incubarem e introduzirem novas idéias no mundo, com foco em novos produtos, serviços ou mesmo negócios inteiros. Mas não há algo como carteirinha de especialista em inovação, ou diploma em criatividade conceitual, pelo menos não como existe para contador ou corretor imobiliário. Não estamos sozinhos: qualquer campo que ainda não tenha amadurecido sua atuação sofre de problemas de identidade. Por causa dessa imaturidade e da ausência de uma estrutura compartilhada, corporações penam com graduandos mal preparados para lidar com conceito, método e lógica das soluções criativas para os seus problemas. Acho que sabendo ensinar, testar e gerenciar a criatividade de forma mais sistemática, estaremos mais bem equipados para resolver muitos dos mais graves problemas do mundo.

Os "profissionais" da inovação, junto com nosso sistema educacional, podem ser os responsáveis por tentar diminuir a crise da criatividade, mas as corporações também deviam estar nesse grupo. Costumo brincar que inovadores em empresas são como universitários: um pé fora da casa dos pais, mas gastando sem parar o dinheiro deles. Em relação ao esforço corporativo para obter inovações, o dinheiro para isso muitas vezes vem de fontes díspares: pesquisa & desenvolvimento, departamento de marketing ou alguma coisa esquisita do tipo orçamento para financiar idéias interessantes. A inovação não tem o próprio cofrinho, ou um sistema próprio de medição (algo, por exemplo, como uma taxa interna de retorno de investimento). Nada que o pessoal que está lá, propondo novas idéias, possa usar para "provar" seu valor e, com isso, continuar recebendo mais dinheiro.

E quanto a quem controla a inovação dentro da empresa, é só seguir o dinheiro. Quem dá o dinheiro é o dono dela — e isso vale tanto para inovações que dão certo quanto para as que dão errado.

Tendo em vista o estilo de vida nômade que a inovação tem no mundo hoje, é surpresa saber que a maioria das novas idéias fracassa no mercado? O que mais esperar de uma coisa que não é ensinada, não é testada, não tem organização, dono ou dinheiro? Uma criança criada por lobos tem mais chance de sobreviver. Mas continuo achando que fracasso não é um pré-requisito, que mitos devem ficar para trás. As pessoas lembram da palavra fracasso assim que se começa a falar de inovação, só porque não há uma organização em volta da criatividade. Achamos que criatividade é algo que acontece depois de algumas coisas não controláveis e algumas felizes coincidências. E lá vem a crise: há um sem-número de razões para uma idéia falhar, mas esse mantra de que "é preciso estar disposto a fracassar para conseguir sucesso em inovação" causa alguns problemas.

Primeiro, ninguém quer fracassar; mais importante, ninguém quer ser flagrado fracassando. Portanto, um serviço meia-boca fadado ao fracasso raramente é eficiente em criar uma mudança de comportamento nas pessoas. Soa bem no microfone da conferência, mas cai de cara no chão no conselho deliberativo.

Segundo, o mito do fracasso faz com que negligenciemos a lógica da criatividade. O "fracassar para vencer" é tão ouvido que desistimos antes de começar. Na minha opinião, ninguém precisa fracassar para vencer. Tanto indivíduos quanto corporações precisam de mapa e bússola para viajar sem se perder. E isso vale também quando a viagem é mental, na busca de novas idéias. Há placas, marcadores de quilometragem e atalhos à disposição dos viajantes da inovação. Você precisa aprender a reconhecê-los para poder gerar soluções relevantes de uma forma mais consistente. Entre as ferramentas abordadas nas páginas deste livro estão os precursores do pensamento criativo: comportamentos e processos mentais anteriores ao aparecimento de uma grande idéia. Ao saber aplicar essas ferramentas, você será capaz de diminuir as possibilidades de fracasso em seus esforços de inovação.

O terceiro motivo para ouvir falar tanto de fracasso no campo da inovação é a adoção por atacado de mantras sem sentido como "Pense de forma diferente". "Pense de forma diferente" é tão útil para um inovador quanto "Chute de forma diferente" poderia ser para um jogador de futebol. Imagine o Ronaldinho em uma fase difícil e o técnico simplesmente dizendo: "Ronaldinho, você devia chutar de forma diferente". Seria um conselho inútil do ponto de vista prático. Se Ronaldinho não fosse o Ronaldinho, como ele poderia saber se era para ir mais devagar, de trás para a frente ou de cabeça para baixo? Útil seria dizer *como* ele deveria chutar de forma diferente. É a mesma coisa com a inovação. Corporações estimuladas a "pensar de forma diferente" seguem, com freqüência, esse mesmo caminho: uma litania de novos produtos e serviços originais, novos, maravilhosos, dignos das principais manchetes — e completamente inúteis. Seguiram o mandamento de pensar de forma diferente, mas fracassaram. Pensar de forma criativa não inclui necessariamente pensar de forma diferente, mas sim pensar de forma deliberada, ou seja, pensar de uma forma específica a respeito de determinada situação, problema ou oportunidade. E até mesmo ficar prestando atenção em pensamentos que parecem não ter nada a ver. Fazer isso envolve uma habilidade cognitiva que a maioria das pessoas possui, mas raramente exercita.

O que pretendo com este livro é ajudar você a aprender como se tornar mais criativo conceitualmente, por meio da demonstração de como os eventos que levam ao momento-eureca podem ser reproduzidos, e assim propiciar uma inovação contínua. Ao contrário do que todos pensam, a criatividade não precisa ser um processo aleatório. Existe lógica nele. Ao analisar fatos e técnicas que produzem grandes idéias, creio que podemos, juntos, começar a diminuir a crise de criatividade que ataca a maioria das empresas de hoje.

Crise pode parecer meio alarmista. E é, mas não sou eu quem está apertando o botão de alarme. Esse som estridente que você está escutando é o grito de um mercado a cada dia mais exigente, atulhado e homogêneo, no qual somos forçados a competir. Segundo uma pesquisa do Dallas Federal Reserve, o número de categorias de produtos explodiu desde 1970. Hoje vivemos em um mundo com mais de 64 tipos diferentes de fio dental (eram 12 em 1970), 141 analgésicos (eram 17), 43 itens diferentes no menu do McDonald's (eram 13) e 285 marcas de tênis de corrida, 167 masculinos e 118 femininos. As 5 marcas de antes eram unissex, e você provavelmente as conhece: Adidas, Converse, New Balance, Nike e Puma. Agora tente citar as outras 280. Com essa enxurrada de novos produtos, impiedosamente lançados todas as semanas, não há na Terra uma única empresa que não esteja desesperada atrás de uma solução para alguma necessidade ainda não detectada, ou tentando descobrir alguma nova grande idéia que tenha relevância.

Nas conversas corporativas, a frase "procurando um diferencial que tenha relevância" é tão comum quanto um carrinho de pipocas. O desafio é encontrar as idéias certas, as idéias grandes, as idéias de valor. O que inspira o gênio criativo? Um jeito de tentar descobrir isso é perguntar para quem já teve alguma grande idéia se ele sabe de onde a idéia surgiu. Descobri, no entanto, que fazer isso é inútil, já que raramente os inovadores lembram exatamente como eles tiveram as idéias. Eles até lembram o que estavam fazendo logo antes do momento-eureca, e lembram também do impasse anterior, quando buscavam a solução. Mas nunca sabem realmente o que foi que aconteceu. Só para dar um exemplo, em resposta à minha pergunta sobre a fonte da inspiração criativa de sua empresa, um cliente meu respondeu: "É como perguntar *O que é o amor?* Não sei o que é; só sei quando dá certo".

Como em relacionamentos, em que há leis que comandam a atração, no campo da inovação também as temos. Os acadêmicos da inovação e os que são bem-sucedidos em novas idéias (empresários, investidores de risco, inovadores corporativos) podem com freqüência prever bastante bem se uma idéia vai fracassar, ou as condições necessárias para um provável sucesso. Uma das razões de podermos prever esse tipo de coisa é que temos acesso a um número infinito de idéias fracassadas, e, portanto, podemos aprender com os erros dos outros. Aliás, para ensinar meus alunos do curso de inovação na North-Western University a prever se uma idéia vai dar certo ou não, digo a eles para começar fracassando. Imagine só, você se esforçou sem parar, conseguiu ser aceito em uma das maiores escolas de administração do planeta, e a primeira coisa que o professor diz para você fazer é fracassar. Na verdade, o que faço é dar a eles um produto fracassado, e eles então devem imaginar que foram eles que o desenharam e lançaram. Aí peço que me digam por que lançaram, por que fracassou e o que devem fazer de diferente para relançá-lo, ressuscitá-lo ou consertá-lo de alguma forma. Aliás, "matar o produto" é uma opção, mas nem precisa. Usamos os clássicos dos clássicos em matéria de produtos fracassados: O Singles da Gerber (comida de bebê para adultos), o Iridium da Motorola (telefone por satélite), lenços de papel Avert Virucidal da Kleenex (contra germes), o modelo Edsel da Ford e o meu favorito: Hey! There's a Monster in My Room (uma espécie de spray antimonstros para crianças).

Por que o Hey fracassou? Pense só. É noite. Está escuro lá fora. Você acaba de dar banho no seu filho, leu um livro para ele, pôs na cama e ajeitou as cobertas. Bem na hora em que ele acha que está tudo bem e gostosinho, você dá a ele uma lata de spray. "Para que é isso?" pergunta o queridinho, e você responde: "Porque *ei, tem um monstro no seu quarto!*". Muito obrigado. Parecido com o Singles da Gerber. Pense: você se encontra temporariamente solteiro, é sábado à noite e você está em casa sozinho comendo papinha de bebê tirada de um potinho. Como o produto faz você se sentir? Merece todo o fracasso do mundo, como, aliás, as outras idéias da lista supracitada.

Se você conseguir escutar, fracasso é o maior professor que existe, embora eu aconselhe sempre a dar preferência aos fracassos dos outros, não aos seus. Não foi o que fez a Kleenex. Vinte anos depois do fracasso dos lenços Avert, ela os relançou com nova tecnologia e novo nome: Kleenex Anti-Viral Tissues. Desde então, é um sucesso no atendimento das necessidades de seus clientes, graças a uma história bem melhor: o produto não se limita a capturar germes viajando a 320 km/h depois de expelidos em um espirro: ele também os mata. Os lenços, diz a Kleenex, matam "99% dos vírus de gripes e resfriados antes que se espalhem". Se considerarmos que um espirro ou tosse pode arremessar vírus a até um metro de distância, e que eles podem ficar vivos e contentes por até vinte e quatro horas, a venda é certa. Mas então por que o antecessor Avert fracassou? Deve ter sido o nome. Afinal, o que quer dizer *virucidal*? Ou foi porque os lenços eram impregnados com um derivado de vitamina C, fazendo você pensar como seria esfregar um limão no olho. E, de qualquer forma, o problema continuou: como fazer para parar de espalhar resfriados.

Como o Avert e outros nos ensinaram, embora a implementação da solução tenha sido problemática, a necessidade continuava lá. Com o fracasso do Avert, a necessidade que ele deveria ter atendido continuou sem solução por pelo menos duas décadas. Por quê? Bem, se fosse você que estivesse trabalhando na Kleenex de 1985 (lançamento do Avert) até 2005 (lançamento do Kleenex Antiviral), você não ia querer sugerir retomar um fracasso desses, não é?

A razão de não vermos uma grande idéia nem sempre é o medo de fracassar: pode ser simplesmente porque estamos cegos para ela, ou esquecemos que alguém em algum lugar e momento tentou resolver aquele problema e fracassou na execução da solução. Se você quer criar um futuro, estude o passado — nos seus sucessos e fracassos: O que deu errado? O que funcionou? O que você pode tirar daí que possa ajudá-lo a inovar mais uma vez? Se você não fizer isso, em vez de um enfoque disciplinado dos momentos-eureca terá sempre o queixo caído frente à grande idéia dos outros, com a eterna pergunta: "Por que eu não pensei nisso antes?".

A boa notícia é que pensar com criatividade é uma opção a seu dispor. Você controla. E, embora o campo da inovação ainda tenha que comer muito feijão até ocupar seu espaço ao lado de disciplinas consagradas, e embora esse livro de forma alguma tente solucionar sozinho a crise da criatividade, vejo isso como um bom ponto de partida. Para exercer essa opção, primeiro vamos definir o que é criatividade (exploraremos isso em detalhe no Capítulo 1). Um dos maiores problemas que enfrento no meu trabalho é que *criatividade* e *criatividade aplicada* (ou inovação) significam coisas muito diferentes para pessoas muito diferentes. Desde criar coisas originais até não ter pensamentos quadrados, usar a *inovação* é, na melhor das hipóteses, algo meio difícil de definir.

Para ajudar nessa nossa conversa, e, portanto, ajudar o campo da criatividade aplicada, começo este livro distinguindo três tipos de criatividade: criatividade artística, descobertas científicas e criatividade conceitual. Como você logo vai perceber, *Enigma* está preocupado principalmente com a criatividade mais negligenciada e mais incompreendida de todas: a criatividade conceitual, a criatividade dos negócios.

Além de significados semânticos divergentes, a inovação está cercada de mitos ferrenhamente populares: inovação é criar o que não existe; você pensa com o lado direito do cérebro ou com o esquerdo; quem sai na frente tem sempre vantagem; o fracasso é necessário. Esses mitos, peixinhos vermelhos a nadar no grande aquário que é a blogosfera, formam nossa incompreensão sobre a inovação. Com uma vida pesquisando, ensinando e aconselhando corporações no mundo inteiro, acredito que esses mitos são um entrave à nossa capacidade de resolver problemas. Vou tentar desmascará-los no decorrer do livro, mas comecemos com alguns pensamentos. Primeiro, não existe esse negócio de ter uma idéia nova. O que existe são idéias que ainda não foram combinadas da forma certa, ou idéias cujo tempo ainda não chegou. Preste atenção ao conselho de Carlos Pellicer, um poeta modernista mexicano: "Sou o tempo entre duas eternidades, a de antes e a que vem depois de mim. Fogo; sombra solitária em meio a imensas claridades". Se quiser vencer em inovação, estude o passado. Tudo já foi feito — talvez de forma diferente, ou em algum outro lugar. Os que têm sucesso em inovação muitas vezes conseguem sua vitória reinterpretando o passado ou reconfigurando o presente, para então criar o futuro.

Um segundo mito que merece ser desmascarado é o de que as pessoas usam o lado direito do cérebro (criativas) ou o esquerdo (lógicas). Embora a idéia possa ser boa para uma história de ficção científica, ninguém tem meio cérebro. Rotular alguém como mentalmente de esquerda ou de direita é tão útil para a inovação quanto dizer que uma zebra é preta de listas brancas ou o contrário. Como vamos ver, você usa o cérebro inteiro no processo criativo.

Terceiro, ao contrário da opinião popular, quem sai na frente nem sempre consegue manter sua vantagem. Com a exceção notória das indústrias muito regulamentadas, como a farmacêutica ou a bélica, em que o desenvolvimento do produto se dá a partir de especificações técnicas precisas, o que acontece com freqüência é que uma corporação vá atrás da que saiu na frente e, mesmo assim, acabe criando mais valor e sustentando o sucesso por mais tempo. Em um mundo hipercompetitivo, e onde pouca coisa é segredo proprietário, se você quiser valor sustentável, desenvolva a capacidade de *encontrar* os primeiros proponentes de algo que interesse a você. E aí, faça melhor o que eles fazem ou descubra um jeito de trabalhar com eles. A idéia de conectar-se a idéias existentes (*versus* inventá-las) não chega a ser uma moda recente no campo da inovação; é o fulcro do incrível sucesso de um dos inventores mais conhecidos no mundo, Thomas Edison. Edison era mais um agente de invenções do que um inventor. Seu talento estava mais em atrair os melhores e mais brilhantes inventores, gerenciá-los em equipe e promover o trabalho deles, com toda a veemência possível, sob a marca Edison. Edison sabia muito bem o valor de uma marca, muito antes de isso virar clichê.

E, por último, o mito de maior penetração no campo da inovação, o de que fracasso é necessário. Fracasso *não* é necessário. Se aprender a pensar de forma adequada, em vez de pensar de forma diferente, você conseguirá afastar o fracasso do seu processo criativo. Claro, sempre existirão fracassados, mas você não prefere aprender com o bolso dos outros em vez de gastar seu próprio dinheiro repetindo os erros deles?

Enigma tentará dissipar esses mitos. Mas a meta principal aqui é demonstrar técnicas para impulsionar a criatividade conceitual — ajudar você a pensar de forma deliberada, e não só de forma diferente. Farei isso baseado na minha crença de que criatividade pode ser ensinada, e aprendida. Acredito que aprender a pensar de modo criativo não é diferente de aprender matemática. Há regras, há uma lógica, há respostas certas, e existem também respostas erradas. A única diferença entre criatividade e matemática é que criatividade aplicada enquanto disciplina ainda não recebeu a atenção destinada à matemática.

O conteúdo deste livro é composto de opiniões embasadas, observações e uma ou outra verdade pétrea que encontrei durante meu trabalho de educador e consultor de criatividade, inovação e crescimento, lidando com indivíduos e corporações de todas as formas e tamanhos. É minha intenção com este livro — e convido você a se juntar a mim — ajudar no desenvolvimento do campo da criatividade aplicada (inovação), entendida aqui não como o feliz acidente que às vezes acontece depois de um fracasso, mas como uma disciplina. Acredito que a melhor forma de começar essa nossa conversa é pensar, não diferentemente, e sim deliberadamente, sobre os precursores comuns, mas ariscos, que antecedem o pensamento criativo.

Como na maioria dos enigmas, aqui também a resposta pode estar na pergunta. Há pistas. A resposta para o enigma criativo — de onde as idéias vêm — pode ser encontrada por meio do estudo da inspiração (idéias) e dos indivíduos responsáveis por ela. Se você olhar de perto para as idéias, e para as experiências que as antecederam, você verá pistas sobre suas origens. Na minha pesquisa identifiquei cinco pistas, cinco precursores do pensamento criativo — aqueles que com freqüência estão presentes na concepção de uma idéia. Projetei e escrevi este livro para explorar cada um desses precursores em capítulos consecutivos — curiosidade, limites, convenções, ligações e código. Para ajudar você a aprender a invocar momentos-eureca sempre que tiver vontade.

Idéias e conceitos propostos aqui não são, de forma alguma, definitivos. Não descobri nenhum Santo Graal que governa epifanias e jamais pensaria em garantir que tudo neste livro vai funcionar em todos os casos. Mas posso prometer o seguinte: se você abordar os princípios e sugestões do livro com mente aberta e curiosidade intelectual, você terá sua recompensa.

1
Intenção de inovar

A palavra *inovador* nos invoca uma galeria de famosos, com as figurinhas de sempre: Leonardo da Vinci, Albert Einstein, Richard Branson. Tendemos a achar que todos eles são uma coisa só, gênios criativos. Mas para entender de onde as idéias vêm, é importante primeiro discernir as diferentes formas de expressão criativa e os diferentes tipos de inovadores — há a criatividade artística (Pablo Picasso, por exemplo), criatividade científica (Marie Curie) e criatividade conceitual (James Dyson, o inventor do aspirador de pó Dyson, aquele que "não perde sucção"). Esses três tipos de inovadores têm habilidades diferentes e objetivos diferentes. Saber dessas diferenças fará você evitar, no seu caminho rumo à inovação, dar de cara com postes de beira de estrada tais como empresas de risco sem futuro, lançamentos de produtos que não funcionam e decisões equivocadas de investimento. Para contextualizar as intenções de inovar, vou compartilhar com você uma experiência pessoal minha, a que me levou ao meu momento-eureca sobre meu campo de trabalho: inovação. Se você já esteve alguma vez em um seminário de criatividade, vai saber do que estou falando.

Karaokê é uma atividade escusa, e deveria ser mais controlado pelas autoridades. É necessário haver uma plaquinha, em lugar bem visível, alertando: *Só é permitido o uso do karaokê por pessoas altamente embriagadas, ou na presença de platéias em coma profundo. Sua finalidade exclusiva é de entretenimento, e o uso em qualquer aplicação prá-*

tica é terminantemente proibido. A não obediência à lei implicará em multa pesada. Eu estava por ali, cuidando da minha vida quando, de repente, me vi no meio de uma gente esquisita que cantava o "I Will Survive", de Gloria Gaynor. Meu Deus. Só lembro que uivávamos para alguma lua, as cabeças jogadas para trás, mãos para o alto. Técnicas de sobrevivência na selva me passavam pela cabeça, junto com imagens de combustão espontânea. Um observador poderia concluir que se tratava de algum ritual exótico, mas muito pelo contrário. Eu estava em um seminário de criatividade: um evento de um dia destinado a ajudar os participantes a "pensar de forma diferente". O ambiente parecia cenário de um programa infantil de tevê: jogos, brinquedos, bolinhas de gude. Você sabe do que estou falando. Lá pelas tantas, teve até hora do lanche com picolés. O mediador da sessão conseguiu que um homem da Kibon passasse com seu carrinho por ali. Escolhi um de cereja, lima e framboesa. Delícia.

E então aconteceu. Ahá! Eu estava de fato começando a pensar diferente. Enquanto lambia um restinho de cereja, lima e framboesa dos dedos, de repente percebi quanto criatividade e inovação eram incompreendidas.

Para diminuir as inibições, companheiras fiéis da criatividade, muitos profissionais de inovação usam situações como a descrita acima. Acreditam que o pensamento divergente (aquele que acontece fora dos quadrados) aumenta quando as inibições diminuem. Pura verdade; o problema está em como eles promovem a criatividade. Promover criatividade *artística* (criação de objetos únicos) com música e dança pode ser divertido por um tempo, mas não é, necessariamente, o método mais eficaz de encorajar a criatividade *conceitual* (a arte de resolver problemas). Realmente tem seu atrativo, e, quando usado com moderação, pode funcionar. Mas também poderíamos dizer que a manifestação pública de dons artísticos também pode aumentar a inibição em muita gente, principalmente quando ela acontece na frente de estranhos, ou mesmo de colegas de trabalho.

Já que criatividade é uma função tanto cognitiva quanto emocional, a sensação de ansiedade produzida por façanhas desse tipo pode estreitar nossa atenção (parte cognitiva) e nos motivar (parte emocional) a bater em retirada da criação colaborativa ("Tenho de sair daqui!" se torna a idéia fixa). Ansiedade e criatividade formam um estranho casal. Robert Sternberg, um importante pesquisador de inteligência e criatividade, descobriu que "uma pessoa criativa está disposta a tolerar essa ansiedade [a de tentar chegar a uma solução] por tempo suficiente para descobrir uma solução ótima, ou quase ótima. "Para outros, entretanto, rastejar para dentro do quadrado mais próximo (*versus* evitá-los) é a reação mais provável". Essas técnicas muitas vezes nem sequer esbarram em uma idéia relevante, não por serem bobas, mas porque são desenvolvidas sob a premissa de que toda criatividade é arte. Seu objetivo é criar algo único, em vez de criar algo que sirva a um objetivo relevante ou solucione um problema existente.

O mito do artista nasce da incompreensão que cerca a criatividade aplicada, ou seja, a inovação. A inovação é tão incompreendida que muitos de nós nem ao menos temos uma imagem formada de como inovadores devem ser fisicamente. A título de exemplo, durante uma entrevista transmitida via webcast no Instituto Tecnológico de Monterrey, uma das principais universidades do México, Carlos Cruz, presidente de inovação e desenvolvimento institucional, me perguntou se eu seria capaz de identificar um inovador apenas pela aparência física. E confessou que, antes de me conhecer, esperava me ver de jeans e meio desleixado — uma visão romântica de artista —, ficando surpreso com meu terno e gravata. Essa imagem do "inovador" não é necessariamente mítica; simplesmente é um reflexo da compartilhada incompreensão quanto à diferença entre criatividade artística e criatividade conceitual. Depois de dar minha resposta, que vou dizer qual foi daqui a pouco, Cruz então falou por que perguntou aquilo: ele também usa terno e gravata, e sempre tem de se explicar. Afinal, *inovação* faz parte do cargo que ocupa. Essa incompreensão coletiva da inovação é tão difundida que até temos um estereótipo de como um inovador deve parecer: um híbrido de Albert Einstein e Andy Warhol. E aqui jaz o problema.

Embora toda arte precise de criatividade, nem toda criatividade precisa de arte. Por exemplo, um cirurgião apela para a criatividade ao se deparar com imprevistos durante um procedimento. Empresários também, depois de terem queimado todo o orçamento. Até onde eu saiba, não há casos documentados na literatura médica de cirurgias cardíacas salvas por um karaokê, e embora empresários fiquem paralisados frente a uma tela em branco, começar do zero um novo negócio para eles não é nada. Não é artística a criatividade de empresários, desenvolvedores de novos produtos, médicos, pais e todos os encarregados de achar soluções inovadoras para problemas existentes. É conceitual. E elas são bem diferentes.

Arte engloba objetos únicos, como música, admirados por seus princípios estéticos. Criatividade artística significa moldar coisas que atraem a atenção por sua beleza ou meramente por sua existência, como é o caso do *David* de Michelangelo. Criações artísticas podem ser únicas, mas serão relevantes na solução de problemas específicos? Não importa, na verdade. Não precisam. A *Mona Lisa* precisa ser admirada, não precisa resolver problemas. É arte — e das melhores. Mas a criatividade conceitual tem um objetivo: resolver um problema, ou satisfazer uma necessidade, vontade ou desejo. Por exemplo, descobrir como conseguir água potável no sul do Sahara é um problema. A Ethos Water pensou em um jeito. Para cada garrafinha da marca Ethos comprada no Starbuck's ou outro lugar, cinco centavos vão diretamente para programas de tratamento de água no mundo todo. A Ethos achou uma solução única e relevante para atender a uma necessidade não atendida. É uma inovação conceitual. Não é arte. Outro exemplo de solução técnica para o mesmo problema é o da LifeStraw, um enorme canudo de aproximadamente 25 centímetros, com um filtro de carvão que limpa a água de bactérias e parasitas. Com ele, pode-se beber com segurança de uma fonte de água contaminada. Um mesmo problema e duas soluções criativas.

Essa confusão comum entre criatividade artística (invenção de coisas únicas) e criatividade conceitual (solução de problemas) é uma das principais razões do fracasso de tantas idéias no mercado.

O fracasso em inovação sofrido por tantas pessoas e corporações se deve a um foco muito grande na criatividade artística durante a introdução de novas idéias. Acabam lançando novidades, não soluções. Idéias que fracassam são muitas vezes únicas, e, portanto, um sucesso em termos de obras de arte; mas são raramente relevantes, e, assim, fracassam como conceito. No final das contas ganham admiração, não vendas.

O famoso mico de 400 milhões de dólares da Ford Motor Company, o Edsel de 1958, foi admirado pela sua novidade, mas rejeitado como conceito. Na verdade, conceito era o que faltava. Consumidores não entenderam o que era aquilo, qual era seu diferencial em relação aos produtos existentes, como o Mercury da própria Ford, ou por que deveriam comprá-lo. Não resolvia um problema nem criava uma oportunidade relevante para o seu público-alvo. Não era um conceito. Era arte (e uma arte perigosa, como o *Unsafe at Any Speed* do Ralph Nader revelou). Embora a maioria das corporações, incluindo a Ford, certamente não tenha a menor intenção de criar arte quando desenvolvem novos produtos, serviços e iniciativas, freqüentemente há essa confusão entre criatividade artística e criatividade conceitual. É mais do que uma questão semântica, é nuclear.

Sendo educador e consultor coorporativo em matéria de criatividade e inovação, freqüentemente escuto a frase "Eu não sou criativo, apenas isso". De Chicago a Xangai, são sempre as mesmas palavras, sem diferenças culturais. E não é verdade. Só porque você não sabe cantar, dançar ou tocar um instrumento, isso não quer dizer que você não seja criativo. Você pode não ser criativo *artisticamente*, mas pode ser criativo *conceitualmente*. Pense no seguinte: Quando foi a última vez em que você teve um problema e o resolveu? Talvez você tenha ficado sem um ingrediente importante quando estava cozinhando e precisou improvisar. Ou talvez você tenha sido obrigado a "trancar" a porta do carro com fita adesiva. Ou durante a palestra mais importante da sua vida, você precisou inventar a resposta a uma pergunta da platéia. Seja qual tenha sido o problema, resolvê-lo foi um ato de criatividade. Se alguma vez na vida você resolveu um problema, você é um criativo conceitual. Então se dê o devido crédito: você é capaz de criar.

Minha definição de criatividade conceitual é simples: criatividade é o que faz um cachorro nadar. Quando o latido acaba, a natação começa. Quando não tem outro jeito, fazemos algo.

A diferença entre inovadores de sucesso e os que querem o sucesso com a inovação começa com a intenção de cada um. Para ser bem-sucedido em inovação, não dirija seu foco para a criação; pense em resolver um problema. Dedicar-se à inovação sem um problema definido é como um cirurgião dedicar-se a uma cirurgia sem um diagnóstico. Desastres mortais se tornam iminentes. Assim, o uso da criatividade conceitual como ferramenta começa sempre identificando e definindo um problema. Isso engloba: alimentar a curiosidade sobre o problema; identificar limitações associadas à sua solução; desafiar as convenções a respeito das soluções julgadas possíveis; e fazer ligações não-ortodoxas entre áreas diferentes. De prêmio por tudo isso, seu pensamento criativo conceitual lhe dará novas idéias. Sabendo dessas características, a idéia de *pensar de forma diferente* é perda de tempo, já que simplesmente sugere que você pense "de alguma outra forma". Eis um clichê que não ajuda você em nada no aprendizado de pensar mais criativamente. Assim, meu foco está não tanto em fazer você pensar diferente, mas em fazer você pensar deliberadamente a respeito de como sua mente está e que métodos existem para uma solução criativa de um problema. Por exemplo, um método é o de fazer ligações não-ortodoxas entre pedaços de informação que parecem não ser relacionadas. Chamo isso de *pensar lateralmente*. Esse tipo de processamento de informação é a marca registrada do pensamento criativo. Todos os humanos têm a capacidade de pensar lateralmente; você só precisa de uma atitude deliberada de como fazê-lo.

Por exemplo, ao contrário do que todos pensam, Henry Ford não inventou a linha de montagem; ele pegou a idéia emprestada de uma indústria de embalagem de carne de Chicago. Depois, ligou esse conceito ao de reaproveitamento de peças. Também não era idéia dele, mas de Eli Whitney, que a introduziu em 1801 para que militares norte-americanos pudessem montar novas pistolas a partir das peças de pistolas quebradas. E, finalmente, Ford juntou essas duas idéias a uma terceira: produção em fluxo contínuo, uma idéia que foi usada pela primeira vez na indústria do tabaco em 1882, para fazer cigarros. Misturando essas idéias diferentes, nasceu uma grande idéia: a fábrica moderna. Andrew Hargadon, professor-assistente de tecnologia de gerenciamento na Universidade da Califórnia, define com precisão qual é o verdadeiro gênio criativo de Henry Ford: "O sistema de Ford foi revolucionário no impacto na indústria automobilística, fábricas e sociedade... *porque* usou tecnologias já existentes". O futuro está acontecendo agora, em volta de você. Mas se você olhar só para o que está na sua frente, que é para onde a sabedoria convencional e todos os "futuristas" sugerem que você olhe, você jamais o verá. Olhe em volta (lateralmente) e para trás (historicamente), e o futuro começa a se tornar mais claro.

Por que estudar história? Porque idéia nova não existe. Por exemplo, a câmera descartável é um molho atual em cima de uma idéia velha. Na virada do século XIX, os fotógrafos mandavam a câmera inteira para que seus filmes fossem revelados, e depois a recebiam de volta, junto com as fotografias reveladas. Hoje jogam a câmera fora, simplesmente.

Embora idéia nova não exista, existe conceito novo. Pense em conceitos como sendo sistemas de idéias. Mesmo quando as partes separadas de um conceito não são novas, a combinação delas — que você não vê — é. E é lá que está o dinheiro. Por exemplo, Henry Ford viu o invisível (linha de montagem). Não a linha de montagem em si, mas principalmente o conceito de como usá-la em uma fábrica. Não as peças mecânicas sujas de graxa andando em linha reta, mas uma manifestação de vários microconceitos já existentes e díspares. Ford chegou ao seu momento-eureca não apenas por pensar de forma diferente, mas por pensar de forma deliberada. Para ser específico, ele pensou lateralmente: saiu dos limites quadrados de sua categoria de trabalho, os carros, mas não de sua área de competência, a fábrica. Ao combinar três idéias muito diferentes, adquiridas em outras indústrias e na história, Ford criou um conceito único e relevante: a estrutura da fábrica automobilística moderna. O mais importante é que a busca da novidade não foi a motivação a levá-lo a seu processo inovador. Foi a busca de uma resposta para o seu problema: fazer carros melhor, mais rápido e mais barato. Henry Ford não era um artista. Era um pensador conceitual criativo.

Criatividade conceitual é quando uma mesma idéia funciona de três maneiras. Primeiro, ela precisa estar voltada diretamente para um problema bem definido. Por exemplo, fazer carros em grande quantidade tinha um problema de custo-benefício; isso era uma limitação interna para o empresário Ford e sua empresa. Segundo, ela precisa ser original na sua resposta ao problema. A montagem em fluxo contínuo e peças intercambiáveis eram métodos não convencionais na indústria automobilística. É importante notar que uma idéia não necessariamente precisa ser nova em folha para ser inovadora; ela precisa ser original apenas em relação à situação específica. Nesse caso, a forma que Ford usou para aplicar essas duas idéias nos seus carros foi realmente nova. E terceiro, para uma idéia ser criativa conceitualmente, ela precisa ser relevante para o seu público-alvo. Nesse caso, o público-alvo era interno: os funcionários da Ford. Ao fazer com que o trabalho viesse até eles, tornaram-se mais produtivos, criando fábricas mais eficientes.

Em retrospectiva, o conceito de Ford nos parece óbvio. Porque era. Não era novo. Era simplesmente algo que ninguém mais conseguiu ver, que unia três idéias díspares para resolver um problema. Na prática, indivíduos e corporações às vezes fracassam na hora de "se tornar criativos" porque não conseguem alinhar essas três palavras: solução *única* e *relevante* para um *problema* existente. Mais vezes do que gostaríamos, as pessoas que buscam a inovação se distraem com a ilusão romântica de conseguir uma idéia novinha em folha. Querendo romantismo, pomos esforço excessivo na busca de algo único, em vez de tentar resolver um problema. E aí, lançamos obras de arte, não conceitos.

Ironicamente, embora Henry Ford tenha sido um criador conceitual brilhante, uma das "artes" mais famosas do mundo saiu da empresa que ele criou, a Ford Motor Company. Você deve estar se perguntando como uma empresa que leva o nome de Henry Ford produziu um dos mais espetaculares fracassos de produto na história. Vale dizer que Henry Ford tinha morrido dez anos antes do lançamento do Edsel. Para ser justo, embora muitos fatores tenham contribuído para o falecimento do Edsel, posso dizer que a empresa Ford se perdeu na arte da inovação (*versus* conceito de inovação). Com o tempo, a empresa se encantou consigo mesma e os produtos que vendia, e pode ter esquecido dos problemas a ser solucionados. Para falar a verdade, no caso do Edsel, não havia problema algum a ser resolvido, e, portanto, o Edsel virou uma obra de arte muito, muito cara. Infelizmente, a Ford não está sozinha. A linha entre criatividade artística e conceitual é às vezes pouco clara. Se sua intenção é criar pelo prazer da criação, então não hesite, mande ver! Mas se o seu objetivo é satisfazer necessidades, resolver problemas ou criar uma oportunidade onde não existe nenhuma, é preciso fazer perguntas diferentes e resolver outras charadas.

O que nos leva à terceira forma de criatividade: o processo da descoberta científica. Embora a descoberta científica seja freqüentemente discutida no contexto da criatividade, ciência é muito diferente tanto de arte como de conceito. Na ciência, existem apenas respostas definitivas. Ao contrário da *Guernica* de Picasso (arte) e do iPhone da Apple (conceito), a hélice dupla, a eletricidade e a benzina não são coisas que alguém inventou. Elas existiam muito antes que nós tivéssemos maturidade suficiente para descobri-las. Além disso, ao contrário de arte e conceito, descobertas científicas envolvem verdades absolutas. E, a menos que o Congresso revogue as leis da física, a verdade não vai mudar no futuro próximo. Em uma frase simples: a criatividade científica diz respeito a descobertas (verdades), e a criatividade conceitual diz respeito a tornar real algo que não está lá (idéias). Não prometo transformá-lo no próximo Thomas Edison, Mary Kay Ash ou Aaron Spelling (o produtor de televisão mais produtivo dos Estados Unidos, que poderia muito bem ter dado aulas magnas tanto em criatividade conceitual quanto artística), mas mantenha essas diferenças na cabeça e os próximos capítulos irão ajudá-lo a melhorar sua capacidade criativa.

Para tentarmos resolver o enigma, vamos começar voltando no tempo. História é um professor muito negligenciado.

Resumo e exercícios criativos

- Nem toda criatividade tem o mesmo objetivo ou usa o mesmo processo mental. Para diminuir o fracasso relacionado à inovação, tente não confundir criatividade artística (a habilidade de criar coisas admiradas pela beleza estética) com descoberta científica (a habilidade de descobrir coisas que já existiam) e criatividade conceitual (a criação de soluções únicas e relevantes para problemas já existentes ou que estejam surgindo).
- Idéia nova não existe. Tudo já foi feito. Procure maneiras de aplicar na sua situação específica idéias que existiram antes ou que existam agora, em outros lugares, indústrias ou categorias.
- Inovação não é o que surge quando você pensa de forma diferente. É o que surge do pensamento deliberado (e com processos específicos) a respeito de problemas e necessidades existentes. Esses processos serão debatidos neste livro, no contexto de precursores do *insight* criativo.

2
Os deuses devem estar loucos (ou vai ver sou eu!)

Desde a Antiguidade, acadêmicos — entre eles Sócrates, Platão e Aristóteles — são fascinados pela origem das idéias. Os gregos não viam nada de tão misterioso na criatividade. Do ponto de vista deles, as idéias vinham sempre da mesma fonte: os deuses ou, mais especificamente, as deusas. Cada uma das nove filhas de Zeus, as Musas, tinha domínio sobre um aspecto de expressão criativa: poesia, música, dança e por aí afora. Platão observou: "Um poeta é sagrado, e não é capaz de compor até se tornar inspirado, até sair de si e a razão abandoná-lo... pois não é a arte que o impulsiona, é o poder divino". As deusas não só deviam inspirar a criatividade, mas eram um grupinho bem discriminatório quando se tratava de escolher quem devia ser inspirado ("respirado para"). Era lugar-comum entre os inspirados manter um relacionamento exclusivo com algum ser sobrenatural. Sócrates, por exemplo, atribuía a maior parte de seu conhecimento a um "demônio" lá dele.

Pela concepção de Sócrates, possessão demoníaca era igual a presente divino, concedido a poucos. Uma vez escolhido por uma Musa para ser inspirado, você só tinha uma coisa a fazer: pegar a idéia no paraíso e trazê-la para os humanos. Para os gregos, nós humanos éramos humildes mensageiros das mensagens divinas, e, assim, a única forma de "ser criativo" era através de estados de espírito específicos, como possessões demoníacas ou transe parecido, como o sono, em que você talvez conseguisse se comunicar com os deuses. Criatividade era entendida como um ato fora de controle. Na verdade, a expressão "você deve estar fora de si" não queria dizer que você ficou completamente louco, mas sim, que suas idéias criativas só poderiam ter se originado em algum lugar fora do seu corpo (no sentido literal), só entrando lá dentro por um ato de inspiração divina.

A loucura inspirada era um estado de espírito desejável. Uma vez, Aristóteles, talvez em uma tentativa de se liberar de seu mentor Platão, sugeriu que a doença mental poderia ter um papel na criatividade. Mas a respeito de doença mental, os altamente criativos filósofos gregos se apressaram em distinguir "perturbação divina" e "perturbação clínica". Claro! A loucura é dos deuses! Eu não sou louco!! Platão postulou: "A loucura, desde que venha como presente divino, é o canal pelo qual recebemos as maiores bênçãos... [ela] é mais nobre que a sobriedade... A loucura vem de Deus, enquanto a sobriedade é apenas humana". Mas Aristóteles concordava em que havia diferença entre os que se distinguiam e o maluco total, e sua maior contribuição foi a sugestão de que a capacidade de criar está não apenas acima de nós, mas dentro de nós. Apesar de Aristóteles nos dar essa força para criarmos a partir de nossa vontade, a crença de que criatividade é produto de inspiração divina continuou a dominar nossos pensamentos através da Idade Média até boa parte do século XVI.

Durante a Renascença italiana, o termo *gênio* começou a ser usado. Naquele período, o gênio criativo era medido, grosso modo, pela habilidade de a pessoa imitar outras (os grandes mestres) ou imitar a vida (natureza). De nada adianta que artistas como Leonardo da Vinci e Giorgio Vasari sejam admirados, exemplos reverenciados do "ideal da imitação": ambos lutaram contra a noção de que a criatividade pudesse ser medida pela excelência de uma imitação, e sugeriam, pelo contrário, que criatividade incluía a criação do novo.

Assim como os gregos, os italianos também aderiram à loucura (*pazzia*) como precursora de criatividade. *Pazzia* não era bem loucura, era mais perto da melancolia, com solidão, depressão, excentricidade e sensitividade. Assim como entre os gregos, esse estado de espírito era amplamente desejável. Aliás, na Europa do século XVI (e na década de 50 dos Estados Unidos), esse temperamento se tornou moda. Como Joyce Johnson escreveu em *Minor Characters*, uma descrição dos Estados Unidos da década de 50, "a *geração beat* vendeu de livros a suéteres pretos de gola alta, bongôs, boinas e óculos escuros, vendeu um estilo de vida que parecia perigosamente divertido — sendo, dessa forma, criticado ou imitado". Apesar da admiração, a criatividade era também algo a ser temido, um tipo de diversão perigosa. E desde então restringimos sua influência com paródias. O lendário jornalista Herb Caen foi quem cunhou o termo *beatnik* em 1958, em um artigo para o *San Francisco Chronicle* em que retratava os membros da geração beat como "anti-americanos". *Beatnik* era uma rima para o ícone espacial russo *Sputnik I*.

Assim como restringimos a mensagem dos poetas beat da década de 50 com imitações, restringimos a imaginação do século XVIII com racionalidades. Mas, na verdade, tanto a imaginação quanto a razão são necessárias para conceber grandes idéias. Como vamos explorar neste livro, o Iluminismo, chamada de Idade da Razão, reverenciava a explicação científica e encorajava um clima intelectual e um estilo de vida que abriram caminho para o banquete da inovação que veio a seguir, durante a Revolução Industrial do século XIX. Mas mesmo antes dessa nossa paixão pela descoberta científica, os acadêmicos ocidentais explicavam a criatividade do ponto de vista aristotélico. Portanto, desde a Antiguidade, os que mais contribuíram para o campo da criatividade foram os estudiosos da mente: psicólogos.

Mesmo com o estudo da criatividade tendo vindo "de cima" para "dentro", muito depois do Iluminismo, havia quem atribuísse a criatividade à inspiração divina. Entre esses, a escritora Harriet Beecher Stowe, que uma vez falou nos seguintes termos a respeito da sua fonte de inspiração para *Uncle Tom's Cabin*: "Não o escrevi, Deus o escreveu. Apenas peguei o ditado!". Com ou sem inspiração divina, e assumindo a possibilidade de que para algumas pessoas a inspiração venha de dentro, mesmo assim o mistério permanece: De onde vêm as grandes idéias? Embora hoje sejamos pensadores esclarecidos que acreditam na noção da criatividade deliberada, a pergunta continua sem resposta. Alguns acadêmicos contemporâneos sugerem que a criatividade é um tipo de exercício cognitivo, que o *insight* criativo é resultado de pensamentos convencionais, não de pensamentos não-quadrados. Mas isso leva a outra questão: A criatividade é resultado do pensamento consciente ou do inconsciente? Afinal, mesmo que você não esteja "fora de si" quando é criativo, isso não quer dizer necessariamente que você controle a criatividade.

Entre os que promoveram o papel do inconsciente com maior sucesso está Freud, e, portanto, não há surpresa em saber que ele aplicou também o mesmo tipo de idéia à criatividade. Freud acreditava que os atos criativos são moldados e recebem informação a partir de necessidades não atendidas do indivíduo. Experiências da infância e conflitos não resolvidos são fundamentais na teoria freudiana da criatividade. Por que a *Mona Lisa* parece ter um olhar tão distante? Porque, de acordo com Freud, o órfão Leonardo da Vinci sentia muita falta do afeto da mãe.

Um outro ponto de vista do papel do inconsciente na criatividade foi proposto pelo cientista e matemático do século XIX, Henri Poincaré. Como objeto de estudo, Poincaré escolheu ele mesmo. Examinando suas realizações criativas, concluiu que seus momentos-eureca, embora não necessariamente de inspiração divina, de fato vinham de algum lugar exterior ao seu processo mental consciente. O conceito de Poincaré ficou conhecido como *iluminação* ou *incubação*: a súbita aparição das soluções dos problemas. *Incubação* envolve um processamento paralelo de informações. Os momentos-eureca surgiriam como resultado do pensamento inconsciente sobre um problema (por exemplo, como decifrar o volume de um objeto de formato irregular) enquanto estamos pensando sobre algo completamente diferente (tomando banho, talvez).

O conceito da incubação de Poincaré foi ampliado na década de 1920 pelo teórico Graham Wallas, que sugeriu níveis para a criatividade: preparação, incubação, insinuação, iluminação e verificação.

Preparação é dirigir seu foco ao problema e suas implicações. Incubação é o processo de interiorizar o problema no inconsciente. Insinuação é um sentimento que freqüentemente precede o *insight* criativo. Iluminação é a experiência em si — o momento-eureca. E verificação é quando a idéia é conscientemente examinada e aplicada. Wallas considerou a criatividade como sendo uma extensão natural do processo evolutivo que permitiria aos humanos se adaptarem a um meio ambiente mutável. O cérebro humano poderia pular de um nível para outro em questão de segundos. Esses saltos foram o ponto focal da teoria dos psicólogos da Gestalt, no início do século XX. Ao contrário dos italianos, eles descartavam a imitação e favoreciam a criação do novo.

O especialista em inteligência J. P. Guilford veio depois, com a noção do pensamento divergente. Em seu discurso de 1950, como presidente da American Psychological Association, surpreendeu a platéia ao sugerir que seus colegas haviam gastado uma quantidade de tempo excessiva estudando a inteligência, em detrimento da criatividade — uma habilidade múltipla que testes de QI não mediam. O pensamento divergente possui duas definições: um rompimento com o passado e um tipo especial de pensamento. Embora o produto do pensamento criativo freqüentemente se distancie (ruptura significativa) do "jeito como as coisas são feitas" (por exemplo, luz elétrica *versus* velas), o pensamento divergente em si também é um objetivo desejável. O trabalho de Guilford finalmente veio a produzir uma bateria de testes psicométricos desenvolvidos para medir a capacidade criativa de uma pessoa. Seu modelo tripartite de criatividade era baseado em *fluência* (a quantidade de idéias geradas), *flexibilidade* (a capacidade de pensar em muitas direções diferentes) e *originalidade* (a habilidade de gerar idéias que fossem estatisticamente originais, ou seja, que aparecessem em menos de 5% da população). Entretanto, Guilford deixou de fora um fator importante: *relevância*, o diferenciador-chave entre o que chamo de criatividade artística e criatividade conceitual. Pensadores conceituais criativos precisam não apenas ser fluentes, flexíveis e originais, mas precisam também ter a capacidade de identificar e produzir soluções relevantes para um problema existente. De outra forma, não criariam conceitos, e sim arte.

O trabalho de Guilford levou ao desenvolvimento de modelos de confluência para a criatividade, o que sugere que momentos de *insight* criativo são resultado da confluências ("ligações") de vários fatores, incluindo como a pessoa pensa (divergente ou convergente), o que a pessoa sabe (especialidade dentro e fora de um campo de conhecimento), personalidade (flexível ou inflexível) e ambiente (estimulante ou inibidor). Essa idéia da "ligação" costuma ser atribuída à acadêmica em criatividade e professora da Harvard Business School, Teresa Amabile, que sugeriu uma relação entre habilidades específicas dentro de um campo de conhecimento: habilidades específicas mais ligadas à criatividade (conhecimento de heurística na geração de idéias inovadoras) e motivação para fazer o que tem de ser feito (atitude). Suas descobertas em motivação e criatividade tiveram grande impacto na forma com que as corporações de hoje estimulam a criatividade entre seus funcionários. Por exemplo, existem evidências, tanto científicas quanto factuais, a sugerir que as pessoas são tanto mais criativas quanto mais motivadas internamente ("estou nesse projeto porque adoro ele!"). O que é o contrário de motivação externa ("só estou fazendo isso porque minha empresa dá bônus para novas idéias"). Soichiro Honda, fundador da Honda Motor Company, sabia disso de forma intuitiva. Ele diz: "De forma geral, as pessoas trabalham mais e são mais inovadoras se fizerem as tarefas porque querem, e não porque são mandadas". Fiel a suas crenças, Honda radicalizou. De tanto acreditar no papel da motivação interna como alimento para a inspiração criativa, promovia experimentos totalmente livres, e baniu a hierarquia em suas empresas.

Quando se fala em criatividade, motivação interna é pré-requisito. Há um prêmio para a paixão. Você precisa querer descobrir a solução do problema. Você precisa se importar. Psicólogos, entre eles Amabile, vêm confirmando o que Honda sabia por intuição. Entretanto, "experimentos totalmente livres" não quer dizer que a criatividade não tenha regras. Pelo contrário, existem regras muito específicas, muitas delas examinadas neste livro, cuja função é inspirar o pensamento criativo.

Uma nota importante: diretoria e funcionários da IDEO, empresa de design líder no projeto de produtos, serviços e ambientes no mundo inteiro, têm regras em apenas uma atividade: no *brainstorming* criativo. Na IDEO, conversas sobre as regras e regulamentos da empresa podem ser assim: "Hein? Você quer trazer o cachorro para o trabalho? Sem problema. Você quer instalar um ambiente de jardim na sua sala, com bancos e guarda-sol? Claro. E parece que você realmente acredita que aquela asa de avião pendurada em cima do seu computador ajuda sua criatividade, então, por favor, mantenha-a! Mas se você, seu cachorro, seu guarda-sol ou sua asa de avião exprimirem julgamentos prematuros (positivos ou negativos) a respeito de alguma idéia em um *brainstorming* criativo, danou-se!" A IDEO vence sempre no mercado, por uma única razão: eles sabem que criatividade não é um processo completamente aleatório. Só parece. Lógica também faz parte.

Além da presença da lógica na criatividade, e várias descobertas ligando motivação ao pensamento criativo, há teorias sobre a criatividade que se baseiam em princípios econômicos. No geral, a idéia é que pensadores criativos "compram na baixa," propondo idéias que são impopulares, mas com grande potencial de crescimento, e vendem na alta, não querendo mais trabalhar em uma idéia quando ela se torna popular. É normalmente o caso de empresários seriais, lançando um negócio novo depois do outro, na construção de impérios. E ainda há outros teóricos, talvez eles mesmos imbuídos do espírito de divergência, que usam a teoria da evolução de Darwin para explicar a criatividade: idéias, como espécies, evoluiriam através do acaso e da seleção.

Por mais que tenhamos estudado, teorizado e postulado sobre a origem das idéias, duas perguntas continuam sem resposta: De onde vêm as grandes idéias? O que fazer para melhorá-las de forma mais consistente? Para resolver o enigma, vamos dar uma olhadinha nesse momento mágico do *insight* criativo: o momento-eureca.

Resumo e exercícios de criatividade

- As origens da inspiração criativa têm sido discutidas por mais de três mil anos.
  No entanto, com os avanços da neurociência, descobrimos que o conhecimento já existente pode ser tão importante quanto a quebra de regras quando o assunto é inovação. Portanto, se esforce para aprofundar o seu conhecimento do problema.
- Ignorância, tanto quanto conhecimento, é ingrediente-chave para impulsionar o *insight* criativo. Ao organizar uma equipe criativa, chame especialistas no assunto e novatos.
- O pensamento criativo e experiências-eureca são, muitas vezes, resultado de processamentos de informações conscientes e inconscientes. Seu cérebro continua a pensar mesmo quando você não está tentando ser criativo. Portanto, quando você estiver resolvendo problemas complexos, pare um pouco. Deixe a mente vagar. Leia algo completamente fora do assunto. E depois volte, com uma nova perspectiva.
- Lembre da teoria tripartite do psicólogo J. P. Guilford. Para haver criatividade precisa haver fluência, flexibilidade e originalidade. Para aumentar a fluência criativa, escreva o problema e gere quantas soluções você conseguir. Para praticar a flexibilidade criativa, ponha-se na pele de outra pessoa (até mesmo de uma criança) que, você acha, possa pensar de forma muito diferente de você e tente descobrir como ele ou ela iriam resolver o mesmo problema. Para praticar a originalidade criativa, identifique todas as soluções já existentes que você conseguir achar (use a internet). Uma vez feita a lista, descubra o que não está lá.
- Na busca de novas idéias, motivação interna (me importo com o problema) é mais eficaz que motivação externa (alguém quer que eu resolva o problema). Se lhe deram um problema para resolver, tente encontrar formas de alinhá-lo com seus interesses pessoais (por exemplo, o que isso me traz de bom?). Se você não está motivado, encontre alguém que esteja. Você e o seu chefe ficarão muito mais felizes. Se você é um líder de equipe responsável por gerar

novas idéias, permita que as pessoas tenham uma entrevista com você para falar da tarefa, projeto ou iniciativa que ficará responsável pela solução do problema. Motivação faz diferença.
- Criatividade é mais do que quebrar regras. Tem regras. Tem lógica. Estabeleça parâmetros para suas sessões de *brainstorming*. Estruture-as. É mais do que um quadro e um marcador. Precisa haver perguntas provocativas. Por exemplo: E se nossa empresa estivesse à beira da falência e a única maneira de salvá-la fosse lançar um produto novo revolucionário? Que produto seria? Qual problema ele resolveria? E como o venderíamos?

3

Momento-eureca

O que é preciso para um matemático ficar nu em público? Segundo uma história de duzentos e cinqüenta anos, uma grande idéia já seria o suficiente.

Parece que Arquimedes tinha um problema: como calcular o volume de um objeto irregular, a coroa do rei, para ser mais preciso. O rei queria saber se o capacete real era feito de ouro puro ou se era do tipo enganação, com prata misturada. A dúvida era se o fornecedor de coroas era um ladrão. Arquimedes estava empacado. Foi só ao entrar na banheira, fazendo com que a água lá contida transbordasse, que ele entendeu que poderia usar o deslocamento da água para calcular um volume. Nesse momento, gritou o famoso Eureca! ("descobri!") e, em seguida, saiu correndo completamente nu pelas ruas de Siracusa, tomado de grande excitação (pelo menos é assim que contam essa história). A questão é: de onde surgiu a idéia? (E por que ele não se vestiu antes?) Ainda mais espantoso, por que a idéia surgiu para Arquimedes no momento em que ele provavelmente não estava com a mente direcionada para a resolução do problema (ou será que estava?). Será que estamos mais propensos a *insights* justo quando pensamos menos deliberadamente sobre o problema a resolver? Mais criação com menos pensamento? Esse tipo de historinha nos deixa mesmo na dúvida. Parece que grandes idéias são como parentes distantes: aparecem quando menos se espera. Mas será que grandes idéias são realmente tão aleatórias? Na verdade Arquimedes, como muitos outros inovadores, sabia muito mais do que deixava entrever. Por exemplo, como projetista oficial de navios, ele já sabia bastante sobre medição de volume com o deslocamento da água. Em seu momento-eureca, é provável que tenha combinado inconscientemente seu conhecimento de volume e massa. Ele sabia qual era a massa do ouro. Então, um determinado volume teria um determinado peso. Se o peso fosse menor que o esperado, a coroa não seria de ouro puro (como foi o caso). Conhecimento é tão útil para o *insight* criativo quanto descobrir algo novo.

Em 1666, por causa da peste bubônica, a Universidade de Cambridge fechou as portas, e um de seus mais promissores jovens físicos, Sir Isaac Newton, com 23 anos, procurou refúgio na propriedade da família em Lincolnshire. Foi em Lincolnshire, e não no ambiente profissional de um laboratório de Cambridge, que a visão de uma maçã caindo no chão inspirou Newton a desenvolver a teoria universal da gravidade. Maçãs vêm caindo de árvores há séculos. O que havia de especial *naquela* maçã, *aquele* homem e *aquele* momento, que levou a uma das mais significativas descobertas da história científica? Como você vai saber em breve, esse e outros momentos-eureca, apesar de aparentemente aleatórios, são na verdade bastante previsíveis. Nosso desafio está em aumentar a consciência do que o nosso cérebro faz quando não prestamos atenção. Embora gostemos de acreditar que controlamos a hora de pensar e a hora de "deixar o cérebro descansar", na verdade, como Freud sugeriu, o cérebro toma suas próprias decisões.

Para ilustrar o enorme poder de processamento do seu cérebro, tente ler o seguinte:

De ardcoo com uma pseuqsia da Uvinesrdidae de Cbrmaigde, não ipmtroa em que oedrm as lrteas em uma plarava acepraem, a úicna csioa itrmopatne é que a pmririea e a útlmia lrtea eajsetm no lguar ctreo. O rtseo pdoe etsar uma bgçanua ttoal e vcoê andia pderoá ler sem pbromleas. Isso atneocce pqruoe a mtnee hnmuaa não lê cdaa ltrea, mas a plraava cmoo um tdoo.

Os pesquisadores da Unidade de Cognição e Neurociência de Cambridge, na Inglaterra, não têm a menor idéia de quem conduziu essa pesquisa (se é que foi só uma pessoa), mas o jogo psicológico aí de cima se espalhou como fogo de palha no mundo virtual em setembro de 2003. Mas eles não podem negar que há uma verdade nessa brincadeira, a respeito da capacidade cerebral de processamento paralelo de grande volume. Essa verdade não pode ser discutida, você lê. Mas seu suposto autor diz que "a úicna csioa itrmopatne é que a pmririea e a útlmia lrtea eajsetm no lguar ctreo", e a coisa não é bem assim. As letras misturadas do meio das palavras podem parecer inúteis, mas não são. Tente ler isso:

> De a****o com uma p******a da U*******d**e de C*******e, n*o i*****a em que o***m as l****s em uma p*****a a******m, a ú***a c***a i********e é q*e a p******a e a ú****a l***a e*****m no l***r c***o. O r***o p**e e***r u*a b*****a t***l e v**ê a***a p****á l*r s*m p*******s. I**o a******e p****e a m***e h****a n*o lê c**a l***a, m*s a p*****a c**o um t**o.

Sem as letras do meio, é provável que você tenha mais dificuldade para ler — e que não o conseguiria de todo, se não tivesse lido o mesmo trecho há pouco, de outra forma. Aqui vai o trecho completo:

> De acordo com uma pesquisa da Universidade de Cambridge, não importa em que ordem as letras em uma palavra aparecem, a única coisa importante é que a primeira e a última letra estejam no lugar certo. O resto pode estar em uma bagunça total e você ainda poderá ler sem problemas. Isso acontece porque a mente humana não lê cada letra, mas a palavra como um todo.

O fenômeno acontece por influência de coisas que mantemos na memória — nesse caso, nossa memória do idioma. No trecho de letras misturadas, seu cérebro reorganizou as letras na ordem certa para atender às suas expectativas do que você acreditava que as palavras eram. Mas no segundo trecho, onde letras misturadas foram trocadas por pontos, você provavelmente não foi capaz de descobrir, ou pelo menos teve bastante dificuldade. Todas as letras são importantes. Você precisa delas para entender o trecho (diminuindo a quantidade de palavras possíveis). Isso ilustra a contribuição do processamento, tanto quando ele ocorre de cima para baixo (*top-down*) quanto de baixo para cima (*bottom-up*). Conhecimento de gramática, sintaxe e contexto, por exemplo, é *top-down*. Cria expectativas do que devia estar ali: por exemplo, palavras não podem aparecer em qualquer lugar em uma frase gramaticalmente correta. Já as letras fornecem uma informação *bottom-up*, limitam as palavras possíveis. Por exemplo, quantas palavras diferentes você consegue criar com as letras M-E-N-T-E se o M precisa vir primeiro e o E por último? Os processos, de cima para baixo ou de baixo para cima, podem não estar acontecendo conscientemente e, então, acontece a surpresa: podemos ler frases com letras misturadas.

Qualquer ato cognitivo envolve interação e combinação de muitos processos, incluindo os de memória, percepção e atenção. A informação pode vir do mundo externo (realidade objetiva) ou ser resgatada de representações internas (imaginação). Além disso, ela pode ser consciente (memória ativa) ou, pelo menos por enquanto, inconsciente (memória de longo prazo). Do mesmo modo que aconteceu com a leitura do trecho misturado anteriormente, quando você lê as palavras e frases desta página, está simultaneamente ciente de outras coisas: a pressão da cadeira nas suas pernas, o tato das suas mãos no livro etc. Mesmo enquanto você lê, você permite que sua atenção se desloque para outras coisas, de modo que você consiga monitorar o que está acontecendo à sua volta. Se o telefone tocar ou alguém entrar no quarto, você vai notar. Ao mesmo tempo, há muitas coisas que seu cérebro está fazendo, coisas que acontecem fora do seu escopo de atenção e que não chamam atenção. Por exemplo, você está respirando, seu coração está batendo e seus olhos se movem pela página. Você pode ter consciência dessas coisas e controlá-las indiretamente, mas você em geral não presta atenção a elas nem tenta controlá-las. Aliás, até mesmo agora, que você está consciente do movimento dos seus olhos, provavelmente não sabe de sua real agitação. Embora possa parecer que se trata de um movimento suave pela frase, na verdade seus olhos estão indo e vindo de forma rápida e irregular, no que é conhecido como movimento sacádico. São exemplos do processamento paralelo de seu cérebro, ou seja, ele fazendo várias coisas ao mesmo tempo — atento a algumas coisas enquanto ignora outras, felizmente. Esse é um bom ponto de partida para melhorar sua capacidade de ser criativo e inovador. Eis por quê.

Diante de um problema, seu cérebro não empenha todo o esforço em resolvê-lo. Ele continua a fazer muitas outras coisas ao mesmo tempo. Coisas que não têm relação com o problema, mas, mesmo fora do seu escopo de atenção, podem ser úteis para resolver o problema. Ou, muito pelo contrário, podem atrasar a solução do problema.

A experiência Stroop foi desenvolvida para pesquisar a atenção, mas também ilustra como o processamento automático paralelo de informação pode atrapalhar o desempenho em tarefas criativas. Minha adaptação da experiência Stroop na Figura 3.1 mostra como diferentes informações estão em constante competição por sua atenção. Tente completar as tarefas apresentadas na Figura 3.1. Depois diga qual foi a mais difícil. Se 3 e 5 foram as mais difíceis, bem, você não está sozinho. As palavras referentes às formas têm, em si, forte influência sobre a capacidade de nomear essas formas. Se palavras e formas não combinam, a interferência causa um problema. Na verdade, mesmo quando a tarefa é ignorar as palavras, elas são ativadas automaticamente por leitores treinados. Você não consegue evitar focalizar sua atenção inconsciente nelas. Algumas teorias ajudam a explicar o fenômeno.

A primeira é a teoria da velocidade de processamento. Essa teoria afirma que a interferência acontece porque você consegue ler palavras mais rapidamente do que consegue nomear formas (portanto, a segunda tarefa deve ter sido mais fácil, apesar de formas e palavras não coincidirem). Para falar o nome da forma, você precisa primeiro reconhecê-la, depois traduzi-la para uma palavra que será então articulada. Se você fala uma segunda língua, sabe do que se trata. Para falar uma segunda língua, primeiro é preciso identificar a palavra que deseja falar (*olá*), depois traduzi-la na sua mente para a equivalente (*bonjour*) e, então, dizer a palavra traduzida. Leva muito mais tempo do que simplesmente dizer *olá*.

Figura 3.1. Pensando sem pensar: o efeito stroop

Tarefa 1: Leia essas palavras.

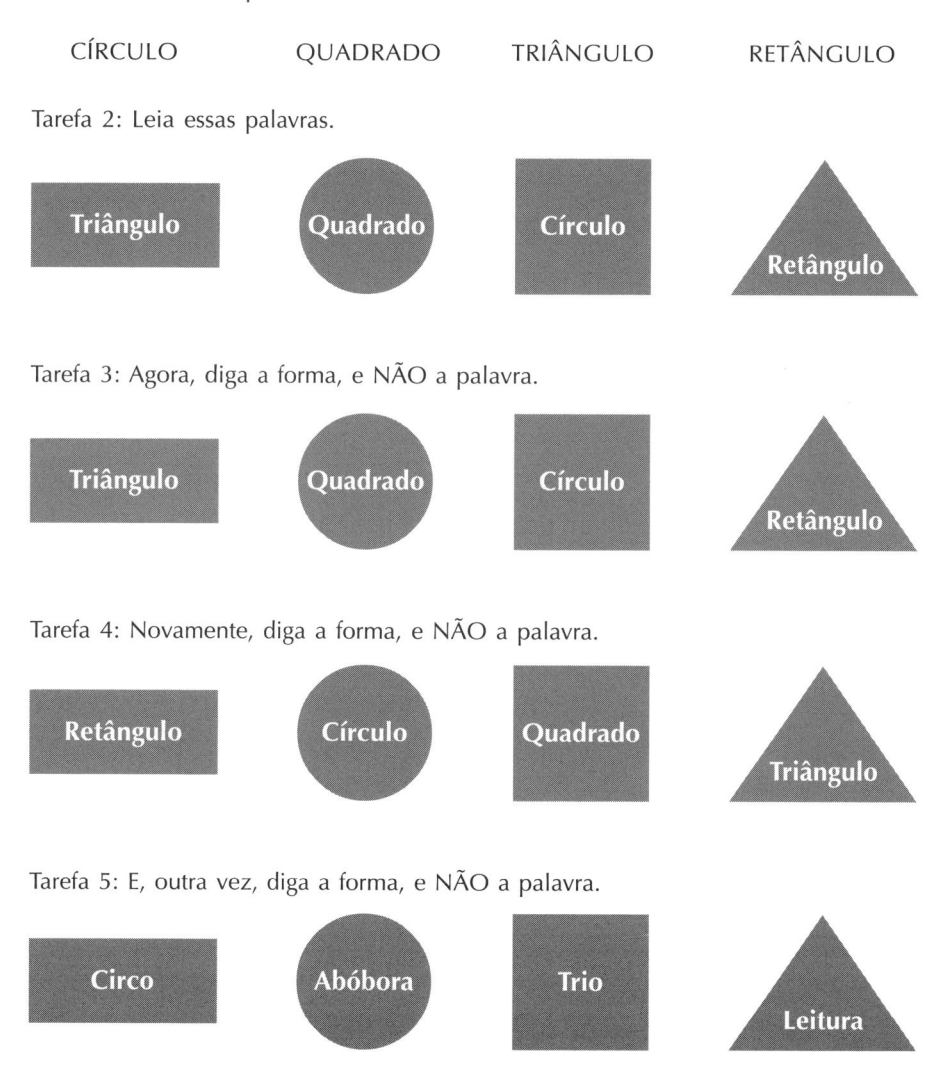

CÍRCULO   QUADRADO   TRIÂNGULO   RETÂNGULO

Tarefa 2: Leia essas palavras.

Triângulo   Quadrado   Círculo   Retângulo

Tarefa 3: Agora, diga a forma, e NÃO a palavra.

Triângulo   Quadrado   Círculo   Retângulo

Tarefa 4: Novamente, diga a forma, e NÃO a palavra.

Retângulo   Círculo   Quadrado   Triângulo

Tarefa 5: E, outra vez, diga a forma, e NÃO a palavra.

Circo   Abóbora   Trio   Leitura

A segunda teoria que ajuda a explicar por que temos dificuldade em processar informações conflitantes é a teoria da atenção seletiva. Essa teoria também se baseia no fato de que dar nome às formas exige mais atenção do que ler palavras. Porque precisamos converter a forma, que é um símbolo, em uma palavra. Você entra em uma rotina inconsciente de interpretar, por exemplo, o número de vértices da forma ou seus ângulos, para saber o que é aquilo. Exige mais atenção. Os exercícios da Figura 3.1 pedem que você ignore a informação processada de forma mais automática, ou seja, as palavras, e que preste atenção a aspectos não tão relevantes ao estímulo, ou seja, as formas. A dificuldade de fazer isso explica por que diminuímos o som do carro quando o trânsito fica pesado. A tarefa mais importante, dirigir o carro — assim como ler a palavra — compete com a tarefa de ouvir algo (o som ou uma criança gritando no banco de trás). Você tenta conciliar, dividindo sua atenção entre as duas tarefas, dirigir e ouvir. Isso tem relação com a experiência Stroop, mas há uma diferença: aqui houve um pedido para que você afastasse sua atenção da tarefa automática, ler a palavra, e a direcionasse para outra tarefa, que exige esforço consciente: dizer a forma.

Quando prestamos atenção seletiva a alguma coisa, nunca é totalmente. No exemplo do carro, a atenção é dividida entre duas tarefas, e você precisa desligar fisicamente uma das tarefas para focalizar a atenção na outra. Há quem diga que o problema de falar no celular ou ouvir um som no carro é que você não está vendo fisicamente a outra pessoa que fala ou canta, e passa a imaginá-la. Isso ocupa parte de nossa capacidade de processamento, tirando uma fatia do necessário para outras tarefas, como prestar atenção ao carro da frente, ao sinal vermelho ou ao limite de velocidade. Como se trata de uma divisão inconsciente de atenção, viva-voz não é a resposta. Dirigimos e comemos ao mesmo tempo desde sempre. É a imagem em nossas mentes o que nos distrai.

No caso do carro (atenção dividida), temos o desafio de tentar parar de dividir inconscientemente a atenção para poder focalizar a tarefa mais importante. Na experiência Stroop (atenção seletiva), temos o desafio de desviar a atenção de uma tarefa para outra.

Tanto a atenção seletiva quanto a dividida são importantes para a criatividade.

A atenção dividida é mais abrangente. Ao espalhar sua atenção em mais áreas de coleta de informação, você tem mais chance de ativar uma solução criativa. É um argumento a favor de achar que os jovens de hoje, presos nos computadores de telas divididas, teoricamente deveriam ser peritos solucionadores criativos de problemas. Multitarefa é um estilo de vida para eles. Mas mesmo multitarefas precisam de pensamentos conscientes sobre as informações recebidas nas memórias de curto prazo e de longo prazo. E a atenção seletiva continua sendo necessária para escolher uma das soluções e testá-la. O argumento, então, é a favor de achar que os multitarefas podem ter dificuldades em fazer com que suas soluções criativas tenham utilidade prática. Em algum momento será preciso traduzir a grande idéia em uma realidade maior ainda.

A terceira teoria que ajuda a explicar o efeito Stroop é a teoria da competição entre as respostas. Ela alega que existe interferência entre palavras e formas porque a resposta normal, ou seja, a prevalente, ao ver uma palavra é dizê-la. E é difícil inibir a reação prevalente. Quando tentamos resolver um problema, ou gerar uma idéia singular, freqüentemente perdemos uma grande idéia por causa de respostas mais acessíveis ou convencionais que ficam na frente. Elas tomam a forma das convenções e crenças que mantemos sobre o que funciona ou não.

Além dessas, outras teorias atuais sobre o efeito Stroop enfatizam a interferência que o processamento automático provoca nas tarefas mais árduas, como no exemplo de dizer palavras *versus* nomear formas. A tarefa de selecionar uma resposta adequada face a duas condições conflitantes (se não diametralmente opostas) é temporariamente alocada no córtex cingulado anterior (ACC) do cérebro. Essa região fica entre os hemisférios direito e esquerdo da porção frontal do cérebro, e está envolvida em um amplo leque de processos de pensamento e respostas emocionais. Embora as funções do ACC sejam complexas, grosseiramente falando, ele atua como um conduíte entre as regiões do cérebro mais primitivas, mais impulsivas, e regiões mais avançadas, mais guiadas por comportamentos racionais. Ler (ou seja, decodificar seqüências de letras em palavras), por ser uma habilidade altamente especializada, tornou-se automática, e praticamente não requer um esforço consciente. Abster-se de ler e em vez disso dizer a forma, por outro lado, é algo que requer muita atenção. Fica menos difícil se palavras e formas coincidem, por que assim as respostas não estão competindo. O fenômeno da informação conflitante pode ajudar a explicar por que alguns indivíduos parecem ser capazes de experimentar momentos-eureca com mais freqüência do que outros. Indivíduos criativos são mais capazes de suspender ou ignorar a informação que pode atrasá-los na descoberta de uma solução para um problema. É por isso que eles são capazes de ver além das normas e regras existentes, e desafiar hipóteses anteriores, quando buscam uma solução.

O lado prático disso tudo é que a informação que pode parecer irrelevante, à primeira vista, na solução do seu problema ou criação de sua nova idéia passa a ser levada em consideração. Você vai ver mais adiante neste livro, mas esses encontros com pedaços estranhos de informação, aparentemente irrelevantes, são precursores comuns de *insights* criativos. Entre você e seu cérebro, é ele quem está mais ligado (inconscientemente) do que você (conscientemente) na situação geral. É em parte por isso que os momentos-eureca parecem acontecer quando menos nos esforçamos para ser criativos — o que vai contra todas as técnicas convencionais de *brainstorming*. E isso também ajuda a explicar o sentimento freqüentemente associado aos momentos-eureca. Por exemplo, depois de ler o trecho todo embaralhado do exercício anterior, ou até ainda durante a leitura, você pode ter ficado um pouco impressionado com a capacidade da sua mente em lê-lo. Afinal, depois de notar que as letras estavam todas misturadas, você provavelmente não achava que seria capaz de compreendê-lo, e se sentiu bem quando conseguiu. É comum acontecer isso com epifanias: é uma sensação boa quando uma ligação acontece, quando o problema é resolvido ou uma grande idéia nasce. E seu coração acelera para conseguir emparelhar com o súbito brilhantismo.

Não há dúvida de que Arquimedes estava se sentindo ótimo. Prova disso foi que não só seu coração acelerou, seus pés também. O encontro de Arquimedes com a inspiração criativa pode ser o mais famoso da história, mas está longe de ser o único. A história está cheia de súbitas explosões inesperadas de pensamentos criativos, relatadas por centenas de artistas, empresários, inventores, cientistas e escritores, entre eles uma lenda viva da literatura, Carlos Fuentes.

Carlos Fuentes é uma instituição. Mais do que o escritor vivo mais celebrado do México, ele é um dos tesouros criativos do mundo. As conquistas literárias de Fuentes fariam artistas dos mais prolíficos ficarem verdes de inveja. Com tanta produção, é normal querer saber se ele alguma vez teve medo de perder tal capacidade criativa. Afinal, bloqueios literários já visitaram todos os escritores do mundo (embora, ao que parece, eles perderam o endereço de Fuentes). Um repórter perguntou: "Alguma vez você teve medo de perder o amor à escrita?". Fuentes respondeu: "Não... Avancei muito nesse caminho para que tal coisa aconteça. Nunca temo a página em branco. Todos os dias acordo... ou melhor, todas as noites vou dormir ansioso para levantar e escrever novamente, e já sei mais ou menos o que vou dizer". Embora a confiança de enfrentar a página em branco possa explicar a maneira como ele trabalha, ela não explica a fonte de sua farta imaginação. De onde vêm suas idéias? Para quem olha de longe, suas idéias parecem se materializar do nada. Entretanto, para Fuentes, encorajar a criatividade é algo um pouco mais pragmático. Como outros grandes inovadores, Fuentes tem um truque — que ele pegou emprestado de outro gênio criativo, Ernest Hemingway. Fuentes explica: "Hemingway disse que você deve sempre deixar a última frase inacabada: 'Ele abriu a porta e viu...' O quê? Deixe assim, vá para a cama... não termine a frase, de forma que você saberá de onde retomar no dia seguinte. E aí entra o fator sonho: Você já sabe, na sua cabeça, o que você vai escrever no dia seguinte, mas entra um sonho e muda tudo, de um jeito que não dá para controlar".

Fuentes, como tantos outros gênios criativos da História, leva em conta que dormir é mais do que uma forma de descansar o corpo; é uma forma de exercitar a mente. Dormir é ter tempo de pensar sem controlar conscientemente para onde vai o pensamento. Acontece que o sono e o subconsciente exercem papéis mais importantes do que apenas servir de apoio no drama da inspiração criativa. Além de Fuentes, muitos inovadores da história atribuíam sua criatividade a transes e estados de espírito parecidos. "Foi um sonho" é explicação comum quando se trata de falar sobre a origem das idéias.

Em 1905, uma lavadeira negra e viúva inventou, enquanto dormia, um método de alisamento de cabelo. Graças a esse sono inspirador e aos dez anos seguintes de sua vida, Sarah Breedlove Walker (mais tarde conhecida como Madame C. J. Walker) tornou-se a mulher negra mais rica dos Estados Unidos, autora do método Walker de cuidados com o cabelo.

Como Walker, um químico de 35 anos de idade, Friedrich August Kekulé von Stradonitz, sonhava em 1864 com um Ouroboros (símbolo mitológico de uma cobra engolindo o próprio rabo) e acordou com a solução para uma pergunta complicada: Qual é a estrutura da molécula de benzina? Kekulé conta: "Era só olhar! O que era aquilo? Uma cobra agarrou o próprio rabo e aquela forma se retorcia na minha frente, como se estivesse zombando. Então, em um relâmpago, acordei". A estrutura de anel, formada pela cobra, é igual à estrutura da molécula de benzina. Será que, em vez de desenhos científicos de moléculas, foi a imagem metafórica de répteis dançantes que teria inspirado o momento-eureca mais famoso da química?

Kekulé pode ter sido um homem austero, mas experimentar momentos criativos em estado de transe parece ser bastante comum entre os que relataram momentos-eureca, como Albert Einstein. Em 1907, quando trabalhava em um escritório de patentes e marcas de Berna, Suíça, um jovem Einstein de 28 anos de idade disse que "uma descoberta apareceu de repente". Perdido em devaneios, sua mente vagava e ele pensou: "um homem em queda livre não sente o próprio peso". Einstein relata: "Caí para trás. Essa experiência simples de pensamento me causou grande impacto". Nesse momento, Einstein fez a ligação entre gravidade e movimento acelerado que, depois de quase dez anos martelando em cima da matemática, lhe daria sua *magnum opus*: a teoria da relatividade.

O fenômeno de inspiração em estado de transe parece se aplicar não apenas à descoberta científica, mas também à criatividade artística. Acordar, simplesmente, pode ter sido pelo menos parcialmente responsável pela concepção da música mais gravada no mundo, "Scrambled Eggs".

Em 1964, um dos Beatles, Paul McCartney, acordou com sua melodia de maior sucesso zunindo na cabeça. Ele conta, na *The Beatles Anthology*: "Acordei uma manhã com a melodia na cabeça e pensei, 'Ei, não conheço essa melodia — ou conheço?'". Por semanas a fio, McCartney estava convencido de que tinha ouvido a melodia em algum lugar e simplesmente não conseguia lembrar onde. Achou que podia estar com criptomnésia ("memória oculta"), um fenômeno teórico em que a pessoa acredita ter inventado algo novo, quando apenas encontrou aquilo em algum lugar e esqueceu. Parecia feitiço. Ele achava que todo mundo conhecia a melodia de "Scrambled Eggs", talvez um jazz, e seus amigos lutaram para, por fim, o convencer de que não, que seu grande feito musical era de fato uma melodia nova em busca de uma letra. Então, em vez de arranjar um título melhor, por um tempo McCartney usou "Scrambled Eggs" para designar seu novo trabalho e a letra provisória com pedaços ainda faltando: "Scrambled eggs, oh, my baby, how I love your legs — (pedaço faltando) — I believe in scrambled eggs". "Scrambled Eggs" desde então se tornou a música mais gravada da história, interpretada mais de 7 milhões de vezes apenas no século XX. Para grande tristeza da Egg Farmers Association, McCartney acabou mudando o título e a letra de "Scrambled Eggs" para "Yesterday".

Como Einstein e McCartney, você também provavelmente tem uma experiência similar de acordar com uma grande idéia na cabeça. Ela pode não ter propiciado um Prêmio Nobel ou um Grammy para você, mas, mesmo assim, você está familiarizado com o relâmpago de luz associado a solucionar um problema ou criar algo novo (pelo menos, novo para você). A questão permanece: O que acontece quando dormimos? Por que o sono parece nos fazer mais criativos? Vamos a isso no próximo capítulo.

Resumo e exercícios de criatividade

- A memória de experiências, informação e linguagem afeta sua criatividade. Esteja atento se suas experiências anteriores estão prejudicando sua capacidade de ver as coisas de uma nova maneira.
- Quando você está tentando resolver um problema, algumas informações podem parecer irrelevantes em um primeiro momento. Entretanto, elas também podem trazer a chave para a resolução. Faça um esforço para não descartar informações tangenciais de forma prematura, quando em um processo criativo.
- Assim como Fuentes e Hemingway fizeram, deixe, você também, perguntas sem respostas e frases por terminar. Não é preciso resolver tudo de uma vez. Escreva seu problema ou pergunta em um papel. Vá fazer outra coisa. Quando você voltar, veja se apareceu alguma idéia nova.

4
Foi um sonho

Vários estudos já examinaram a ligação entre sono e criatividade. Um deles, usando tecnologia no lugar de casos históricos, mostra que, em seres humanos, a mesma atividade cerebral da vigília é reativada durante o sono. Quer dizer, reencenamos durante o sono algumas das ações que fizemos quando estávamos acordados. Mais importante: reencenamos variações dessas ações. Em outras palavras, não estamos presos ao que de fato aconteceu, pelo contrário, usamos as informações adquiridas e as reorganizamos durante o sono, criando assim todo tipo de combinações. Durante o sono, experiências e informações diferentes, aparentemente sem relação umas com as outras, são rearranjadas, formando ligações que, de outra forma, não seriam acessíveis durante nossa vigília. É uma explicação para o fenômeno de você virar gênio ao acordar.

A confluência de informações disparatadas, resultado de uma consolidação que ocorre durante o sono, dá ensejo a novos pontos de vista com potencial de produzir novos pensamentos. É o que se observa especificamente no aumento de atividade do hipocampo que — ao que se acredita — é a região crítica da formação da memória e da consolidação de informação. Você, sendo alguém que já dormiu um bocado durante todos esses anos, deve conhecer bem esse fenômeno de a cabeça rearranjar experiências ocorridas durante as horas de vigília. Os sonhos que você lembra ao acordar são, em geral, uma grande mistura de pessoas, lugares e atividades do dia que passou. Por exemplo, digamos que, durante suas horas acordado, você ficou preso no tráfego enquanto levava o seu gato para o veterinário; você parou para tomar um sorvete na volta para casa; e, mais tarde nesse dia, você correu um pouco na esteira da sua academia de ginástica. De noite, enquanto dorme, sua mente rearranja tudo isso e aparece com algo bem diferente — por exemplo, você é perseguido por um gato gigante enquanto tenta desesperadamente subir em uma montanha de sorvete. E aí você acorda pensando: *Ahá! Grande idéia! Devia haver sorvete para gatos!*

O fenômeno de criatividade ao acordar ocorre por três fatores. Primeiro, o sono é a hora em que as experiências ocorridas durante a vigília são consolidadas em forma de memória. Segundo, o sono é a hora em que você tende a relaxar os rígidos controles sobre a realidade. E, terceiro, o sono é a hora em que sua atenção não está tão focalizada. Por causa desses três fatores, você tem mais chance de se permitir levar em consideração pensamentos ousados, pois você está inconsciente e não está preso à lógica. *Gatos poderiam tomar sorvete. Por que não? Eles bebem leite.* Você pode ver as coisas de um ponto de vista diferente enquanto dorme, descobrir ligações entre informações e experiências diferentes, criando as condições ideais para explosões súbitas de *insights* criativos. E, além disso, graças ao relaxamento dos controles rígidos sobre a realidade, sua mente se encontra mais aberta a essas novas possibilidades, o que é mais um precursor de *insights* criativos. Para resolver o mistério, quer dizer, fazer mais do que escutar o relato de dorminhocos bem-sucedidos, vamos apelar para o ás na manga dos cientistas: o rato de laboratório.

Há um estudo em que cientistas exploraram como o sono interage com o aprendizado. Usaram, para testar suas hipóteses, dois grupos de ratos que estavam aprendendo a andar em um labirinto. Um grupo de ratos praticava a andada, dormia e depois voltava a praticar. O outro grupo andava, parava um pouco, mas sem dormir, e depois voltava. Os cientistas descobriram que os que dormiam aprendiam mais rápido. Mais do que isso, mesmo quando os que não dormiam ganhavam mais horas de prática do que os que dormiam, ainda assim os que dormiam aprendiam mais rápido. Por que isso acontecia, mesmo com toda a prática suplementar? É que não só a mente consolida informação durante o sono, ela faz isso por uma razão: preparar e armazenar essa informação na memória de longo prazo. O processo de aprendizado continua durante o sono (apesar de, como educador, eu insista para que meus alunos não durmam durante a aula!). O desempenho dos ratos que se mantinham acordados e que faziam treinos adicionais no labirinto não ficava melhor porque a experiência e o conhecimento obtidos no labirinto não tinham a oportunidade de ser transportados para a memória de longo prazo.

Para ampliar essas pesquisas, um outro estudo comparou a atividade cerebral dos ratos durante as andadas no labirinto e na soneca pós-andada. O resultado deu que a atividade cerebral registrada enquanto os ratos andavam no labirinto era bem similar às registradas enquanto eles dormiam. Quer dizer, eles provavelmente estavam praticando as andadas durante o sono. Assim, mesmo os ratos que dormiam e que tinham menos tempo para praticar não estavam em desvantagem em seu processo de aprendizado porque praticavam durante o sono. Se você não puder trabalhar essas rotinas mentais (ou seja, se você não dormir), sua chance de armazenar informação na memória de longo prazo diminui. Conseqüentemente, o aprendizado não acontece, e você — e o rato — se perderão no primeiro labirinto que aparecer. Então, talvez você não consiga ter a grande idéia, passar no exame ou fazer uma boa apresentação se não tiver uma boa noite de sono. Pior, você provavelmente tenderá a esquecer a maior parte das coisas que aprendeu naquele dia, pois você não permitiu que a informação fosse consolidada e armazenada na memória de longo prazo.

A partir dessas descobertas, uma coisa é certa: no campo da criatividade e inovação, passar uma noite em claro é a pior coisa a fazer. Se você tiver que escolher entre ficar acordado a noite inteira ou tirar uma soneca de umas três horas, por favor, vá já para a cama. Enquanto você dorme, particularmente durante o período de sono em que seus olhos se mexem rapidamente, sua memória espacial e a comportamental são consolidadas. A memória espacial inclui registrar seu ambiente e sua relação com esse ambiente. Por exemplo, esquilos cinzentos exibem uma sensacional memória espacial durante suas atividades de amealhar nozes e escondê-las em pequenos esconderijos, para onde voltam depois de meses. Aves usam memória espacial quando migram durante o inverno. Lembre de Einstein enquanto ele trabalhava no escritório de patentes de Berna, do seu pensamento sobre o "homem que cai" e da ligação entre gravidade e aceleração de movimento. Esse pensamento provavelmente ficou marcado e armazenado na memória espacial do cérebro de Einstein e foi recuperado depois em uma combinação singular de idéias não relacionadas. Já a memória comportamental envolve lembranças de longo prazo relativas a habilidades — como fazer as coisas: nadar, andar de bicicleta, dirigir um carro. Lembre de Arquimedes. Ele sabia como medir o peso das coisas, um procedimento que estava guardado na sua memória de longo prazo, onde tinha virado conhecimento.

É bom lembrar que a vantagem de dormir não se resume necessariamente ao fato de você se sentir descansado no dia seguinte; muito mais do que isso, a vantagem está no processo de consolidação de informação que acontece em seu cérebro enquanto você dorme. É isso que cria condições para um *insight* criativo na manhã seguinte, enquanto você estiver no chuveiro ou preso no tráfego. E é por isso que você não deve desprezar conhecimentos adquiridos pensando que podem ser uma obstrução à inovação. Se você receber experiências como dogmas, arriscará não perceber oportunidades novas ou não-ortodoxas. Conhecimentos — ou seja, procedimentos já conhecidos ou especializados — são necessários para a geração de idéias inovadoras, como foi o caso com Arquimedes: havia uma informação conhecida por ele e, se não houvesse tal informação, ele não teria tanta possibilidade de resolver o seu problema.

Ao contrário do que as pessoas acham, o conhecimento adquirido é um componente importante da criatividade, mesmo quando se trata de criar coisas que são completamente novas no mundo. Em termos leigos, ser quadrado é tão importante quanto não ser. Importante mesmo é ser os dois. A junção de conhecimento especializado e informações que parecem totalmente irrelevantes é o que cria a condição ideal para uma epifania. É dessa forma que tantos se tornam gênios ao acordar. Infelizmente, só cair no sono não leva ninguém a uma grande idéia. É o que ocorre durante o sono — a recombinação de informações — que permite o *insight* criativo. Tenho convicção de que, ao mimetizar, ou pelo menos tentar recriar, as condições que ocorrem naturalmente durante o sono — recombinação de informação e sobreposição de conhecimento especializado com informações supostamente irrelevantes —, você será capaz de fomentar criatividade de forma deliberada. Você pode aprender a fazer essas ligações durante a vigília, embora dê trabalho buscar sentido em relações que aparentemente não fazem sentido. Uma das técnicas mostradas mais tarde neste livro é a de criar ligações entre o que você domina (continuar quadrado, se ater ao que já sabe) e o que você não domina (informações esparsas, coisas que acontecem fora de sua área de conhecimento, de interesse, de sua rotina diária).

Há estudos que apontam entre humanos os mesmos resultados encontrados entre ratos em um labirinto. O estudo ilustrado na Figura 4.1 conclui que o sono facilita os *insights* na hora de resolver problemas. Ter *insight* é o ato de encontrar uma solução escondida, não óbvia, de um problema, algo altamente desejado quando se precisa de uma idéia nova.

Nesse estudo, foi pedido a grupos de participantes que fizessem uma tarefa comum em atividades de resolução de problemas. Alguns tiveram permissão de dormir, outros não. Tinham de encontrar a "solução final": o número que viria por último em uma série. Veja a Figura 4.1 — o resultado poderia ser obtido ao processar os dígitos 1, 4 e 9 em pares da esquerda para a direita utilizando duas regras. A primeira pode ser chamada de "regra do igual" e é quando você enxerga um par igual — 1 e 1 — com a resposta sendo a mesma coisa: 1.

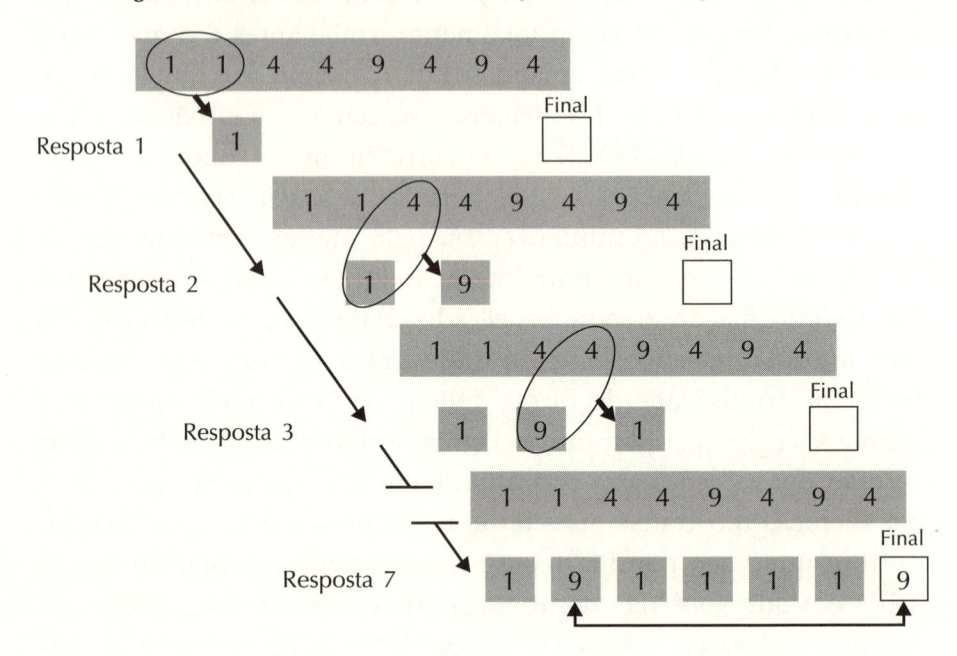

Figura 4.1. O efeito do sono na obtenção de uma redução numérica

Fonte: Wagner Ullrich et al., "Sleep Inspires Insight", in *Nature*, 22 de janeiro de 2004, pp. 352-354.

A segunda regra se chama "regra do diferente" e é quando você vê um par diferente — 1 e 4 — e a resposta fica sendo o dígito que falta, o 9. Depois de uma primeira resposta, os participantes vão para a direita e comparam o próximo par de números buscando o terceiro elemento, e assim por diante, até acabarem a tarefa e chegarem à solução final. Quando descobrem a solução final, devem apertar um botão para confirmar suas respostas. Assim, por exemplo, começando pelo lado mais à esquerda, o par 1 e 1 invocaria a regra do igual, e, portanto, a resposta seria 1. Indo para a direita, o próximo par é 4 e 1, o que invocaria a regra do diferente, com resposta 9. E assim até o final. A figura aqui mostra apenas uma das séries de números: 1-1-44-4-99-4-9-4. Quando os participantes completassem essa fila, uma nova fila de números apareceria e eles teriam de repetir as instruções. No entanto, encontrar o dígito final não é o que mais interessa. Há um gato nessa tuba.

Apesar de os participantes receberem a ordem de "achar a solução final", os pesquisadores não estavam na verdade interessados se eles iriam ou não encontrar a resposta certa. Em vez disso, queriam observar se os participantes tinham um determinado *insight* durante a resolução do problema. Para testar isso, os pesquisadores embutiram um segredo (uma regra escondida) em cada uma das séries de números, sem dizer nada. Esse segredo tornaria tudo mais fácil e os faria encontrar a solução final de forma muito mais rápida. O momento da descoberta da regra secreta seria o momento preciso do *insight*, o momento-eureca. Uma vez a descoberta feita, não havia mais necessidade de seguir as séries, passo a passo.

A regra secreta era que as três últimas respostas espelhavam as três respostas anteriores: como mostrado na Figura 4.1., 4-1-1-1-1-9. Quando os participantes descobriam a regra secreta, quando ela deixava de ser implícita para se tornar explícita, ficava óbvio para eles que o segundo dígito da resposta seria sempre o mesmo dígito da solução final. Assim, os que descobriam isso registravam a solução final logo após descobrirem qual era a segunda resposta, uma redução de 70% do tempo médio de solução. Importante: 59% dos que dormiram uma noite inteira, entre o primeiro e o segundo dia de teste, descobriram o atalho na manhã do dia seguinte. Por outro lado, apenas 25% dos que não dormiram conseguiram achar a regra secreta.

Como mostra a Figura 4.2, a noite de sono mais do que dobrou a possibilidade de solucionar o problema. "Dia sem dormir" representa os participantes que ficaram acordados entre um período inicial de treinamento, feito pela manhã, e o segundo período, à tarde. "Noite sem dormir" representa quem iniciou o teste em uma tarde, passou a noite sem dormir e recomeçou na manhã seguinte. E "Dormindo", os que começaram à tarde, dormiram de noite e recomeçaram na manhã seguinte. É interessante notar os dois campos de listras, à direita, rotulados de "Direto-dormindo" e "Direto-sem dormir". São os que fizeram o teste de uma vez só, depois de uma noite de sono ou de uma vigília. Ambos os grupos tiveram o mesmo desempenho dos que fizeram o teste em dois períodos distintos (os três em

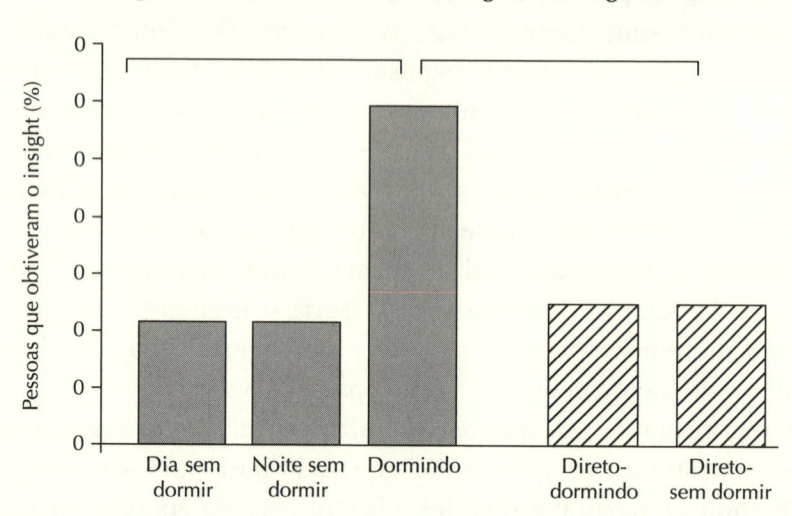

Figura 4.2. Efeitos do sono e da vigília no *insight* criativo

[Gráfico de barras: eixo Y "Pessoas que obtiveram o insight (%)"; eixo X com categorias: Dia sem dormir, Noite sem dormir, Dormindo, Direto-dormindo, Direto-sem dormir]

Fonte: Wagner Ullrich et al. "Sleep Inspires Insight", in *Nature*, 22 de janeiro de 2004, pp. 352-354.

cinza à esquerda). Mas todos os que fizeram o teste em um ou dois períodos ficaram abaixo dos que iniciaram o teste, foram para a cama e, na manhã seguinte, descobriram o truque. Quer dizer, fazer em duas vezes deu mais chance só para quem dormiu. E praticamente não teve efeito nos que ficaram acordados.

A partir dessas descobertas, sugiro que da próxima vez que seu chefe pedir que você resolva um problema ou apresente uma idéia, ali, na hora, na frente dele, você faça o seguinte. Repita o roqueiro Meat Loaf e diga: "Vou dar uma dormidinha e te digo alguma coisa amanhã de manhã". Ou, é sua segunda opção, tente algumas das técnicas apresentadas neste livro. Vamos analisar vários truques cognitivos e métodos criativos ao longo destas páginas. Mas, enquanto isso, experimente o seguinte: hoje à noite, quando for para a cama, pegue um pedaço de papel e um lápis e deixe por perto. Bem na hora de fechar o olho, escreva um problema (na forma de uma pergunta) que esteja na sua cabeça e, seguindo Fuentes e Hemingway, deixe-o lá, sem solução. Deve ser algo simples. Uma única frase é o melhor. Por exemplo: *Por que levo tanto tempo para fazer check-in e check-out nos hotéis e praticamente nada para alugar um carro?* Depois de escrever a pergunta, pense nela por um minuto e feche os olhos. Deixe que seu inconsciente resolva por você (ou, no mínimo, tente). Acordando, comece imediatamente a escrever tudo o que lhe vier na cabeça como respostas à pergunta. Você vai se surpreender com a quantidade de pensamentos que vêm à cabeça enquanto você dorme. Por exemplo, você pode ter pensado por que não se faz check-in como um aluguel de carro. Ou por que não existe guichê de check-in nos aeroportos. Nesses casos, você entraria no hotel, passaria a recepção, iria direto para o quarto, cuja porta se abriria com a inserção de seu cartão de crédito na fechadura, e se atiraria na cama, para ter sua próxima grande idéia. Dia seguinte, hora de ir embora, você fecha a porta do quarto, insere o cartão de crédito para tirar a fatura e parte. A conta chegará no débito automático, com aviso por e-mail.

O sono é uma ótima hora para se pensar. Sugiro que, além de papel e lápis, você também mantenha uma espécie de diário na mesinha de cabeceira, para registrar perguntas, problemas não resolvidos e as grandes idéias que você ainda não sabe como pôr em prática. O fato é que desperdiçamos pelo menos oito horas diárias, porque não vemos o óbvio: a melhor hora de ser criativo é nos braços de Morfeu.

Embora ainda haja muito a aprender sobre a ligação entre sono e criatividade, essas e outras pesquisas já oferecem ampla evidência a favor de dois preceitos precursores do *insight* criativo. Primeiro, para conseguir resolver um problema, você precisa entender um pouco de como funcionam as coisas na área onde ele se situa — saber a respeito do setor industrial, do produto, das regras do negócio etc. Segundo, você precisa se esforçar para manter uma curiosidade sobre áreas que não são de sua especialização, ou nem sequer de seu vago interesse. Quando o que você sabe entra em contato com o que você não sabe, sejam informações ou experiências de vida, novas idéias emergem. É importante não desprezar o que você sabe: pelo contrário, dê valor a isso e acrescente perspectivas novas e não-ortodoxas a essa base.

Agora, ter profundo conhecimento em determinada área não quer dizer que você, ao se tornar um bom especialista, também consiga ao mesmo tempo ser criativo. Muito pelo contrário. Historicamente, observamos que "novatos" contribuem de forma significativa para a criação de novas riquezas. Apesar de a idéia de novatos criando riqueza não ser nova, o importante aqui é como eles fazem isso. O que eles têm de diferente? Sendo específico, como eles pensam?

Em geral, achamos que novatos quebram regras estabelecidas porque não as conhecem muito bem ainda. Mas, na verdade, eles quebram as regras porque as conhecem muito bem, e não estão satisfeitos com elas. Você só pode decidir que não quer ser quadrado se souber bem o que é ser quadrado. Ser inovador é quebrar os quatro lados desse quadrado e remontá-lo de um modo que faça mais sentido. Quase todos os visionários da história apareceram do nada e mudaram tudo. Como fizeram isso? Eles conheciam as regras. É por isso que puderam quebrá-las. A interação entre conhecimentos específicos, isto é, regras, com *insights* inovadores produz os pensamentos inspirados. Embora isso seja natural durante o sono, pode ser recriado enquanto você está acordado.

E aqui lembro a segunda lição prática a respeito do que já sabemos sobre sono e criatividade. Além de cuidar de seus conhecimentos especializados, você deve buscar deliberadamente atividades fora de sua rotina normal, como ler revistas que você em princípio não leria ou ir a lugares em que nunca esteve. Assim, você aumenta suas possibilidades de adquirir informações que, de outro modo, jamais teria. Essas informações aleatórias podem ser exatamente o que você precisa para resolver seu problema ou criar sua próxima grande idéia. Vamos discutir como criar ligações não-ortodoxas no Capítulo 8. Enquanto isso, lembre que o mais promissor em relação à inspiração é que as aparências enganam: você, sim, pode ter bastante controle consciente sobre ela. Saiba que sono e outros estados de transes são precursores comuns de *insights* criativos, e saiba também que experimentar uma epifania é uma sensação agradável. Descobrir algo dá orgulho. E emoções parecem ter um papel importante nisso tudo. O que nos traz à pergunta: Qual é o estado emotivo mais propício para induzir-nos à criatividade? E assim chegamos ao próximo capítulo.

Resumo e exercícios criativos

- O sono impulsiona *insights* criativos. Quando houver escolha entre virar a noite ou tirar uma soneca, vá para a cama.
- Enquanto você dorme, informações são reorganizadas em seu cérebro e novas relações se formam entre elas. Para aumentar as chances noturnas de convergência de idéias disparatadas, experimente algo novo: vá ao trabalho por um caminho diferente; veja um canal de televisão que você não costuma ver; leia uma seção do jornal que você sempre põe de lado. Essa nova experiência, combinada com seus conhecimentos prévios, pode servir de inspiração para idéias inovadoras.
- Mantenha um diário na mesinha de cabeceira. Logo antes de dormir, pense em um problema que você está tentando resolver (ative-o) e anote em um papel. Quando você acordar, escreva todas as soluções malucas para o problema que vieram à sua cabeça. Claro, você vai escrever muita besteira, mas você também pode achar a idéia que faltava para resolver o problema.

5

Entrando no clima

Alguns estados emocionais específicos (raiva, depressão, alegria) parecem ter tido papel, ou pelo menos presença, na eclosão de pensamentos inspirados famosos. Os do produtor de televisão Aaron Spelling, por exemplo. Veja como se originou a idéia de seu sucesso, o seriado *A ilha da fantasia* — um programa ambientado em uma ilha fictícia do Pacífico aonde convidados chegam e atuam suas fantasias em troca do pagamento de 50 mil dólares. Spelling lembra: *A ilha da fantasia* começou com uma briga. Leonard Goldberg (sócio de Spelling) e eu íamos à ABC apresentar idéias para filmes de tevê e só recebíamos cartão vermelho. Os executivos da rede ficavam nos dizendo que não queriam lágrimas e dramas, só vibração. Até que explodi e disse. *Vocês não querem um programa! Não querem personagens, trama, história! O que vocês querem é algum tipo de ilha onde possam ir e atuar todas as fantasias estúpidas da cabeça de vocês!* E foi aí que eles começaram a dar pulinhos e a gritar: "*Façam isso! Façam isso!* Pode não acreditar, mas foi assim".

Um episódio bem mais sombrio é o do compositor clássico Robert Schumann. Robert Weisberg, um dos mais importantes acadêmicos da área de criatividade, professor de psicologia e diretor do Brain, Behavior and Cognition Cluster da Temple University, queria testar sua hipótese de que "o estado maníaco pode aumentar a criatividade de processos mentais". Escolheu estudar Schumann porque o compositor, vítima conhecida da desordem bipolar, era um alvo atraente para o entendimento do efeito dos estados de ânimo (no caso depressão e mania) na criatividade. Psicólogos que haviam estudado Schumann antes de Weisberg pesquisaram registros médicos e cartas escritas por Schumann e seus conhecidos.

Descobriram (veja Figura 5.1.) que Schumann era cinco vezes mais produtivo em seus períodos maníacos (representados na Figura 5.1. pela letra H de hipomania, ou seja, um estado leve de mania).

Mas é aqui que entra a análise de Schumann feita por Weisberg, mais adequada para nossa discussão sobre criatividade conceitual — a criatividade não apenas reverenciada por sua arte, mas também por soluções originais de valor comercial. Se a Figura 5.2. mostra a prolixidade de Schumann durante os períodos maníacos (não há

Figura 5.1. Número de composições produzidas por Robert Schumann durante sua carreira

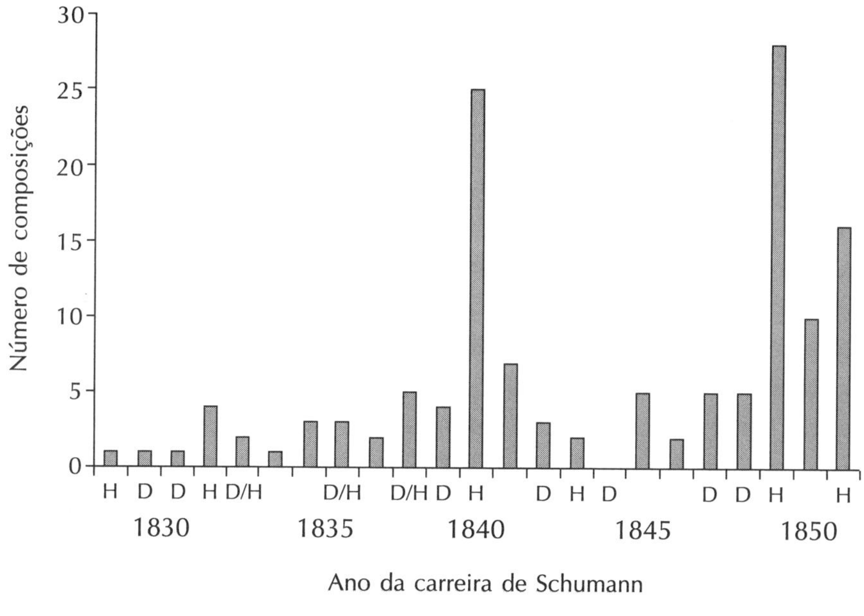

Nota: H = hipomania, D = depressão, D/H = depressão/hipomania.
Fonte: Robert Weisberg, *Creativity*, John Wiley & Sons, 2006.

Figura 5.2. Número de composições produzidas por Schumann durante sua carreira, em função de seu estado de espírito

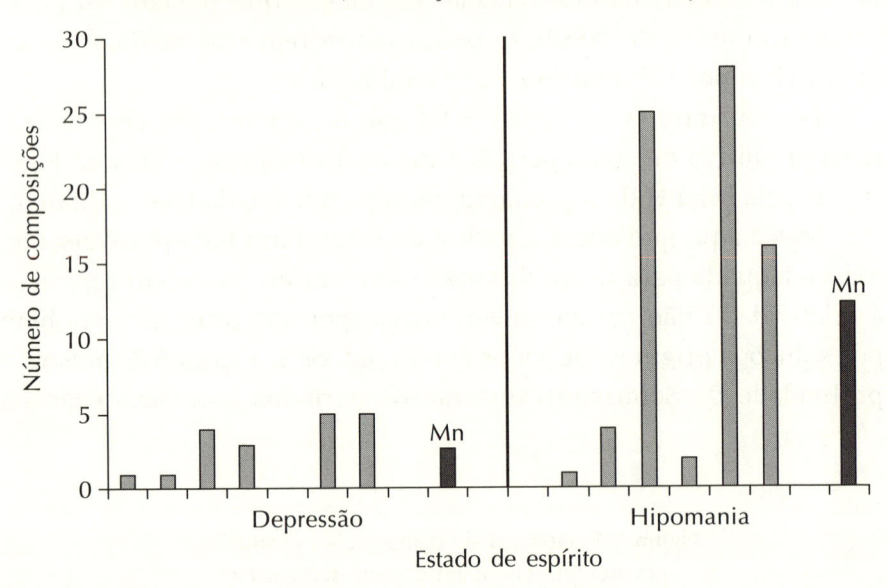

Nota: Mn = mania
Fonte: Robert Weisberg, *Creativity,* John Wiley & Sons, 2006.

dúvida de que produzia mais nesses períodos), nada sabemos sobre a questão da relevância dessa produção: se as obras eram consideradas pelos outros como obras importantes. Para descobrir isso, Weisberg usou uma métrica maravilhosamente simples: "o número de gravações disponíveis de uma determinada composição musical: quanto mais gravações, melhor o trabalho. Entra nessa medida a opinião de críticos, músicos e do público que compra as gravações. E entram também outras medidas, como a freqüência em que a obra é discutida em análises críticas. Dessa maneira, é mais do que uma simples medida de popularidade das obras". Weisberg usou a seguinte lógica: "Se os períodos de mania de Schumann melhoravam seus processos de pensamento, então as obras produzidas durante tais períodos devem ter gravações mais freqüentes, na média, do que as de seus períodos de depressão". Os resultados estão na Figura 5.3.

Figura 5.3. Número médio de gravações das composições de Schumann em seus períodos de depressão e de hipomania

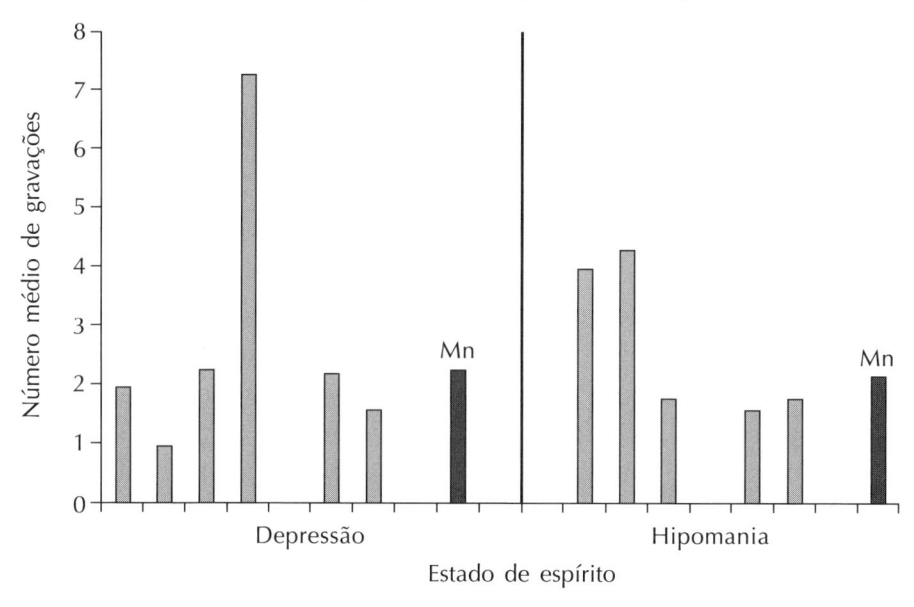

Nota: Mn = mania
Fonte: Robert Weisberg, *Creativity*, John Wiley & Sons, 2006.

Como a análise de Weisberg mostra, levando em conta todas as obras de sua vida, os períodos maníacos de Schumann não produziram composições mais "relevantes" do que durante as depressões. Pelo menos no caso de Robert Schumann, a "loucura" (depressão ou mania) não foi um pré-requisito para a produtividade criativa. Mas Weisberg também fez um estudo da poeta Emily Dickinson, outra vítima do transtorno bipolar. E achou alguma evidência de que poemas produzidos durante seus anos de mania eram mais criativos conceitualmente: eram únicos, relevantes e atendiam às expectativas de sua audiência, o que pode ser medido pelo número de publicações que os acolheram. Como demonstrei em meu livro anterior, *Hope*, sabemos que estar bem disposto influencia de forma positiva a receptividade de novas idéias, apesar de a comunidade científica ainda não ter estabelecido ligações biológicas diretas entre emoção e criatividade.

Para os neurocientistas cognitivos, estar relaxado e de bom humor (o que chamam de "influência positiva") favorece a criatividade, pois facilita uma atenção mais abrangente e a recepção de idéias com pouca relação com o foco central. Paixão e motivação também são importantes, pois emoções fortes são necessárias para fixar a atenção na longa tarefa à frente. Afinal, uma grande idéia terá pouco valor se você não conseguir fazer com que funcione. Mas, atenção, cuidado com focos muito intensos. Há um retorno declinante aqui, porque foco em demasia pode causar ansiedade, que não só atrapalha a criatividade como encoraja a fazer coisas decididamente erradas, como, por exemplo, mandar aquele e-mail desaforado a seu chefe antes de ter a chance de pensar mais a respeito. Então — e isso vale particularmente para líderes (gerentes, treinadores, pais) —, esteja atento ao delicado equilíbrio entre atenção positiva e focos de ansiedade quando for estimular criatividade entre seu grupo. À medida que aumenta o volume de pesquisas sobre emoções e criatividade, a verdadeira natureza da relação, da correlação e da relação de causa e efeito entre elas se torna mais clara.

Enquanto isso, preste atenção ao conselho de meu colega, o neurocientista cognitivo Edward Bowden, cuja carreira é dedicada ao estudo da criatividade na solução de problemas:

> Em minha opinião, ainda não saiu o veredicto final a respeito da conexão entre estado de espírito, emoção e criatividade. Até agora a maioria das pesquisas sugere que é possível aumentar a criatividade com um humor positivo. No entanto, tendo a achar que qualquer emoção que mude sua forma de pensar pode contribuir para uma solução criativa. Por exemplo, quando você tem uma grande idéia (ou, pelo menos, quando você acha que tem), talvez alguém lhe diga que sua idéia é uma idéia estúpida. Resultado: você fica zangado, o que ativa outros pensamentos seus, relacionados com experiências anteriores de raiva, tais como: esse cara é um cretino. É a partir da mudança em seu processo de pensamento, mudança na informação que você recebe da memória e das novas ligações que podem surgir, que a idéia criativa

nasce. Assim, se você costuma não sair do seu conforto, ajuda ficar zangado de vez em quando. Se você é do tipo nervoso, tente suavizar um pouco as coisas. Qualquer mudança na sua forma de ver um problema aumenta a probabilidade de uma nova idéia de solução.

As pesquisas mencionadas por Bowden giram em torno da seguinte pergunta: De que maneira a memória, o processo de solucionar problemas e a criatividade são afetados pelo contexto, incluindo o contexto emocional e a mudança de contexto?

Nessas experiências, os participantes devem aprender coisas novas em ambientes diferentes, e depois são requisitados a lembrar, dentro e fora do contexto original, aquilo que aprenderam. *Contexto*, aqui, refere-se tanto ao contexto físico quanto ao mental. Por exemplo, em um estudo sobre contexto físico, mergulhadores deviam memorizar listas de palavras em terra firme e embaixo d'água. Depois, deviam lembrar as palavras de cada ambiente dentro do próprio ambiente e trocando de ambiente. Descobriram que a lembrança era maior quando exercida em contexto igual ao do aprendizado. Se os mergulhadores aprendiam as palavras embaixo d'água, a lembrança ocorrida embaixo d'água era maior do que em terra firme, e vice-versa.

Na prática, essas pesquisas apóiam o que a maioria dos detetives já sabe: leve as vítimas de volta à cena do crime e você conseguirá lembranças mais detalhadas. Aliás, se você é estudante, eis um argumento de peso para você não faltar à prova no dia em que ela é dada, *versus* fazê-la depois, na sala do professor. E, por falar nisso, também é melhor não faltar às aulas, porque você se sairá melhor se aprender as informações no mesmo local onde deverá lembrar delas. Na verdade, se você puder, para fazer a prova, sente-se na mesma cadeira da sala de aula em que você cursou o trimestre. E se você for pai ou mãe, encoraje seus filhos a se prepararem para aquele exame importante no mesmo local onde eles terão de prestá-lo. Esse fenômeno está relacionado tanto ao contexto físico quanto ao mental. Outra pesquisa comparou o desempenho da memória durante aulas e testes com a pessoa em um mesmo estado de espírito e em um estado de espírito diferente. Estar em um mesmo estado de espírito nas duas circunstâncias acabou se mostrando mais importante do que estar nesse ou naquele clima, fosse qual fosse.

O contexto serve de dica para a memória e, já que você provavelmente vai se lembrar melhor do que aprendeu quando estiver no mesmo contexto, mudar o contexto significa mudar de dica, tornando mais provável a lembrança de coisas diferentes. E já que mudar a interpretação de um problema é muitas vezes pré-requisito para *insights* criativos, segue-se que mudar o contexto físico ou mental pode ser útil na criação das condições para que a criatividade floresça. Você "se torna mais criativo" quando a memória não "atrapalha". Pablo Picasso é citado como tendo dito: "Levei uma vida inteira para conseguir pensar como criança". Embora tenhamos muito a aprender com o passado, aprender a esquecer também pode oferecer alternativas na resolução de problemas.

A dificuldade com o passado é aprender a usá-lo. O que ele pode nos ensinar de útil, e o que é melhor esquecer para não atrapalhar a vida. Como separar a influência positiva da negativa em nosso modo de pensar. Por exemplo, por décadas, os bancos acreditaram que estavam "vendendo segurança" e punham enormes cofres à vista dos clientes, para mandar a mensagem de que "seu dinheiro está seguro conosco". Com o tempo, à medida que as necessidades dos clientes mudaram, influenciadas pelas tendências observadas em lojas de varejo como mercearias e butiques de roupa, começou-se a dar valor a características não tipicamente financeiras, como comodidade. Comodidade não foi oferecida pelos bancos até que os clientes a exigiram. Quando os bancos conseguiram esquecer que segurança eram as "favas contadas" do passado (a mais barata e fácil moeda de troca), ofertas de comodidade começaram a se tornar prevalentes, na forma de máquinas automáticas, horários de fim de semana e serviços on-line. Tais inovações dos seus produtos exigiram que os bancos reexaminassem a crença anterior a respeito do que, segundo eles, devia ser significativo para os clientes. Identificar e questionar crenças são um dos pontos principais da inovação e também um precursor comum do *insight* criativo.

Vamos aprendendo a respeito do mistério do *insight* criativo, mas uma coisa é certa: artistas, cientistas, empresários, todos estão no mesmo coro: *a idéia simplesmente apareceu na minha cabeça* (ou, pelo menos, eles acharam). Isso torna o enigma muito mais desconcertante. Os *insights* criativos são momentos altamente desejáveis, mas, muitas vezes, deixam aqueles que os experimentaram sem saber como tudo começou. Ninguém sabe como a idéia aconteceu, de onde veio, o que se sabe é que ela aconteceu, e que foi de repente. Então, perguntar a eles "De onde veio a idéia?" pode ser inútil. Tirando os poucos que estudam idéias, o resto de nós ficará perdido se tiver de explicar a origem das suas. Mas os que estudam a origem das idéias e estão mais conscientes dos processos criativos podem estar mais aptos a lembrar como montaram uma determinada solução. Por exemplo, Bowden lembra de uma experiência:

> Como alguém que passa o tempo pesquisando criatividade, muitas vezes rastreio deliberadamente meu próprio pensamento até descobrir o que inspirou aquela idéia. Por exemplo, uma vez resolvi uma charada que me levou ao programa NPR com Will Shortz. A charada era rearrumar as letras da expressão "shout danger" de modo que formassem duas novas palavras que pudessem ser consideradas opostas. A solução era "son daughter". A idéia me veio enquanto assistia à ópera Don Giovanni (com legendas). Estava pensando na charada durante a ópera e, de repente, cheguei à solução. Rastreando o pensamento do fim para o começo, vi que foi a palavra *daughter* nas legendas que tinha me levado à solução.

O relato de Bowden dá esperança para quem quer aprender a ser criativo de forma deliberada: ficando atento a um problema e o mantendo na cabeça, teremos soluções disponíveis mais rápido. Sem essa ativação de pensamento, pode ser que a informação necessária para sua solução fique disponível, mas, incapaz de se conectar com o problema, não produzirá a solução. Se essa hipótese for verdadeira, uma forma de resolver o enigma — saber de onde as grandes idéias vêm — talvez seja entender eventos e experiências que tipicamente resultam em momentos de *insight*. Precursores de *insight* existem? E, se existirem, o que fazer para usá-los de uma forma deliberada e vantajosa?

Não acredito em fórmulas do tipo tiro e queda (ou, pelo menos, não estou dizendo aqui que descobri alguma), mas parece que epifanias isoladas podem de fato oferecer chaves úteis para a melhoria de nossa capacidade criativa. Isso dito, os que buscam um jeito fácil de chegar à criatividade vão gostar de saber que a época de "pílulas inteligentes" e "alimentos inteligentes" está só começando. Trata-se de uma invenção social que ilustra quão longe as pessoas estão dispostas a ir para obter controle de estados emocionais e interferir com o processamento normal do cérebro, até conseguir invocar a inspiração criativa quando assim o desejarem.

A categoria emergente de alimentos inteligentes (produtos que prometem aumentar criatividade, memória e atenção) está se tornando uma área cada vez mais popular de oportunidades de negócios para a indústria de alimentos e a farmacêutica, e até mesmo para o ocasional inventor radical. Um dos produtos mais radicais da categoria veio do inventor japonês dr. Yoshiro Nakamatsu (comumente conhecido por doutor NakaMats). Seu biscoitinho de aperitivo Yummy Nutri Brain Food é uma mistura de enguia, ovos, algas marinhas, iogurte, camarão seco, carne de boi e fígado de galinha. NakaMats assegura que "são muito úteis para os processos de pensamento do cérebro". NakaMats recebeu o Prêmio Ig-Nóbil na categoria Nutrição de 2005, por "fotografar e analisar cada refeição comida por ele em 34 anos sem desistir até hoje". O Prêmio Ig-Nóbil é uma paródia do Prêmio Nobel, concedido anualmente em uma cerimônia na Universidade de Harvard para dez grandes feitos que "primeiro façam rir e depois pensar".

Além de alimentos inteligentes como o de NakaMats, há também pílulas inteligentes, que incluem: HT-0712 (um auxílio à memória), modafinil (usado para tratar narcolepsia, mas que também melhora alguns processos mentais, como a memória), donepezil (comercializado sob o nome de Aricept, incrementa as transmissões elétricas entre as células cerebrais) e o psicotrópico Ritalin (projetado para a desordem de déficit de atenção, mas usado por universitários em busca de "algo mais"). Há alguém muito rico e muito interessado em investir em pílulas inteligentes: o exército dos Estados Unidos. Na verdade, em 2005, o Pentágono gastou 20 milhões de dólares pesquisando maneiras de "expandir a disponibilidade de memória" dentro do cérebro e de construir "circuitos mentais resistentes ao sono". Claro, críticas abundam principalmente devido à presença de efeitos colaterais potencialmente negativos, associados às pílulas inteligentes. Entre eles, a hipótese de que "saber em excesso", no sentido de ter muitos detalhes, pode significar não saber coisa alguma. Por falar nisso, não há coisas na sua vida que você prefere esquecer? Mesmo assim, a força de uma neurologia cosmética pode vir a coroar, afinal, um ícone maldito da contracultura dos anos 1960, Timothy Leary, gênio criativo que nasceu antes de seu tempo. Leary, um proponente de drogas como o LSD para melhorar o desempenho mental, seria o garoto-propaganda ideal das empresas que lançam coisas como pílulas inteligentes.

Radicais, essas táticas ilustram quão longe os seres humanos estão dispostos a ir para conseguir inspiração criativa. Mas não é preciso consumir biscoitinhos de enguia ou fármacos superficiais para melhorar a criatividade. Há truques cognitivos, e eles vêm na forma de precursores dos *insights* criativos. Sejam eles desenhos metafóricos ou questionamentos de crenças sedimentadas, você pode pensar nesses precursores como digitais na cena do crime: estão lá mesmo que você não saiba onde. Acho que ignoramos com tanta freqüência a existência desses precursores do *insight* criativo não porque não damos valor a eles, mas porque, ao "termos uma grande idéia", ficamos muito mexidos emocionalmente pela idéia em si. Dificilmente paramos e perguntamos: "Mas de onde essa idéia apareceu?" Ou: "Como fui pensar nisso?"

Lembre Arquimedes. Posso jurar que, depois de ter sua grande idéia, ele não estava muito interessado em saber como ela surgiu. No entanto, é esse o exato motivo de termos de entender a origem dos *insights* criativos. Epifanias é o que pode acontecer de melhor para aspirantes a inovadores. Se pudermos entender o porquê e o como de seu aparecimento, poderemos recriar o quando. Uma grande idéia nos faz levitar, mas, ao voltar ao chão, aprenderíamos muito revisando com calma os pensamentos e atividades com que nos ocupávamos logo antes de a idéia surgir. Não posso imaginar nada mais importante para um aspirante a inovador do que uma epifania autoinduzida. Você não prefere poder controlar sua inspiração criativa em vez de deixá-la ao acaso? Nossa causa receberia uma grande ajuda, porque o maior desafio da criatividade aplicada é que grandes idéias nunca são deixadas sozinhas. Depois de ter uma grande idéia e compartilhá-la, a primeira coisa que vai acontecer é pedirem que você tenha outra. Inovação não é destino final de viagem ou evento de meio de caminho. É capacidade. Para uma pessoa ser considerada "inovadora" (em vez de sortuda), várias ações repetidas de criatividade aplicada são esperadas. E, para nossos propósitos aqui, o resultado dessa criatividade precisa ser relevante para uma audiência específica. Thomas Edison e sua equipe podem ser considerados inovadores. Detinham mais de mil patentes e lançaram inúmeras invenções que mudaram a maneira de as pessoas viverem. Por outro lado, com uma única composição de sucesso, a "Canon in D Major", Johann Pachelbel foi apenas uma centelha a iluminar o forno das invenções criativas, um acerto que não se repetiu.

    Criatividade conceitual não aparece ao se pensar de modo diferente; pelo contrário, aparece como resultado de modos de pensar deliberados, que alimentam sem cessar o gargalo das inovações, voltados a problemas não resolvidos, necessidades não atendidas e oportunidades não exploradas. Você deve conhecer a noção de gargalo. Começa com mil idéias e vai afunilando até algumas centenas, depois dezenas, até chegar a bem poucas — as grandes idéias que serão implementadas. Gargalos parecem interessantes na teoria, mas não funcionam na prática. Na realidade, o gargalo de inovações se parece mais com um túnel. Começamos com uma única grande idéia (ou achamos que é) e depois fazemos de tudo para que ela saia do gargalo sem arranhões, da mesma forma que entrou. Logo, na prática, o que temos é um túnel. Mas em inovação as coisas não são diferentes do que em qualquer outro campo. Medir desempenho trata-se, também aqui, de uma questão de produção.

Pense em Cy Young, um grande jogador de beisebol, como exemplo. Com 512 vitórias (ultrapassando o segundo colocado em 150 decisões), é, sem discussão, o melhor lançador que jamais houve nesse jogo. No entanto, com 313 derrotas, também poderia manter o epíteto de pior lançador da história. Já Babe Ruth não era só o rei dos *home-runs*, com seus 714 *home-runs*: era também o rei das bolas-fora, com 1.330 *at-bats*. É como Michael Covel, do *Turtle Trader*, escreve: "Ruth sabia muito bem que acertos contam mais do que mancadas. É dele essa pérola: 'Cada bola longe me deixa mais perto do meu próximo *home-run*'. E quando os repórteres perguntavam como ele lidava com as mancadas ocasionais, respondia: 'Simplesmente continuo em frente atirando a bola'". Então faça o mesmo: vá atirando a bola até conseguir a idéia que muda tudo. A mesma lógica governa nossa área: tenha vitórias maiores do que as derrotas. Como saber quais as idéias boas e quais as ruins? Vamos ver isso em breve, mas, por agora, pense no conselho de Mao Tsé-Tung, em um escrito de 1963 chamado *Where Do Correct Ideas Come From?* [De onde vêm as idéias apropriadas?] "As idéias que têm sucesso estão corretas, as que fracassam estão incorretas". Simplicidade e elegância.

Quando se trata de inovação, tudo bem fracassar de vez em quando, o importante é manter o placar positivo. Isso quer dizer que você precisa criar de modo contínuo. E como existe essa necessidade de inspiração contínua, epifanias são um pacote que vale a pena ser aberto. A boa notícia é que, apesar de tudo, as luzes do brilhantismo não surgem do nada. Muito pelo contrário, esses momentos de inspiração parecem ser extensões lógicas de processos cognitivos comuns.

Mesmo com muitos fatores contribuindo para o surgimento de grandes idéias, há cinco precursores que parecem ser os mais eficientes na inspiração de *insights* criativos: curiosidade, limites, convenções, ligações e códigos. Cada um desses conceitos será explorado nos capítulos seguintes. Você, ao ter consciência deles e ao praticar as técnicas sugeridas, estará apto a inspirar epifanias de forma deliberada, em vez de ficar sentado, esperando pela inspiração divina. Claro, é difícil, mas por que não? Afinal, esse é um mercado e, em criatividade, grandes idéias são sempre esperadas.

O mais revelador — e você vai saber disso mais tarde neste livro — é que a maioria dos inovadores — artistas, cientistas, empresários — opera a partir de fórmulas únicas que lhes permitem criar de modo contínuo. Esse "código criativo", único para cada pessoa e para cada situação, é o mais cobiçado estágio da inovação. Não é um código naquele sentido de ser um segredo que só Leonardo da Vinci ou Dan Brown podem conhecer. Não. São estruturas lógicas nas quais é possível aplicar criatividade, simplificar situações complexas e, por fim, criar soluções inovadoras e relevantes para problemas reais. Esses códigos são a lógica invisível da criatividade. Você vai aprender como eles são montados e como criar um para você — como aumentar seu desempenho criativo.

Agora, vamos voltar aos precursores do eureca, começando com uma pergunta formada apenas por duas palavras, que todas as crianças de três anos do planeta já fizeram um dia: Por quê?

Resumo e exercícios criativos

- Uma influência positiva (no seu comportamento ou na sua visão de mundo) pode aumentar a possibilidade de sucesso em inovação.
- Mudar estados emocionais parece ter grande ligação com o aumento da criatividade. Se você tende a ser pessimista, tente um enfoque otimista ao problema. Ao contrário, se você é abertamente otimista, tente um enfoque pessimista.
- Tanto quanto mudar estados emocionais, mudar contextos nos quais você tenta resolver problemas pode ajudar a inspirar novas idéias. Por exemplo, se você sempre tem sessões de *brainstorming* no

mesmo lugar, mude o endereço. Se você organiza sessões de idéias durante o dia, passe para a noite.
- Teoricamente, quanto mais idéias você gerar, mais você terá chance de encontrar uma que funcione. Mas isso também aumenta o risco de fracassos. Gerencie os fracassos pensando neles não como erros, mas como uma maneira de aumentar a probabilidade de que a próxima idéia funcione. Claro, pode ser que não, e, nesse caso, volte para o primeiro item desta lista.

6

Mistério total

Curiosidade

Há coisas na vida que fazem o maior sentido: fraldas descartáveis, telefone sem fio, fibras sintéticas. Apesar de esses produtos serem sem dúvida superiores aos que existiam antes de sua invenção, foram vistos com certa desconfiança, como, aliás, acontece com quase todas as grandes idéias. A "Boater", inventada por Marion Donovan, foi a primeira fralda descartável do mundo, rejeitada por ser "de produção muito cara". O telefone sem fio de Teri Pall foi rejeitado por ser "bom demais". Teri explica: "Inventei o telefone sem fio em 1965, mas não consegui vendê-lo". A razão? "Tinha um alcance de mais de três quilômetros, e interferia com os aviões." A invenção de Pall depois foi adaptada (reduzida a um alcance bem menor) e, por fim, tornou-se viável comercialmente. E, apesar de Stephanie Kwolek ter criado um material sintético simplesmente mágico, com o Kevlar também houve dificuldades. O Kevlar se tornou o principal material dos coletes à prova de bala (com potência cinco vezes superior à do aço), mas Kwolek registrou sua invenção como de autoria de *S. L. Kwolek* para encobrir o fato de que ela era mulher, pois tinha medo de que isso provocasse a rejeição do invento pelos funcionários homens do escritório de patentes. O que essas três criadoras e suas criações têm em comum? Afora serem elas mulheres, quase sempre esquecidas pela patota dos inventores, os produtos que desenvolveram podem aparentar terem como inspiração a necessidade. Existe a frase, *a necessidade é a mãe da invenção*, mas nesses três casos, de repente, é bem o contrário. A questão que levanto aqui é se a necessidade de fato é a mãe da invenção, ou se essa é apenas mais uma frase espertinha.

Se a necessidade fosse de fato mãe da invenção, seria o caso de pensar que uma pessoa sem acesso à eletricidade fosse o inventor do rádio de corda, e que um cego inventasse o método de leitura para cegos. Acontece que essas duas grandes idéias surgiram de gente que não precisava delas. Trevor Baylis, que você vai encontrar mais tarde neste livro, não tinha necessidade alguma para o rádio movido a energia manual, assim como Valentin Haüy não precisava de ajuda para ler. Aí vem a pergunta: Se a necessidade não é, ela apenas, quem provoca invenções, então o quê, ou quem, está presente no momento anterior a uma epifania? Para responder a essa pergunta, vamos considerar os eventos que precederam a inspiração de uma das maiores inovações da humanidade, a leitura para os que não vêem.

Segundo a lenda, em 1784, saindo da missa da igreja Saint Germain des Prés, em Paris, o lingüista Valentin Haüy deu uma moeda para um rapaz cego que mendigava. Surpreso com o peso da moeda e, portanto, com a generosidade de Haüy, o rapaz imediatamente expressou em voz alta seu agradecimento pelo valor recebido, fazendo com que Haüy — ahá! — atentasse ao fato de que cegos podem diferenciar categorias pelo tato. Alguns podem achar a história mal contada e sugerir que, em vez disso, o rapaz cego já sabia do interesse de Haüy na educação dos cegos e simplesmente aproveitou a oportunidade. Mas não importa como foi o encontro dos dois. O jovem mendigo cego era François Lesuer, de 17 anos, e tornou-se o primeiro pupilo de Haüy. Haüy começou a ensinar Lesuer a ler usando letras de madeira com as quais ele formava palavras. Um dia, enquanto procurava por um objeto na escrivaninha de Haüy, a mão de Lesuer passou por um aviso fúnebre em que a letra "o" estava um pouco levantada (tinha sido datilografada com muita força). E com isso, Haüy teve sua segunda epifania: letras em relevo no papel eram muito mais eficientes (*versus* blocos de madeira) para ensinar cegos a ler, já que seria possível fazer livros com elas. Na seqüência, o método de leitura de Haüy melhorou, com a aplicação de papel molhado sobre letras cursivas, o que deixava formas sensíveis ao tato depois que o papel secava.

Com o papel seco, Haüy colava uma página na outra para obter folhas de dupla face e as costurava para fazer livros. Como você pode imaginar, essa tarefa tomava um bom tempo, já que cada letra tinha de ser formada independentemente. E os livros depois de prontos ficavam muito pesados. Mesmo com livros tão toscos, em seis meses, Lesuer já dominava os princípios básicos de uma educação primária, graças ao método de Haüy. Haüy depois exibiu o progresso de Lesuer para uma platéia boquiaberta, formada pelos principais acadêmicos da França, na Académie Royale — o que originou posteriormente a abertura de uma escola para cegos.

A curiosidade de Haüy não foi, necessariamente, a mãe de sua invenção. Estava mais para tia, ainda com vínculos de sangue, mas sem responsabilidade direta. Se não fosse a curiosidade de Haüy, é muito provável que a necessidade (ler) continuasse sem solução. E nem era tanto assim uma necessidade, pois, se é verdade que os cegos daquela época não podiam ler, a leitura não chegava a ser uma preocupação real para eles. Assim, Haüy inovou não para atender a uma necessidade, mas para atender à sua curiosidade.

Curiosidade é o primeiro de cinco precursores de *insights* criativos. Curiosidade gera criatividade. O desafio para nós, da espécie humana, é que parece que nossa curiosidade diminui com a idade. Em algum momento (tipicamente logo depois do baile de formatura), satisfeitos com nosso grande conhecimento, experiência de vida e infinda sabedoria, paramos de pensar como as crianças que fomos: não mais perguntamos por que, não mais nos perdemos em nossos caminhos e não mais tentamos enfiar objetos redondos em buracos quadrados. Mas esse é precisamente o tipo de pensamento que impulsiona o *insight* criativo. Alison Gopnik, co-autora do *Scientist in the Crib: What Early Learning Tells Us About the Mind* [O cientista no berço: O que o ensino precoce nos revela sobre a mente], explica:

"Bebês são mais espertos do que nós, pelo menos se você acha que ser esperto é conseguir aprender alguma coisa nova... eles pensam, chegam a conclusões, fazem previsões, procuram explicações e até elaboram experimentos... Na verdade, os cientistas têm sucesso justamente porque imitam o que crianças fazem de forma natural". A opinião de Gopnik é compartilhada por Steve Jurvetson, um especialista em capital de risco do Silicon Valley. À pergunta sobre o que tinha mais valor para ele, Jurvetson respondeu: "Brincadeiras. Dou muito valor à mente infantil... Pelo que posso ver, os melhores cientistas e engenheiros desenvolvem uma espécie de mente infantil. São brincalhões, têm cabeça aberta e não se deixam tolher pela voz interior da razão, pelo cinismo dos outros ou pelo medo do fracasso". A curiosidade infantil de Haüy — incluindo sua habilidade e a vontade de temporariamente abrir mão da "voz interior da razão" — inspirou seu momento-eureca. É importante esclarecer que esse mantra, "pensar como criança", não quer dizer necessariamente pensar de forma simplista. Na hora de ser criativo, ajuda manter uma curiosidade infantil sobre o mundo, mas a pessoa também deve desenvolver uma forma de pensar complexa (antônimo de simplista) a respeito do mundo. Crianças podem ter curiosidade maior do que adultos sobre o mundo, mas têm um conhecimento mais limitado. Por exemplo, costumamos dizer que crianças são melhores do que adultos no jogo da memória. Mas adultos podem vencer as crianças usando uma estratégia: seu conhecimento metacognitivo, que ainda não está presente na criança. Por exemplo, crianças podem cair em um excesso de autoconfiança, em relação à sua capacidade de lembrar de coisas, pois elas ainda não desenvolveram o hábito de treinar a recuperação de informações, não criaram lembretes. Como se viu no caso da leitura para cegos, é curiosidade combinada com conhecimento o que leva às inovações mais significativas.

Apesar de a contribuição de Haüy para a humanidade ser significativa, ela não se sustentou. Como acontece com freqüência nas inovações, o primeiro a propô-las raramente consegue manter uma vantagem sustentável — e isso é outro mito a cercar inovações. Vamos analisar quem obteve vantagem competitiva nesse caso do "aprender sem os olhos" daqui a pouco. Primeiro, vamos ver o mito sobre primeiros proponentes.

O mantra *sair na frente para vencer* é uma noção romântica muito repetida em círculos de inovadores. É mentira. A crença de que chegar primeiro é tudo na vida está baseada principalmente em como a maioria de nós aprendeu a definir "sucesso": chegar na frente. Eis uma parte da nossa infância que fica melhor se deixada no passado, pelo menos quando se fala de inovação. É raro sabermos ou lembrarmos dos primeiros proponentes em qualquer categoria, porque eles muitas vezes fracassam ao tentar fazer suas idéias serem viáveis comercialmente. Achamos que sabemos quem foi o primeiro, mas ele, ou ela, é quase sempre apenas aquele que fez mais barulho a respeito (ou seja, quem se deu melhor em autopromoção, e se proclamou como sendo o primeiro). Foi o caso da lâmpada elétrica.

Ao contrário da opinião popular, não foi Thomas Edison quem inventou a lâmpada elétrica. Na verdade, seu pedido de registro de patente original, feito em 1880, foi recusado em 1883 por causa da existência de conceitos semelhantes anteriores (o que quer dizer que características da idéia dele já estavam presentes na idéia de alguém para quem uma patente similar havia sido documentada, registrada e garantida). Mesmo que essa decisão (de que havia conceitos de Edison que conflitavam com inventos anteriores) tenha sido derrubada depois, fica a certeza de que o vislumbre de algo parecido com uma lâmpada elétrica foi a grande idéia de outra pessoa. Na verdade, há vinte e dois inventores que detêm o crédito da invenção de lâmpadas incandescentes, e cada um deles trabalhou na sua idéia por décadas, antes de Edison sequer pensar em entrar nesse ramo de negócios. Um dos mais notáveis foi o inventor inglês Joseph Swan, com quem Edison veio a se associar em 1883 para fundar a Edison & Swan United Electric Light Company. Ediswan vendeu lâmpadas com um filamento de celulose inventado por Swan em 1881. Thomas Edison continuou a usar filamentos de bambu até 1892, quando uma fusão corporativa criou a General Electric, que adotaria o filamento de celulose. Edison também adquiriu — de dois caras de Toronto, o eletricista Henry Woodward e seu sócio, o também inventor Mathew Evans — os direitos das patentes de lâmpadas incandescentes para todo o território dos Estados Unidos e Canadá. Depois, Edison aperfeiçoaria essas idéias já existentes, em uma tentativa de fazer com que as lâmpadas durassem mais. É importante notar que até mesmo o processo do filamento da lâmpada de Edison tinha uma tecnologia inventada não por ele, mas por Lewis Latimer, um verdadeiro herói desconhecido da lâmpada elétrica.

Lewis Howard Latimer (1848-1928) era filho de escravos fugidos e nasceu em 4 de setembro de 1848. Com 16 anos, alistou-se na Marinha e serviu a bordo do U.S.S. *Massasoit*. Depois de dar baixa com honra, foi contratado pela empresa de patentes de Boston, a Crosby and Gould, que estava procurando um estagiário para ajudar no serviço. Enquanto trabalhava lá, Latimer aprendia desenho nas horas vagas, e acabou convencendo seu relutante patrão a permitir que ele desenhasse profissionalmente, tornando-se o principal desenhista da firma. Latimer sabia muito mais do que leis de comércio e desenho. Era engenheiro, escritor, poeta, perito testemunhal, violinista e inventor — alguém que podemos chamar de homem renascentista. Sua maior contribuição foi um processo de fabricação de filamentos de carbono para as lâmpadas elétricas. Criar um filamento que pudesse durar mais do que oito minutos, eis o problema não resolvido que escapava não só a Edison como também a seus concorrentes, entre eles Hiram Maxim e sua United States Electric Lighting Company. O processo inventado por Latimer resolveu o problema, embora ele, no início, não o tivesse feito para a empresa de Edison.

Em 13 de setembro de 1881, enquanto trabalhava para Hiram Maxim — e não para Edison —, Latimer recebeu uma patente para produzir "incandescência de uma faixa contínua de carbono, envolvida em arames metálicos". Seis dias antes da publicação da patente desse filamento — que incluía um material pouco ortodoxo, papelão, em vez do mais tradicional papel higiênico —, Latimer entrou com uma patente em seu nome para um processo de produção semelhante. A patente saiu no nome do empregador de Latimer, a United States Electric Lighting Company, de Maxim, em 17 de janeiro de 1882. Infelizmente, a história nem sempre parte dos fatos. Os filamentos de longa duração de Latimer apareceram pela primeira vez nas lâmpadas de Hiram Maxim e foram popularizadas, depois, por Edison, considerado o maior inventor dos Estados Unidos.

Edison era tão bom em juntar coisas existentes quanto era bom em inventá-las, e Latimer era um diletante (em uma época em que *diletante* não era considerado palavrão). Com o tempo, Latimer acabou se ligando a Edison, o que o tornou o único negro no grupo dos "pioneiros" de Thomas Edison. Era um grupo de cientistas que trabalhava em várias das empresas de propriedade de Edison, contribuindo para muitas das suas invenções de ponta. Além de ser um mestre em juntar coisas e pessoas, Edison também era mestre em publicidade. Para ajudar na promoção do "sistema de iluminação Thomas Edison", Edison incentivou Latimer a escrever um livro em 1890, chamado *Incandescent Electric Lighting: A Practical Description of the Edison System* [Iluminação elétrica incandescente: uma descrição prática do Sistema de Edison] (Quem pode discutir com um cara que tem uma idéia dessas? Gênio!) O título dava a entender que Latimer tinha criado o filamento *para* Edison, quando na verdade ele nem sequer trabalhava para Edison quando a patente foi publicada. Nesse mesmo espírito de agenciar idéias dos outros, há um exemplo mais atual na Procter & Gamble, com sua estratégia de inovação chamada "ligue e ponha em prática", e também não é uma idéia nova. Essa estratégia está baseada na premissa simples de que uma única empresa não pode sobrepujar a capacidade criativa de uma coletividade inteira, muito maior do que ela. Assim, a P&G entra em contato com acadêmicos, empresários, inventores e concorrentes, e os convida a desenvolver novos produtos e novas iniciativas de negócios. Por exemplo, a marca de produtos de consumo Glad (sacos de lixo, rolos de plástico para embalar alimentos, plásticos com fecho para sanduíches, baldes etc.) é uma *joint-venture* da P&G com a Clorox Company. Em alguns produtos, a P&G contribui com propriedade intelectual e a Clorox, com ativos, como equipamentos de manufatura e funcionários. A.G. Lafley, o principal executivo da P&G, elogia a parceria: "Esperamos que a junção da já estabelecida marca

Glad da Clorox com a capacidade de pesquisa e desenvolvimento da P&G leve aos consumidores produtos novos e importantes, de claro valor". Assim como Lafley, Edison também transformava o juntar e desenvolver em seu segredo de sucesso: foi sua ligação com Latimer e outros o que possibilitou a lâmpada elétrica.

A contribuição de Latimer para a indústria da iluminação elétrica é apenas uma nota ao pé de página na carreira desse quase desconhecido gênio criativo. Antes de ir para a Thomas Alva Edison Electric Light Company, Alexander Graham Bell encomendou a Latimer os desenhos do projeto do seu telefone. Na verdade, Latimer registrou o pedido de patente para os desenhos de telefone de Bell, literalmente minutos antes que concorrentes fizessem a mesma coisa — o que resultou na concessão em nome de Bell em 7 de março de 1876. Além da lâmpada elétrica e do telefone, Latimer aperfeiçoou os banheiros dos trens de passageiros e desenhou cabides para chapéus e casacos. Também inventou um aparato de refrigeração, desodorização e desinfecção de ambientes fechados e, incidentalmente, por uma dessas ironias do destino, a firma que precisava de estagiário para ajudar na papelada se tornou a firma de advocacia que prestava serviços a Latimer.

Como a maioria dos grandes inovadores, Edison se apoiou nas costas de gigantes: Swan, Woodward, Evans, Latimer e muitos outros. Mas, apesar das várias melhorias feitas em uma já existente lâmpada, a genialidade de Edison não é tanto por ele ter feito a lâmpada durar mais, mas por ter tornado lâmpadas algo viável comercialmente. E isso aconteceu quando ele juntou, em um único sistema de produção, os vários e díspares elementos de uma iluminação: circuito paralelo, dínamo confiável, rede subterrânea de condutores, dispositivos para manter a voltagem constante, fusíveis de segurança, materiais isolantes, bocais de lâmpadas, tomadas de ligar-desligar e, finalmente, uma lâmpada que durasse. Hargadon comenta: "O historiador de economia Nathan Rosenberg diz que nossa insistência em ter idéias erradas sobre o processo de inovação se deve não apenas à nossa necessidade de ouvir histórias fáceis, mas também, de forma muito atual, à necessidade de empresários em deter sem complicações a propriedade de idéias frente às cortes da justiça e opinião pública".

Hargadon continua: "Tais idéias têm uma conseqüência pior do que simplesmente transmitir uma noção incompleta e errônea do que de fato aconteceu. Elas distorcem nosso pensamento sobre como inovar, como gerenciar a inovação e, até mesmo, sobre como extrair sentido da coisa, caso ela ocorra conosco. Os 'Edisons de hoje' que enfeitam as capas do *Time* e da *Newsweek* alardeando sua mais nova invenção, os gurus empresariais que insistem em demonstrar sua genialidade pessoal, todos eles nos afastam cada vez mais da compreensão e da possibilidade de emulação das inovações bem-sucedidas do passado". Eu não podia concordar mais com Rosenberg e Hargadon. Mesmo com muito do progresso humano tendo dependido de costas de gigantes, parece que a história nos ensina a depender mais de suas mentes.

Ninguém tem, de fato, propriedade de uma idéia, é só lembrar dos vinte e dois proponentes anteriores a Edison. Ninguém tem o monopólio da curiosidade. Há 6 bilhões de pessoas no planeta. Chega a ser ingênuo imaginar que uma única pessoa possa manter direitos sobre uma idéia inspirada. Há os que ganham patentes, o que não determina o momento preciso em que a idéia foi concebida. Simplesmente determina o momento preciso em que alguém apresentou a patente. O futuro pertence aos que tornam idéias viáveis, e não aos que as criam. Foi esse o caso de Thomas Edison, seu mito valia muito mais do que sua pessoa. A marca Edison e as muitas invenções dele eram de valor incalculável. Refletindo sobre o poder do nome Edison, a mulher dele, Mina, escreveu em seu diário, no dia anterior ao qüinquagésimo aniversário do lançamento da lâmpada elétrica: "Acho que meu querido (Thomas) é muito mais do que uma lâmpada elétrica, e que essa festa toda é só uma grande publicidade para a General Electric e as outras empresas de iluminação, e que ele é só uma desculpa". Edison estava fazendo *branding* enquanto todo mundo ainda estava fazendo marketing. Ele entendia o poder de seu nome, de sua reputação e entendia especialmente a noção romântica da palavra inventor.

A história já esqueceu de vez os primeiros proponentes ou, pelo menos, esqueceu que foram eles os primeiros. Entre eles: a empresa que criou a primeira câmera de 35 mm, a alemã Leica, lançada em 1925, perdeu terreno para a Canon, lançada em 1934; o cartão de crédito Diner's Club, de 1950, embora viável comercialmente, sucumbiu diante do American Express, de 1958; a Code-a-Phone Corporation, que lançou a primeira secretária eletrônica em 1958, só para se ver ultrapassada pela Panasonic em 1970. É a história, e não a realidade, quem determina quem é quem. Faça um teste: no contexto de "aprendizado de cegos", qual é o nome mais familiar para você, Haüy ou Braille? Se a realidade dá o crédito a Valentin Haüy, a história coroa um de seus discípulos, Louis Braille.

Louis Braille entrou para estudar na escola de cegos fundada por Haüy, trinta anos depois de sua abertura. Braille ficou cego aos 3 anos, quando brincava com uma furadeira da oficina do pai. Sem querer, furou um dos olhos que, ao infeccionar, provocou a perda de visão do outro também.

Depois de terminar os estudos, Braille se tornou um professor da escola, conhecido por sua generosidade — em tempo e dinheiro — para com seus alunos. Essa empatia com os estudantes propiciou-lhe uma epifania ao perceber que, embora todos pudessem ler graças ao método de Haüy, ninguém escrevia. Especificamente, Braille notou que os jovens não tinham como se comunicar com suas famílias distantes a não ser ditando suas cartas para os professores não-cegos. Era um limite que criava muitos entraves, pois esperar que um professor não-cego tivesse tempo para "tomar um ditado" podia demorar. Além do que tal ditado significava um compartilhamento de informações (não raro sobre o próprio professor que as escrevia) destinadas apenas aos pais. E mais outros problemas.

Ironicamente, da mesma forma que Sir Isaac Newton precisou viajar para sua casa em Lincolnshire, Braille também teve o *insight* que o levou à sua boa idéia enquanto estava de férias na casa dos pais. Sentado em um banquinho na loja de artefatos de couro do pai, Louis pegou uma furadeira e, de repente, a idéia surgiu. A mesma ferramenta que causou sua cegueira iria fazer com que ele, e muitos outros, recuperassem a capacidade de ler e escrever com eficiência, mesmo sem ver. No prazo de seis dias a partir daquele momento, ele criou um sistema feito de seis pontos cujas posições relativas representam cada uma das letras do alfabeto.

Em 1834, Louis Braille fez uma demonstração de seu "código" na Exposição Industrial de Paris para visitantes do mundo todo, incluindo o rei Louis-Philippe, da França, que, segundo a lenda, não entendeu nada do que Braille estava falando. Em 1837, os alunos da escola de Haüy publicaram o primeiro livro didático em braile, uma História da França em três volumes. Infelizmente, como no sistema de Haüy, o sistema aperfeiçoado de Braille também dava muito trabalho. Aí é que entra Pierre Foucault.

Em 1841, ao saber dos esforços de Louis Braille para ajudar os cegos a se comunicar por meio da escrita, um inventor cego, Pierre Foucault, criou uma máquina (um "pistão de bancada") para fazer os seis furos de cada letra de uma vez só, poupando muito tempo e esforço. Em 1847, Foucault aprimorou o "pistão de bancada" transformando-o em um "teclado de imprimir," bem parecido com uma máquina de escrever comum, de forma que os cegos passaram a conseguir escrever para pessoas não-cegas datilografando normalmente tipos pretos em papel branco. Até mesmo Braille usou o teclado de Foucault para escrever cartas à mãe. Mas, a idéia de Foucault, como já havia acontecido com as idéias de Braille e de Edison, também não era exatamente nova. Uma máquina parecida havia sido inventada em 1808 para ajudar na correspondência pessoal de uma condessa cega. Apesar disso, o teclado de Foucault ganhou popularidade. (Máquinas de escrever comuns só se popularizaram na Europa a partir dos anos 1870.)

Graças a Braille, estudantes cegos podiam finalmente ler e escrever, às vezes com mais rapidez e perfeição do que os não-cegos. Infelizmente, o livro feito em braile pelos estudantes não fez grande sucesso, e não recebeu o prestigioso prêmio da Academia Francesa de Letras, que foi concedido ao vice-diretor da escola, P. Armand Dufau, um ex-professor de geografia do estabelecimento, pelo seu livro: *The Blind: Considerations on Their Physical, Moral and Intellectual*

State, with a Complete Description of the Means to Improve their Lot Using Instruction and Work [Os cegos: considerações a respeito de suas condições físicas, morais e intelectuais, com uma descrição completa dos meios para tornar melhor sua sorte inevitável, utilizando o aprendizado e o trabalho].

Dufau era um opositor do método braile, que, segundo ele, tornava os cegos "muito independentes". Aliás, se opunha tão radicalmente que nem sequer citou o trabalho de Louis Braille em seu livro premiado. Para piorar, a administração da escola não ligava a mínima para o fato de Dufau desconhecer o método braile. Por quê? Porque a súbita fama de seu vice-diretor lhe era bem mais útil: graças a isso, a escola conseguiu construir um novo prédio.

Dufau depois virou diretor-titular e começou a eliminar matérias que qualificava de "frívolas" (por exemplo, história e geometria). Adotou um novo sistema de leitura para substituir o braile. Esse sistema era uma descoberta do Asylum for the Blind, de Glasgow. Para preparar o ambiente para a chegada do novo método, Dufau queimou todos os livros que havia na biblioteca (resultado de cinquenta anos de esforços), incluindo os originais de Haüy, junto com todo o equipamento de escrita em braile (como placas de gravação e estiletes). Estudantes se revoltaram. Sem equipamento, passaram a usar agulhas de tricô, garfos e pregos para gravar e enviar mensagens uns aos outros. Dufau os puniu, espancando e deixando sem refeição todos os que não se submetiam a ele. Não deu certo. Os mais velhos passaram a ensinar braile para os mais jovens em sessões secretas (e claro que bilhetinhos clandestinos com palavras de ordem também não são novidade alguma). E, um dia, Dufau subitamente mudou de idéia em relação ao braile (método e inventor).

O assistente de Dufau, ele mesmo fluente em braile, persuadiu o chefe de que a habilidade de escrita dos estudantes poderia ser útil para a boa reputação da escola (e, por tabela, para a boa reputação pessoal dele, Dufau) — e, pronto, Dufau adotou o ensino do braile. Quando a escola se mudou para o prédio novo, Dufau deu a cada estudante uma placa de braile, conseguindo assim que voltassem a apoiá-lo. Chegou mesmo, em uma grande concessão, a incluir a descrição do método braile na segunda edição de seu livro, publicada em 1850.

Braille morreu em 6 de janeiro de 1852 quase desconhecido. Nem um jornal noticiou sua morte. Mas braile (a escrita) iria sobreviver a Braille (o homem). Em 1854, a França adotava o braile como seu sistema oficial de comunicação para cegos. O braile logo se espalhou por toda a Europa, embora enfrentando resistências. Por várias razões: uma delas é que pessoas não-cegas não entendiam braile; outra é que ninguém achava que cegos precisassem de fato ler (já que iam mesmo passar a vida em asilos ou coisa parecida), e por aí vai. Talvez o caso mais obtuso de oposição ao braile tenha sido o da Missouri School for the Blind, de St. Louis, Estados Unidos, cujo superintendente argumentou que o braile não devia ser adotado em sua escola porque "era feio". (Fala sério!) Mas um dos membros do conselho dessa escola, doutor Simon Pollak, tomou conhecimento de que estudantes franceses cegos estavam se ensinando mutuamente um novo método de comunicação (o braile) e foi à França, de onde voltou com a firme recomendação de que o braile devia ser adotado, mesmo sendo "feio". Em 1860, a Missouri School for the Blind tornou-se a primeira escola norte-americana de cegos a adotar o braile.

Louis Braille tocou o coração dos cegos não só porque deu a eles a chance de aprender, mas porque deu a eles a chance de ensinar. Pela primeira vez, cegos tinham como comunicar suas idéias por meio da escrita, em vez de apenas consumir as idéias dos outros. Em gratidão a Louis Braille, Helen Keller escreveu: "O braile tem sido minha mais valiosa ajuda. Tornou possível minha ida a uma universidade — pois era o único método que me permitia anotar as aulas. Todas as provas me foram dadas em cópias em braile. Usei o braile como uma aranha usa sua teia — para apanhar pensamentos que voavam pela minha mente e empregá-los em palestras, estudos e manuscritos". O braile, desde então, vem sendo adaptado para praticamente todas as línguas do mundo. E, graças à sua facilidade de reprodução, a era da computação tornou-o a língua-padrão mundial de alfabetização de cegos.

Retomando a questão se a necessidade é a mãe da invenção, a resposta é sim e não. Haüy, Edison, Latimer, Lafley e a maioria dos outros inovadores raramente sentem a necessidade de forma pessoal. Em vez disso, eles têm uma outra motivação intrínseca, a curiosidade de descobrir as coisas. Haüy não precisava "ler sem ver", apenas observou essa necessidade nos outros. Ele tinha curiosidade. E aí você deve estar pensando: *É verdade. Haüy não era cego. Não era problema dele. Mas e Louis Braille? Ele podia ser curioso, mas havia uma necessidade, ele não podia ver.* Bem, tem mais caroço embaixo desse angu. Para falar a verdade, o conceito de pontinhos de Louis Braille era inspirado não apenas no trabalho de Haüy, mas também em um outro sistema, inventado por um não-cego "temporariamente cego". A inspiração de Braille tem um pé no exército francês, cujos soldados não executavam ordens noturnas porque não conseguiam lê-las (se você está no meio de um combate, acender um fósforo para ler um papelzinho pode ser fatal). Então, o exército desenvolveu um código alfabético para que as mensagens dos oficiais pudessem ser lidas por seus subordinados nas trincheiras. O código usava pontinhos e travessões em relevo, a mesma idéia que Louis Braille não iria tardar a adotar. No caso do exército, a necessidade era a mãe da invenção? Com certeza. Mas, além dela, foi preciso curiosidade intelectual também para que os resolvedores de problema tivessem precursores suficientes para um *insight* criativo.

Pode dar a impressão que minha insistência em diferenciar necessidade de curiosidade é como descobrir chifre em cabeça de cavalo. Mas chifres em cabeça de cavalos é algo importante para o campo das inovações. Como perguntas são feitas, como problemas são colocados, isso pode mudar radicalmente a maneira como surge uma solução ou uma boa idéia. Adote a maneira certa e a inventividade humana não terá limites. Adote a maneira errada e o erro humano também não terá limites.

Cheguei a essa diferença entre necessidade e curiosidade a partir de uma crença que obtive no meu trabalho com inovações: as pessoas não têm a menor idéia do que elas necessitam e, mesmo quando têm, não conseguem falar disso com clareza. Assim, manter um foco em necessidades é meio que tempo perdido. Com a curiosidade, ao contrário, se você a acalenta com observações e experiências esclarecidas, verá aparecerem idéias relevantes e originais.

A curiosidade é a mãe das invenções. Só quando uma idéia já está "na rua" (como foi o caso com o braile, a lâmpada elétrica e o invólucro plástico) é que as pessoas percebem que sempre precisaram daquilo, que aquilo é muito útil, que é uma grande ajuda para resolver algum problema, e como a vida delas muda para melhor com a sua adoção. Eis o paradoxo. Antes que as grandes idéias sejam lançadas, raramente vemos necessidade para elas. Mas, uma vez as idéias lançadas, a necessidade surge. O que era impossível se torna desejo. Ninguém precisava de uma teoria da relatividade, mas uma vez ela surgida, foi com certeza muito útil. Ninguém estava com tanta pressa assim, mas domesticar e subir em cavalos com certeza era muito melhor que andar. Tirando as necessidades mais básicas do homem, o resto é apenas luxo disfarçado.

Porque uma nova idéia "virou necessidade" os estudantes cegos se revoltaram. Não era o método braile o que os estudantes queriam. Eles queriam o que o método braile podia lhes dar: a liberdade. Tirar isso deles foi o equivalente a alguém dizer que você não pode mais usar o celular, o e-mail ou o MSN. Você se revoltaria também. E eu junto! É uma lógica inerente a todas as novas idéias ou pelo menos a todas as novas grandes idéias. Depois de uma nova idéia, não dá para imaginar a vida sem ela. De fato não precisamos de lâmpadas, privada no banheiro ou automóveis, já que podemos ter velas, fossas no quintal e cavalos. Mas velas, fossas e cavalos vinham com efeitos colaterais desagradáveis: pingos que queimam, fedor e chuva. Então, as inovações não foram exatamente uma necessidade, foram uma curiosidade, um "e se?" em vez de um "preciso muito". *E se tivéssemos luz sem precisar de velas? E se nossas necessidades fisiológicas sumissem mais rápido pelo cano? E se pudéssemos viajar com mais conforto do que no lombo de um cavalo?*

Graças a nossa curiosidade, inovações que pareciam sem sentido tornaram a vida um pouco mais confortável ou, pelo menos, mais divertida. Que bom. Pense na beleza que é uma tela plana de

72 polegadas para a televisão da sua sala. Você tem necessidade dela? Não! Ou que tal um computador com aquela cor de bala de morango e formato de gota? Você tem necessidade dele? Fala sério. Mas eu quero! E quem hoje consegue chegar ao fim do dia sem um i-pod com a trilha sonora da vida como ela deveria ser. Eu não! Precisamos dessas coisas? Claro que não, mas as adoramos. Aliás, nosso caso de amor com computadores transparentes na cor morango é tão forte que mais coisas, de ferros de passar a torradeiras, começam a aparecer com as mesmas cores de plástico translúcido. O design do iMac se tornou popular sem que ele fosse necessário para ninguém, exceto para a Apple, é claro. Mas é importante notar, no entanto, que idéias que são necessárias apenas para quem as produz (ou nem tanto para quem as usa) não se tornam tão valiosas como as que são essenciais na resolução de problemas fundamentais dos usuários, como o braile, o papel higiênico e o esfregão Swiffer, que já vem com o próprio detergente.

Embora a necessidade, com certeza, tenha um papel importante como precursor do *insight* criativo, ela não age diretamente. É de fato um desafio para a criatividade conceitual o fato de a maioria das pessoas não saber do que precisa. Então, como fazer para acalentar a curiosidade, já que a necessidade é enganosa? Simples: preste atenção no que as pessoas conseguem articular, porque em geral essas são as coisas que elas não conseguem fazer. Embora a maioria não tenha idéia do que precisa, quase todo mundo sabe o que não consegue fazer. Temos aguda noção de onde estão as pedras do nosso caminho, em que ponto precisamos de ajuda para continuar a andar.

Por exemplo, pense em soldados. Se você focalizar a questão em necessidades — *Do que soldados precisam dentro de uma trincheira?* —, vai acabar com respostas do tipo: comer, descansar e dar tiro. A partir daí, você poderá pensar em produtos que os ajudem nisso, ou seja, comida em pó, travesseiros leves ou alguma caixa bem bolada para levar munição. Embora sejam coisas relevantes para as necessidades dos soldados, não levarão você a uma grande idéia, do tipo *ler com a ponta dos dedos*. Culpa de quem? Da maneira como você pensou o problema e o definiu. Do que soldados precisam? Não pense em necessidades, pense em limites, *O que será que não dá para fazer em uma trincheira, e por que não?* Isso provavelmente o levará a uma gama muito mais interessante de respostas, incluindo *eles não conseguem executar ordens à noite porque não conseguem ler, e não conseguem ler porque não podem ver, e não podem ver porque não podem usar a luz, porque se usarem a luz levam tiro.* A resposta, então, estaria contida na frase: *é preciso criar algo que permita aos soldados executar ordens sem que seja preciso ler o papel onde elas estão escritas.* Nessa hora, a grande idéia (a solução) começa a ficar mais clara: métodos de leitura pelo tato. A posteriori parece óbvio — e é esse o ponto. Uma vez lançadas, todas as grandes idéias se integram sem surpresas na nossa vida.

A questão fundamental, quando se focaliza uma necessidade, é que ela só se torna aparente depois que as pessoas a vivenciam e percebem que nem sequer conseguem imaginar a vida sem os produtos e serviços que a atendem. Pais de primeira viagem não tinham a menor idéia de que precisavam de fraldas descartáveis, antes de ver o modelo Boater de Marion Donovan. Só depois do lançamento, disseram *Preciso comprar isso!* A mesma coisa com o braile. Antes do braile e dos outros sistemas, os cegos nem sequer pensavam nessa possibilidade. Não só não achavam que fosse possível ler, escrever e se comunicar a distância com cegos e não-cegos, como também não tinham consciência de que isso fosse uma necessidade. Era "como as coisas são". Ou, como Dufau chegou a dizer, "a sina deles nessa vida". Se você fosse perguntar sobre as necessidades dos cegos na segunda metade do século XVIII, escutaria coisas como: *Eles precisam (ou nós precisamos) de comida, abrigo e roupas.* Aliás, as inovações anteriores à disseminação do método braile se restringiam a essas exatas necessidades: mais e mais asilos. A lógica por trás disso era: *Temos de cuidar dessas pessoas.* Cegos eram definidos pelo básico. Não podiam escapar da sina deles nessa vida.

Agora imagine um enfoque totalmente diferente para o que seja "a sina deles". Considere os limites que os cegos tinham naquela época (a impossibilidade de ver os deixava sem estudo, o que os deixava sem trabalho e sem a possibilidade de fazer uma contribuição intelectual à sociedade). Aí você vai notar que esse ponto de vista, somado à sua curiosidade, levará a soluções bem diferentes e muito mais instigantes. Em vez de criar mais asilos, você chegaria exatamente onde Haüy e Braille chegaram: a um sistema educacional para cegos que os ajudasse a ser mais independentes.

Talvez a maior ironia do braile seja saber quem ensinou o que a quem. Se inovar envolve "ver o que ainda não existe", defendo aqui que foi o cego que ensinou o não-cego a "ver". Lesuer ensinou Haüy sobre uma possibilidade, não sobre uma necessidade. Nesse sentido, querendo criar algo novo, a pior pergunta que você pode fazer é Do que você precisa? Iguais aos cegos do século XVIII, os indivíduos de hoje não têm a menor idéia do que precisam, e ainda menos de como vão fazer para resolver os problemas deles. Observando o que as pessoas não conseguem fazer (limites de comportamento) e por meio do gerenciamento de suas disponibilidades (limites de recursos), sua chance de identificar grandes idéias vai aumentar. Vamos afundar na questão dos limites e do seu papel como precursor de epifanias daqui a pouco, mas antes faremos um breve comentário sobre motivação.

Uma verdadeira litania acadêmica costuma ressaltar a relação entre motivação intrínseca (curiosidade) e criatividade. Entre os estudos publicados, há uma pesquisa de 1926 sobre a genética de pessoas consideradas geniais, em que é citada uma "tenacidade de propósitos" como sendo um dado constante da inspiração criadora. Estudos de 1952 e 1984, feitos por cientistas eminentes, falam de "completa absorção". E uma análise biográfica de 1933 de sete gênios criativos (Einstein, Eliot, Freud, Gandhi, Graham, Picasso e Stravinsky) cita "um intenso envolvimento no trabalho". À primeira vista, a noção de que você precisa estar interessado para criar algo faz todo o sentido. Mas, e aqui vem o desafio, como fazer com que os outros também se interessem? Como falamos antes, identificar uma necessidade é apenas parte do problema. Sem a curiosidade, a necessidade tem vida longa. Por exemplo, é possível dizer que se não fosse pela curiosidade de Haüy os cegos ainda ficariam por muitos anos trancados em asilos, sem ler e escrever. A motivação dele teve um papel fundamental na sua capacidade de criar uma solução original para um problema existente.

Qual é o papel da motivação na criatividade? Motivação pode ser definida como um foco mental em uma determinada atividade. Quando a motivação está baixa, a pessoa não liga para o que está fazendo, e vai pensar em outra coisa. Claro, ficar sonhando acordado com coisas sem importância poderá criar inesperadas ligações entre informações que estavam isoladas umas das outras na nossa mente, nos levando a novas idéias. Mas é altamente improvável que uma pessoa vá trabalhar em uma nova idéia se não tiver algum interesse pessoal que a faça traduzir essa idéia em soluções práticas e operacionais. E aí chegamos na pergunta oposta: Pode haver motivação grande demais? A resposta é: Depende. Se a motivação for extrínseca (por exemplo, seus pais forçando você a entrar para a faculdade de medicina, mas você quer ser músico), a motivação pode ser contraprodutiva para a criatividade. Mas se a motivação é intrínseca (você obtém algum valor pessoal na tarefa em si), provavelmente você vai "ficar criativo" na solução do problema porque você se importa e, portanto, continua tentando.

Para obter o máximo de uma equipe de criação, um líder deve oferecer motivações intrínsecas para cada participante, usando, por exemplo, incentivos individuais, que são melhores do que incentivos de grupo; treinamento e plano de carreira individuais, em vez de programas coletivos; e *brainstorming* individual, além do *brainstorming* com toda a equipe. A respeito desse último item, o *brainstorming* individual, da próxima vez que vocês forem se reunir em um laboratório de inovação ou em uma discussão de novas idéias, peça a cada participante que fique por um tempo sozinho, antes do encontro, trabalhando em idéias próprias. Esse tempo pode se tornar o mais criativo de todos. Aí, peça que eles tragam essas idéias para a reunião, compartilhando-as com todos do grupo. É claro que você pode começar a reunião com o usual "não existe tal coisa como idéia ruim" ou "vamos deixar todo mundo falar". Mas nem sempre isso funciona, porque o cinismo entra em cena, ou a curiosidade é engavetada para dar lugar aos que têm mais poder político ou uma voz mais alta.

Como já falamos, criatividade é uma forma inspirada de viver a vida. E motivação importa. Para escapar das simplificações abusivas de um assunto muito complexo, que é o da motivação ocupacional de funcionários, prefiro fazer referência aqui a um outro livro meu, o *Hope: How Triumphant Leaders Create the Future*, em que exploro com mais detalhes o papel dos sistemas de fé e crença em lideranças e inovações. Agora, vamos para o segundo precursor do *insight* criativo: os limites.

Resumo e exercícios criativos

- A curiosidade é a mãe da invenção. A observação pode ter mais poder de gerar novas idéias do que o diálogo. No contexto de um problema a ser resolvido, observe o que as pessoas não conseguem fazer em vez de ouvir o que elas dizem que querem.
- Sair na frente não é vantagem, isso é mito. Ser o primeiro não é tão importante quanto ser relevante. Observe os desbravadores para aprender com os erros deles. Use as experiências, fraquezas e atalhos deles para iniciar sua ideação de forma mais rápida.
- Recombinar idéias já existentes de forma inovadora pode ser tão valioso quanto trazer algo completamente novo ao mundo. Tente fazer relações novas entre idéias velhas.
- O *brainstorming* individual nem sempre é lembrado, devido à fama do *brainstorming* em grupo, particularmente em ambientes corporativos. Mas *brainstorming* em grupo pode ficar só no que é consenso, e deixar de lado algumas das melhores idéias. Antes de entrar em uma sessão de *brainstorming* em grupo, fique um tempo sozinho pensando, e encoraje os outros a fazer o mesmo. Escreva o que pensou e depois compartilhe com os outros. Use o diálogo subseqüente para aperfeiçoar as idéias, não para gerá-las do zero.

7

De um óbvio ululante
Limites

Tirar leite de pedra. Esse ditado, para exprimir algo impossível ou muito difícil, era o favorito de um professor meu de direito. Lembrei do professor Teeven quando descobri que, se não dá para tirar leite de uma pedra, água você pode tirar. Se você nunca ouviu falar disso, é porque você mora provavelmente em um lugar do mundo onde há bastante água. No entanto, se vivesse no meio do deserto, você teria de ser criativo ou morreria de sede.

Água de pedras pode não ser algo em que você pense com freqüência, mas, em Israel, é assunto de qualquer rodinha de bar. Como vamos ver neste capítulo, criatividade pode ser questão de cursos (de água) tanto quanto de recursos (mentais). A maneira como você percebe o ambiente onde vive, trabalha ou se diverte é tão importante quanto a realidade desse ambiente em si. Para servir de exemplo, lembre da capacidade de Israel de tirar água de pedra.

Nenhum outro país do mundo tem tanto conhecimento sobre a quantidade de água que possui quanto Israel: sabem onde essa água está a qualquer época do ano, e como fazer para obter mais. Nem há outro país tão empenhado em gerenciar o consumo de sua água. Jardins só podem ser regados à noite. Carros só podem ser lavados com água tirada de uma pequena torneira, e não com uma mangueira aberta. Vigilantes patrulham as vizinhanças para ajudar a garantir que o comportamento adequado está sendo adotado. E sempre que os reservatórios de água ficam baixos, os israelenses são estimulados a repensar a maneira como tomam banho. Técnicas para banhos mais, digamos, eficientes foram anunciadas durante uma campanha governamental, há alguns anos, e falavam para as pessoas fecharem a torneira enquanto se ensaboavam. E você que achava que pagar para estacionar na calçada em frente à sua casa era um abuso de autoridade.

Como se fosse um transatlântico em meio a um oceano seco, Israel tem todo seu sistema de água correndo em sistemas fechados, com canos e canais planejados. Isso dá a esse pequeno oásis no meio de um deserto o mais sofisticado e complexo sistema de suprimento de água do mundo. O sistema depende de um pequeno número de rios não confiáveis, um lago de tamanho médio, chuvas intermitentes, aqüíferos subterrâneos, poços, bombardeio artificial de nuvens, reutilização de águas servidas, e até mesmo a possibilidade de colher a água de uma ocasional enchente. Hoje, o Sistema Nacional de Águas de Israel obtém a maior parte de seus recursos de três fontes primárias: o lago Kinneret, o aqüífero costeiro e o aqüífero da montanha (Yarkon-Taninim). Mesmo assim, essa pequena nação mal consegue o suficiente, e o sistema é desenhado a partir da premissa de que cada gota conta, literalmente.

Israel obtém de 600 a 800 milhões de metros cúbicos de água por ano com seu sistema sofisticado. No entanto, a demanda atual, para necessidades como banho, água para beber e cappuccino, alcança de 600 a 700 milhões de metros cúbicos. Não estamos computando o gasto com a agricultura. Para tornar tudo um pouco mais complicado, quando a Liga das Nações estabeleceu a Possessão Britânica em 1919, o rio Jordão e o lago Tiberíades ficaram com a Palestina. Acrescente a essa realidade já difícil o fato de a mais importante fonte de água de longo prazo (o aqüífero da montanha) ficar bem no meio da linha de cessar-fogo pré-1967 (a chamada "linha verde") e você começa a perceber que o próximo conflito do Oriente Médio provavelmente será a respeito de água, e não de petróleo. Aliás, de certo modo já é. Água é um assunto central, como fica claro a cada vez que as conversações de paz são ressuscitadas e examinadas, mesmo que isso raramente chegue nas manchetes de jornais dos Estados Unidos ou da Europa. O mais inquietante é que Israel não está sozinho em sua busca de como aplacar a sede. Por volta de 2025, 67% da população mundial sofrerão com falta de água. E por volta de 2030, será necessário um aumento de 54% na produção global de alimentos para atender ao crescimento populacional. Saber como tirar água de pedra será um conhecimento de muito valor nas próximas décadas. A água, no fim, é a necessidade mais básica da humanidade: podemos viver sem comida por semanas, mas apenas alguns dias sem água.

Os engenheiros de água de Israel são os autores de um milagre que começou em 1943. Grande parte dos avanços técnicos dessa área — como dessalinização, descargas econômicas de banheiro e irrigação por gotejamento — é testemunho da inventividade dos israelenses (e da humanidade). Na verdade, a empresa israelense Netafim, que inventou a irrigação por gotejamento no final dos anos 1960, é hoje a maior empresa do mundo em irrigação de baixo volume. Hoje, a Netafim oferece produtos inovadores, como seus sensores sem fio, conectados digitalmente a rádios, celulares ou internet, para que fazendeiros possam ter informação contínua sobre níveis de água, umidade do solo e condições do bombeamento. A Netafim até mesmo gerencia uma universidade própria onde seus clientes podem aprender sobre as melhores práticas em rotatividade de plantio, relação água-vegetal, projeto e manutenção de sistemas de irrigação por gotejamento.

No caso de ter de tirar água de pedra (ou sempre que haja recursos limitados), a própria existência de limites é, ironicamente, um dos grandes fatores a contribuir para o *insight* criativo. Quando o beco é sem saída, de algum jeito acaba aparecendo outro caminho. Ficamos criativos. Mas há diferenças no ficar criativo. Por exemplo, no seu gerenciamento de um recurso natural, a inventividade dos israelenses se mostra diferente de uma inventividade mais corriqueira. A vitória deles no gerenciamento da água pode ser atribuída a uma perspectiva única que eles têm ao resolver o problema. Essa perspectiva foi bem resumida, há tempos atrás, por Aharon Wiener, então diretor-geral da Tahal, instituição pioneira no planejamento, desenvolvimento e gerenciamento de recursos hídricos, funcionando desde os anos 1950. Segundo Wiener: "O planejamento de água dos países emergentes, em sua maioria, leva em conta um desenvolvimento a céu aberto e um armazenamento no subsolo. Qualquer mistura entre uma coisa e outra é considerada provocação com o único intuito de confundir duas profissões muito claras e separadas, a do engenheiro civil e a do engenheiro hidráulico". Ele acha que essa divisão pode ser atribuída à maneira diferente que pessoas diferentes têm de resolver problemas.

Wiener ressalta que água de superfície é visível, mensurável e controlável: você pode ficar olhando ela fluir e construir represas para ela. No subsolo, contudo, ela se torna invisível, evasiva e só controlável indiretamente: você tem de manipular esse recurso para conseguir saber sua fonte, seu fluxo etc. Por exemplo, em meados da década 1950, o planejamento de água de subsolo de Israel incluiu a colocação de corantes para determinar qual água seguia por onde. Falando curto e grosso, Wiener explica que o uso de água de subsolo requer que se substitua "força bruta por cérebro".

Mas é claro que, para conseguir o que os mágicos israelenses conseguiram, você precisa ter cérebro e força bruta. Um episódio que mostra bem a necessidade de ambas as coisas é a história — que se tornou legendária nos círculos de planejamento de água de Israel — sobre uma represa construída em Ein Kerem. Logo após o fim da construção, tempestades encheram a represa, mas, de repente, aquela água toda desapareceu. Depois de uma pesquisa exaustiva, descobriram que um grande sistema aqüífero ficava bem embaixo do novo lago. Desde então, a represa mudou de utilidade: serve para ampliar o armazenamento de subsolo. Força bruta (a construção da represa) deu lugar ao cérebro (o aproveitamento de um fenômeno natural para, mesmo assim, ampliar o armazenamento de água).

Graças aos limites com que vivem, os israelenses descobriram como conseguir o impossível, tirar água de pedra. A curiosidade de fato é a mãe das invenções; mas necessidade também é, e está freqüentemente presente nos momentos anteriores a uma epifania. E, ufa, chegou a hora de falar da "inspiração madrasta": o papel dos limites como precursores de um *insight* criativo.

Em um mundo perfeito, teríamos acesso a recursos infinitos para dar suporte a um infinito número de idéias. No mundo real, temos um prazo de seis meses, nenhuma sobra orçamentária. E depois, com sorte, duas semanas de férias. Mas se recursos são limitados, o desejo é sempre infinito. Criatividade é muito mais do que uma questão de recursos. É uma questão de recursos mentais. "Faça acontecer" e "descubra uma forma" são ordens freqüentes proferidas por aqueles que são responsáveis por trazer inovação. Levar o foco para os limites pode criar as condições ideais para uma epifania.

Limites vêm em dois sabores: limites de comportamento e de recursos. Limites de comportamento representam obstáculos para um determinado comportamento desejado: alguém tem problema com alguma coisa, em geral com o *status quo* (por exemplo, apesar de muitos pais preferirem não ter de interagir com fraldas sujas, eles interagem). Limites de recursos representam fronteiras diárias na vida de quem resolve problemas, como tempo, dinheiro, conhecimento. Uma outra maneira de pensar sobre limites é essa: limites de comportamento é o que acontece com os outros (por exemplo, um cliente), limites de recursos é o que acontece com você, se for você o encarregado de resolver problemas, inovar, descobrir como fazer as coisas.

Apesar de parecer contraproducente, focalizar limites em vez de ressaltar pontos positivos pode criar condições para um *insight* criativo. Provavelmente você vai ver mais sentido nisso ao adotar a lógica reversa. Recursos, por exemplo. Quando não há limite de recursos (tempo, dinheiro, mão-de-obra), a motivação para ser criativo se perde em meio à abundância. Se podemos tudo, acabamos com nada. Nossa inspiração para a criatividade fica comprometida. Mas, quando a situação fica difícil, somos forçados a nos arranjar com o que há, e é aí que tiramos água de pedra. É nesse sentido que limites oferecem a oportunidade perfeita para que a criatividade conceitual floresça. Tem uma hora em que não há outro jeito senão descobrir como fazer as coisas. Para que possamos pensar no papel dos limites como precursores de epifanias, vamos considerar tanto os limites comportamentais como os de recursos. E vamos pensar como podemos usá-los para criar condições de um *insight* criativo a partir da relação entre criatividade e aquilo que é o terceiro recurso mais importante do mundo (depois de água e comida): o tempo.

Sempre me perguntam, nesse contexto de criatividade dentro de empresas: "Quanto tempo se deve gastar com a descoberta de novas idéias, sua análise e conceitualização, antes de decidir quais idéias implementar?". Claro que o que eles de fato estão perguntando é: "Quando vou ver resultado saindo daí?". Como sempre acontece com recursos, tempo também é limitado. Alguns acham que menos tempo inspira criatividade, outros acham que mais tempo é sempre melhor. Em seu estudo sobre inventividade no local de trabalho, os pesquisadores de criatividade Teresa Amabile, Constance N. Hadley e Steven J. Kramer chegaram a uma resposta profunda: Ah, depende. A relação entre tempo e criatividade de fato vai depender muito de três fatores adicionais: ambiente, motivação e quem é o chefe. Algumas pessoas são contemplativas, outras, impulsivas. Todas elas podem ser criativas, mas a pressão do tempo afeta cada uma de forma diferente: umas trabalham melhor sob pressão, e outras precisam de mais tempo para pensar. Antes de entrarmos nas descobertas de Amabile, Hadley e Kramer, vamos voltar um instante aos métodos pouco convencionais de Yoshio Nakamatsu.

NakaMats costuma produzir urgências temporais artificiais ficando embaixo d'água. É a última etapa de seu processo para obter momentos-eureca por encomenda. A primeira é conseguir ficar bem calmo. Para isso, NakaMats entra em um quarto criado por ele, chamado de "quarto parado". Todo branco, só tem objetos naturais: um jardim de pedras japonês, água corrente, plantas e uma rocha de cinco toneladas que ele trouxe de Kyoto. A descrição física do quarto pode levar você a pensar que NakaMats entra lá para acalmar a mente. Justo o contrário. "Entro lá para fazer associações livres. É a melhor coisa antes de meditar, antes de focalizar a mente em alguma coisa. A mente vagueia para onde ela quiser ir". Desse quarto, ele segue direto para o que chama de "quarto dinâmico". Todo preto, tem paredes listradas de preto e branco, móveis de couro e equipamento audiovisual. No quarto dinâmico ele nem tenta ter idéias precisas. Em vez disso, medita. E, finalmente, vai para o terceiro e último quarto, o da piscina. Lá, ele dá o melhor de si em pensamentos. Fica embaixo d'água e prende a respiração até quase se afogar, que é o que ele faz para ter inspiração. Para facilitar esse *brainstorming*, NakaMats inventou um bloquinho de folhas de plástico onde registra as idéias que surgem. Apesar de essas técnicas parecerem meio radicais, sua filosofia e métodos pouco ortodoxos são ilustrativos da relação entre pressão de tempo e criatividade.

Analisando mais de nove mil anotações feitas nas agendas de 177 funcionários de sete grandes empresas norte-americanas, Amabile, Hadley e Kramer descobriram que a pressão do tempo é eficiente só se a pessoa se sente em "uma missão". Há três pré-requisitos para criar mentalidade de "missão": a pessoa precisa ter licença para dirigir sua atenção a uma única atividade, precisa acreditar que essa atividade é importante e precisa trabalhar no processo todo identificando o problema que depois vai tentar solucionar. Sem uma mentalidade de missão, a pessoa se sente como se estivesse em uma máquina de moer carne: se distrai, acha que está sendo explorada, que seu trabalho é sem importância, as reuniões, uma bobagem e que ela gasta a maior parte do dia apagando incêndios em vez de se dedicar à solução de um problema fundamental ou à descoberta de uma solução inovadora. As descobertas de Amabile, Hadley e Kramer mostram que a pressão de tempo, mesmo quando é mais fraca, só funciona quando a pessoa se sente participando de "uma aventura". Com pouca pressão, o foco do trabalho fica mais na geração de idéias do que na solução de problemas, e o esforço de equipe, colaborativo, tende a ocorrer de pessoa a pessoa em vez de envolver grupos maiores. Em resumo, aproveitar ou não o tempo vai depender de para que você quer o tempo. Se você ou sua equipe tem uma agenda bem determinada (por exemplo, identificar como sua marca pode se expandir para categorias adjacentes de produtos, ou como desenvolver novos produtos para uma necessidade específica de um cliente), uma previsão curta de tempo pode propiciar a criatividade. Mas se você ou sua equipe tem uma agenda muito ampla (por exemplo, criar um panorama futuro para o setor de *fast-food*, ou apresentar a próxima geração da indústria de telefonia móvel), permitir prazos maiores de análise e conceitualização será provavelmente necessário se você quiser idéias singulares e relevantes. E, é bom lembrar, pairando acima de um e outro cenário haverá sempre limites orçamentários.

A relação entre dinheiro e criatividade vai no sentido contrário da intuição. Em um estudo publicado na Global Innovation 1000, a empresa de consultoria em gerenciamento Booz Allen Hamilton registra pouca ou nenhuma relação entre o aumento nos gastos de P&D e aumentos subseqüentes de vendas, lucros ou valor de ações — independentemente de você considerar custos de P&D um indicador importante ou não. Mesmo assim, os mil maiores investidores em P&D despejaram cerca de US$ 400 bilhões na procura de grandes idéias. Se dinheiro não pode comprar grandes idéias, o que será que pode?

A maneira como você define um problema ajuda não apenas a achar a solução mais apropriada, como ajuda também a achá-la de forma relativamente barata. As mais criativas soluções do mundo empregaram dinheiro de forma mais eficiente do que as outras. A Toyota, por exemplo, é o quinto maior investidor em P&D do mundo, embora ocupe o terceiro lugar em gastos gerais da indústria automobilística. Veja o que a empresa conseguiu gastando menos do que sua concorrência. Primeiro, ela tem o ciclo de desenvolvimento mais curto da indústria, trazendo novos produtos para o mercado muito mais rápido do que outras empresas. Segundo, é líder mundial em tecnologia híbrida, já tendo um pé bem plantado no futuro de combustíveis alternativos e criando valor de marca, com "Toyota" sendo identificado como um nome ligado à consciência ambiental e a processos inovadores. Terceiro — e o mais importante para o pessoal que fica contando tostões —, a Toyota Motor Company mantém um valor de mercado que é maior do que o de seus três concorrentes mais próximos somados (167 bilhões de dólares *versus* 160 bilhões de dólares). Como eles fazem para criar mais com menos? A resposta não está nos produtos, mas em seus processos de *insight* criativo. Em como a Toyota gerencia a solução de seus problemas.

A presença da criatividade na Toyota tem laços estreitos com a história de seu fundador, Sakichi Toyoda, considerado o pai da revolução industrial do Japão. Soube dessa história por Masaaki Immai, o pai da fábrica "magra" japonesa, e presidente do conselho do Instituto Kaizen. Ele participou, sua vida inteira, do sucesso da Toyota Motor Company. A história diz respeito a Sakichi Toyoda, e me foi contada em um evento no qual Immai e eu íamos ser os principais conferencistas. Immai falaria sobre kaizen, a filosofia de melhora contínua. E eu, sobre inovação, a filosofia da criação contínua. Immai e eu viemos de escolas diferentes de pensamento. Mas, se variáveis desse tipo são a morte para um controle de qualidade, são bem-vindas para a inovação. Inovadores são fora-da-lei. E por uma dessas licenças poéticas da vida, Immai e eu nos sentamos diretamente em frente um do outro na mesa do café da manhã: ele defendendo a melhoria, eu, a criatividade. Aqui entre nós, você precisa encorajar ambas, criatividade e melhoria, se quiser obter crescimento. Mesmo tendo vindo de mundos diferentes em termos de cultura, geografia e filosofia, Immai e eu dividíamos uma coisa em comum: ambos somos fãs entusiásticos de grandes idéias e das pessoas que as têm.

Immai me disse que Toyoda mantinha um prédio com trezentos cômodos. Em cada um deles havia pequenos grupos de pessoas dedicadas a transformar as idéias dele em realidade. Um dia, Toyoda sumiu e por três dias ninguém conseguia achá-lo. Tinha se trancado em um dos cômodos para trabalhar em suas idéias. Por setenta e duas horas, praticamente não dormiu ou comeu — não porque não houvesse comida ou cama, mas porque não conseguia dormir e estava sem apetite. Suas idéias o tomavam todo, como, aliás, grandes idéias costumam fazer. Por fim, Toyoda abriu a porta e saiu correndo muito excitado, procurando alguém para contar uma novidade. Mas os corredores estavam todos vazios. Os trezentos cômodos estavam todos vazios. Toyoda tinha esquecido que era 1º de janeiro.

Durante toda sua vida, Toyoda resolvia problemas sem parar. Se houvesse um problema para resolver, o tempo não significava mais nada para ele. E os problemas que apareciam eram muitos. Fosse com o lançamento de novos produtos (como um tear automático para a indústria têxtil) ou a criação de novos processos (como o jidoka, um mecanismo que faz máquinas pararem se ocorrer um problema, um marco legendário do sistema de produção da Toyota). Com isso, Toyoda construiu um império. Fundos suficientes para abrir novas empresas eram um problema recorrente, mas ele sempre encontrava um jeito de arranjar financiamento para que seus sonhos se tornassem realidade. O que mantinha Toyoda acordado de noite eram perguntas, cinco, para ser específico — os cinco "por quês" — um método que ele usava para transformar limites em plataforma de inovações.

O conceito de Sakichi Toyoda dos cinco "por ques" é simples. Quando um problema é identificado, pergunte "por que" cinco vezes para saber sua origem. A razão de repetir o "por que" mais de uma vez (cinco, na verdade) é que só assim você chega na causa-raiz do problema, em vez de ficar lidando com algum sintoma passageiro associado a ele. Uma vez descoberta a raiz, conserte. Para mostrar esse método de Toyoda em ação, vamos considerar um de nossos mais urgentes e dolorosos problemas, e como um empresário britânico ajudou a resolvê-lo. O problema é a epidemia de Aids na África. E a solução é um rádio manual. Quem juntou essas duas coisas foi Trevor Baylis.

Trevor Baylis passou a maior parte de sua vida sendo dublê profissional. Seu ponto alto foi no papel de Ramsés II durante palpitante fuga subaquática, em um circo em Berlim, lá pelos anos 1970. Além do emprego, Baylis dedicava-se a solucionar pequenos problemas domésticos de forma criativa. Gostava de inventar coisas para, na falta de outro motivo, tornar sua vida na Ilha Eel Pie, no meio do Tâmisa (Inglaterra), um pouco mais divertida. Foi aí, em uma tarde chuvosa do outono de 1991, que Baylis teve a maior idéia de sua vida enquanto, veja você, "zapeava" na televisão.

Depois de enxugar uma garrafa de vinho tinto e folhear uns livros, Baylis ligou a tevê, aceitando, dessa maneira, se transformar em apenas mais um zumbi televisivo dos programas da tarde. O que ele não podia imaginar é que os próximos noventa minutos mudariam sua vida. "Vinha aquela luz da tela e lá fiquei eu, vendo sei lá o que da maneira mais idiota. Fiquei lá, estilo babando na gravata. Mas de repente comecei a prestar atenção. Minha mente começou a ficar à toda com o programa, rodando mais que cata-vento em dia ventoso". O programa que absorvia Baylis completamente era sobre a disseminação da Aids na África. O narrador apresentava estatísticas dessa tragédia contemporânea da humanidade: a Peste Negra do século XIV matou 20 milhões de pessoas, ou seja, um quarto da população européia, em apenas quatro anos; a gripe espanhola de 1918-1919 matou outros 20 milhões. Tragédias de fato. Mas hoje mais de 40 milhões de pessoas vivem com Aids, 20 milhões já morreram, e mais 3 milhões morrem a cada ano, deixando outros milhões órfãos. Baylis diz:

> O programa me acabrunhou. O controle remoto estava na minha mão e eu poderia facilmente ter mudado para algo menos doloroso. Mas continuei. O narrador me dizia que o maior problema era levar as mensagens de educação sanitária para a população. Mensagens radiofônicas sobre sexo seguro estavam sendo prejudicadas por falta de aparelhos receptores baratos. Em aldeias mais distantes não havia eletricidade, e o custo das baterias era proibitivo — um mês de salário para apenas um conjunto delas. Energia solar não era a resposta porque, e a voz do narrador quase sumiu de desânimo, as pessoas ouviam rádio ao chegar em casa depois de trabalhar nos campos, quando já estava escuro. Eu estava sentado lá, imaginando esse cenário sombrio quando, de repente, minha mente levantou vôo. Vai ver o vinho ajudou, mas subitamente percebi que a solução era de um óbvio ululante.

Nessa hora, Baylis, como todo mundo que se encanta com o desafio de resolver problemas, estava louco para transpor o umbral de seu *insight* criativo. Com o problema claramente definido na sua mente, ele fez o que os outros em geral também fazem: caiu no sono.

> Ver televisão me leva freqüentemente a um estado que é a salvação do espectador elucidado: o sono. Às vezes acordo e vejo Jeremy Paxman (um combativo jornalista inglês) sendo mordaz com William Hague (um político conservador) e fico me perguntando o que será que eles estão fazendo no *western* de Clint Eastwood que eu estava vendo antes. Mas, dessa vez, não parei de absorver a informação que vinha da tela, embora, ao mesmo tempo, me visse transportado para o deserto de algum lugar do Sudão. Eu sentia um calor de rachar, moscas ameaçavam entrar no meu gim-tônica e meu fiel seguidor, alguém de nome Hassan, estava ao lado para atender aos meus mínimos desejos. Eu era um tipo de manda-chuva, vestia um uniforme tropical e tramava, nas fronteiras do Império, lances diplomáticos pouco recomendáveis. Um funcionário público ao meu lado tomava seu drinque e escutava com grande enlevo a voz de Enrico Caruso que saía de um velho gramofone. Ele tinha a orelha grudada naquela espécie de chifre que esses aparelhos tinham.

E é esse o ponto, anterior à epifania propriamente dita, em que vários precursores do *insight* criativo se juntam: curiosidade a respeito do problema, limites (no caso de Baylis, os limites dos que lutavam contra a epidemia de Aids na África) e uma informação aparentemente aleatória (a da televisão). Enquanto Baylis afundava na geléia geral televisiva, sua curiosidade se misturou com um problema não resolvido, fazendo uma espécie de mingau. Ele continua:

> Pensei no gramofone. Os dós sustenidos de Enrico Caruso tremelicavam em meio ao calor graças à agulha do aparelho que seguia padrões de uma ária musical incrustados em um pedaço redondo de baquelita. A vibração da agulha nesses sulcos pro-

duzia pequenos ruídos que eram amplificados pelo chifre, o que resultava em todo aquele glorioso barulho operístico. Tudo, na verdade, começando por uma mola simples que movia a engrenagem que movia o prato que movia o disco que passava pela agulha. E de repente tive aquele clarão. Era tão óbvio que qualquer criança de seis anos poderia ter pensado nele. Se um gramofone daquele tamanho podia se pôr em movimento como se fosse um relógio de corda, produzindo aquele barulho todo, por que não aplicar o mesmo princípio para fazer um rádio falar?

Baylis diz que foi um "momento alka-seltzer" e não um momento-eureca. "Aquele momento em que o alka-seltzer afunda na água e começa a fazer ffff. Larguei a televisão ligada, com o narrador ainda afogando espectadores em ondas de estatísticas terrificantes e, apesar de ser bem tarde, fui para a oficina. Uma boa idéia mexe com todas as engrenagens de sua cabeça, você fica com medo de ir para a cama: e se a engrenagem parar de repente? Acendi meu cachimbo e dei uma pensada". Baylis atribui a seu cachimbo a co-autoria de cada uma de suas mais de duzentas invenções. Ele costuma dizer: "O cachimbo me ocupa as mãos com algo que para machos é mais apropriado do que tricotar".

Cachimbo na mão, Baylis começou a ciscar os muitos "pedaços de inutilidade" que ficam em cima de sua bancada de trabalho. Ele se refere a essas peças como sendo "um exército derrotado de defuntos mecânicos, aguardando sua hora de ressurreição". Acabou encontrando o que queria, um velho rádio transistor. Depois de tirar suas velhas baterias, passou para outra coisa, a canibalização do motor elétrico de um aparelho de afinar guitarras. Pôs o motor dentro do cadáver do rádio. Faltava algo: uma furadeira. Por que uma furadeira? Um motor elétrico converte energia elétrica em movimento rotativo. Se você reverter o processo e fizer o motor funcionar ao contrário, ele se torna um dínamo, produzindo energia elétrica. Com a furadeira presa firmemente no motor, Baylis começou a girar a coisa, e de repente aconteceu: "Ouvi uma espécie de latido vindo do auto-falante... Alguém em algum lugar discutia a força da libra inglesa em relação ao marco alemão. Nunca o jargão do mercado financeiro me soou tão maravilhosamente poético".

Funcionava. A grande idéia de Trevor Baylis — um aparelho que pudesse pôr no ar um programa educacional para ajudar a mitigar a disseminação de Aids na África — vinha ao mundo na forma de um rádio capenga, que funcionava se alguém desse corda nele, como um relógio. Muitos anos depois, Matthew Bond, do *Times*, falando sobre a idéia de Baylis, disse: "No papel, isso (um rádio que funciona por corda) parece ser parente próximo de outros delírios, como a lâmpada perene ou o motor de combustão a água. Mas, na prática, não é que ele funciona?".

Momentos inspirados como o de Baylis, capazes de resultar na invenção do rádio de corda, podem parecer aleatórios, acidentais. Mas não é nada disso. A história de Baylis, como a de muitos outros que experimentaram momentos-eureca, inclui quase todos os precursores comuns de um *insight* criativo: curiosidade, conhecimento específico, pensamento lateral, exposição à informação aparentemente irrelevante, e até mesmo o sono. Pense no que Baylis (ou, por falar nisso, Arquimedes) sabia. Tinha conhecimento prático dos princípios de engenharia elétrica e mecânica. Tinha a mesma curiosidade de Haüy para querer resolver um problema ou, pelo menos, pensar a respeito dele. Lembre que ele escolheu não mudar o canal "para algo menos doloroso". Mas não foram apenas curiosidade e conhecimento que inspiraram seu *insight* criativo. Além disso, havia também tudo o que não era possível fazer, os limites da vida dos que estão nas regiões da África mais vulneráveis à Aids. Eles não têm dinheiro, infra-estrutura e outros recursos que os possibilitem obter acesso a programas educacionais, mesmo quando tudo isso está presente a poucos quilômetros deles. Baylis chegou à sua grande idéia usando, sem o saber e de forma natural, os cinco "por ques" de Toyoda. Há gente para quem esse método de pensar é algo natural. Mas, se não for o seu caso, lembre que você poderá reproduzi-lo de forma relativamente fácil. Afinal, tudo o que você precisa é repetir "por que" cinco vezes.

Pense em como os cinco "por ques" se posicionam no caso de Baylis:

Pergunta 1: Por que a Aids é epidêmica na África? Uma das razões é a dificuldade em transmitir informações.
Pergunta 2: Por que é difícil transmitir informação? Porque nem todos os africanos têm acesso a rádios e televisões que funcionem.
Pergunta 3: Por que eles não têm acesso a rádios e televisões? Porque não têm energia disponível para fazê-los funcionar.
Pergunta 4: Por que eles não têm energia para fazê-los funcionar? Em algumas áreas não há rede elétrica.
Pergunta 5 (que é a pergunta inovadora): Por que um rádio precisa da rede elétrica? A solução então aparece: o rádio de Trevor Baylis, capaz de usar energia humana.

Lançado em 1995, o premiado rádio de corda de Trevor Baylis vende uma média de 120.000 unidades a cada mês no mundo todo. Baylis, que agora se dedica só a suas invenções, recebeu o título de Oficial do Império Britânico, uma Ordem de Cavalaria estabelecida por Jorge V em 1917. Também ganhou as medalhas *Presidential* de ouro e de prata, do Institution of Mechanical Engineers, e é freqüentemente convidado para o cargo de professor-visitante em várias universidades britânicas.

Assim como a Toyota Motor Company, Trevor Baylis também não conta com o maior orçamento do mundo em P&D. Na verdade, não chega nem perto dos mil maiores investidores em P&D. Mas descobriu como resolver um problema sério ao estimular sua curiosidade sobre o assunto; ao reconhecer os limites dos que precisavam da solução; ao permitir que sua mente "pensasse sem pensar"; e ao se perguntar as perguntas mais importantes, os cinco "por quês". A definição de criatividade segundo Baylis é: "Se você tem uma percepção um pouco superior à de uma fatia de pão de forma, você é capaz de inventar alguma coisa". Só queria acrescentar o seguinte, na verdade, um sexto "por quê". Depois de chegar a uma solução que parece apropriada, pergunte a você mesmo: Por que não?

Como já aprendemos aqui, não dá para comprar *insights* criativos. Mas sua capacidade de identificar e definir problemas é o mais significativo precursor deles. Assim, se você tiver poder de decisão sobre a verba de P&D, dedique pelo menos 10% dela ao desenvolvimento de habilidades para solucionar problemas de forma criativa. Por que 10%? Por que não?

Sugiro que a melhor maneira de começar a pensar sobre limites é rever sua definição da palavra *problema*. No dicionário, as definições de problema são três: "um estado de dificuldade que precisa ser resolvido"; " uma fonte de dificuldade"; e "uma pergunta levantada para debate ou solução". Ver problemas não como fonte de dificuldade, mas como perguntas, pode produzir um efeito profundo na sua capacidade de criar — como foi o caso de Baylis e seu rádio e de Toyoda e seu sistema de produção. Outra definição, essa um pouco mais psicologista, pode ser: um problema é quando você se encontra em uma situação diferente daquela que gostaria de estar. Você não sai do segundo lugar nos torneios de seu esporte preferido, você perdeu mercado para um novo concorrente, você não consegue queimar aqueles cinco quilos a mais.

Não importa qual a situação, reconhecer que há um problema a resolver em geral é fruto de uma dessas três sensações: desconforto, frustração ou curiosidade. Nessas horas, preste atenção em como você se sente e tente os cinco "por ques" para conseguir definir melhor a fonte do seu mal-estar. Aqui vai um exemplo:

Pergunta 1: Por que não consigo perder esses cinco quilos? Porque almoço fora todos os dias.
Pergunta 2: Por que almoço fora todos os dias? Porque não tenho tempo de fazer e embrulhar meu almoço em casa.
Pergunta 3: Por que não tenho tempo de fazer e embrulhar meu almoço em casa? Porque teria de levantar muito cedo para isso.

Pergunta 4: Por que tenho de fazer e embrulhar o almoço cedo de manhã? Porque a comida não ficaria fresca se eu a fizesse durante o fim de semana.
Pergunta 5: Por que não ficaria fresca? Porque não há pacotinhos individuais de comida fresca pré-preparada para eu comprar.
Ahá! Uma grande idéia nasceu.

Como o exemplo sugere, perguntar "por que" apenas uma vez faz aparecer nada mais do que sintomas. Por exemplo, se você fosse se ater a uma idéia que permitisse às pessoas levar almoço para o trabalho, provavelmente acabaria por reinventar a marmita. Ao dirigir sua atenção para a resposta da quinta pergunta, você poderá lançar um produto que resolve uma demanda não atendida. Quer dizer, solucionar sintomas é o mesmo que tratar pneumonia com lenço de papel. Vá para a causa-raiz. É das causas-raiz que nascem as grandes idéias. Não interrompa os "por quês".

Além dos problemas que causamos a nós mesmos, há também os que nos são passados por outras pessoas. Coisas que você desconhecia completamente até a hora em que alguém chega e pede que você solucione. Por exemplo, as vendas estão diminuindo à razão de 5% ao ano, resolva isso. A diferença entre um problema que é passado para você e um que você tem de resolver por causa de você mesmo está nas perguntas a serem feitas. Quando alguém passa um problema, você precisa perguntar "por que" cinco vezes para chegar na causa-raiz. E depois disso você ainda precisa perguntar: Como as coisas estão neste momento? Qual é a meta prevista (ou seja, o que seria aceito como solução)? Que recursos terei? O que está atrapalhando soluções? Pode ser que alguém já saiba tudo isso. Pode ser que o problema tenha sido identificado pelo seu chefe ou por um cliente. Ou pode ser que você tenha de identificar o problema e depois convencer os outros de que há um problema, e que você deveria ter permissão para tentar resolvê-lo. Mas, mesmo quando dão uma definição a você, você tem a oportunidade de criar sua própria definição a partir das informações disponíveis. E boa parte da maneira como você definirá o problema está baseada em processos dos quais você não tem consciência, ou tem muito pouca.

Uma das características mais importantes dos problemas é a ambigüidade. Ao ser anunciado, ele já pode vir ambíguo, e as pessoas, por causa disso, passarão a discordar sobre qual é o ponto exato que precisa ser resolvido. Ou pode nem ficar muito claro que exista um problema de todo. Para perceber a ambigüidade inerente à solução de um problema, veja a frase: *João está no banco*. A frase é ambígua porque tem mais de um sentido. A palavra *banco* pode se referir a uma instituição financeira ou a um banquinho de onde se descortina uma bela vista. Como o sentido referente à instituição financeira é o primeiro que vem à cabeça, você provavelmente vai interpretar a frase como João tendo ido a uma instituição financeira. Você então — de forma subconsciente e imediata — passará a pensar em coisas associadas a esse cenário: caixa, cheques, empréstimos, conta corrente etc. No entanto, se "João está no banco" tiver como seguimento outra frase do tipo "E ele pode tropeçar e cair dentro do lago", você provavelmente ficará confuso por um momento. Seu cérebro tentará entender: "Lago? O que um lago tem a ver com um banco?" Normalmente as frases são construídas de modo a diminuir a ambigüidade das palavras, mas, neste exemplo, a informação que diminuiria tal ambigüidade só aparece bem depois da palavra responsável (banco), e durante um tempo ambas as interpretações seriam aceitáveis. Só depois de ler uma segunda frase você vai notar que tem algo errado — caso você tenha de fato escolhido a interpretação de instituição financeira. Mesmo estando surpreso com *lago*, e mesmo pensando: "Lago?! Que lago?!", na verdade, seu cérebro já estará considerando a possibilidade de um banquinho à beira da água — embora você não esteja consciente disso.

Quase sempre nós resolvemos ambigüidades de maneira tão automática que nem mesmo percebemos que elas estão lá. (A maioria das pessoas nem sequer nota quanto as palavras podem ser ambíguas. Resolvemos essas dúvidas com tanta agilidade que nem percebemos o que estamos fazendo. É muito rápido.) Manter a consciência sobre a existência, ou potencial existência, de ambigüidades, ou segundo sentido, faz com que soluções criativas se tornem mais presentes em nossa mente. A solução criativa, ou seja, o momento-eureca, vem quando a ambigüidade é reconhecida (muitas vezes inconscientemente) e solucionada de um jeito inesperado.

Por que estar consciente de ambigüidades pode ser importante para a criatividade? Porque o modo usado pela mente para processar informação determina estratégias de solução. Aliás, estratégias que você vai empregar para fazer qualquer coisa.

Você vai entender melhor quando souber dos processos básicos de toda cognição. São eles: processos de memorização, processos de percepção e processos de foco de atenção. Já discutimos o papel da memória no começo do livro, quando vimos os estudos do sono. Vamos para percepção e atenção.

Percepção envolve produzir sentido a partir do que captamos pelos sentidos. Mas ocorre que a mesma experiência sensorial pode ser percebida de várias maneiras diferentes. Não apenas pessoas diferentes percebem a mesma coisa de forma diferente, mas a mesma pessoa pode perceber a mesma coisa de forma diferente, dependendo do momento. Por exemplo, para usar uma imagem clássica em testes de percepção, o que você vê na Figura 7.1? Um vaso branco ou duas caras de perfil? Não importa a resposta. No final, você verá ambas, e então sua mente ficará indo e vindo de uma para outra incontrolavelmente. Na verdade, agora que você achou ambas as imagens na mesma figura, fixe a vista por trinta segundos tentando ver apenas uma das duas imagens, em vez de ambas. Conseguiu? Se você for como a maioria das pessoas, mesmo tendo sido bem determinado na escolha de apenas uma das imagens, sua mente deve ter escorregado e visto a outra de tempos em tempos.

É praticamente impossível manter a atenção em uma das duas interpretações depois de ter consciência de ambas. E vice-versa ao contrário. Antes de reconhecer a segunda alternativa, é difícil encontrá-la porque você focaliza insistentemente a que você viu primeiro.

Imagine o impacto disso na criatividade e inovação. Uma vez tendo uma solução identificada e reconhecida, você se fixa nela e não consegue ver outras soluções possíveis. Esse é um fenômeno

Figura 7.1. Agora você vê, agora você não vê

bem humano, e acontece muito além de seu controle consciente. Mas, uma vez enxergando alternativas, é quase impossível não levar em conta essas outras possibilidades. É algo diretamente relacionado a momentos-eureca, pois justamente o que você não está vendo pode ser o mais importante e, ao contrário, uma vez vendo o que você não está vendo, a solução ou grande idéia passa a ser de uma obviedade ululante.

Vamos explorar esse tópico em detalhes no Capítulo 9, quando falarmos do questionamento de convenções. Enquanto isso, faça um exercício de reproduzir essa situação de forma deliberada, a partir de um foco em lugares-comuns. Comece se perguntando quais são as verdades consagradas a respeito da sua linha de negócios, produto ou serviço, e transforme cada verdade dessas em uma plataforma para a inspiração criativa. Comece perguntando: "E se tal coisa fosse verdade? Como isso mudaria a maneira como resolvemos problemas (ou criamos novas idéias)?". Por exemplo, imagine que você trabalhe na área de computadores pessoais, digamos, na categoria laptop. O primeiro passo seria listar os lugares-comuns (ou verdades consagradas) referentes a laptops: você precisa de teclados para usá-los; a tela tem de ser do tipo tampa; precisa de baterias; o software é pré-instalado; você precisa dar boot neles; são caros; são feitos para durar apenas uns poucos anos. Depois de completar a lista de lugares-comuns, comece a perguntar: "E se pudéssemos mudar cada uma dessas verdades consagradas de alguma forma? Será que é possível?". Por exemplo: E se laptops não tivessem teclados? Como poderíamos dar ordens a eles de outra maneira? E se laptops tivessem umas sete telas em vez de uma só? Que benefícios isso traria ao usuário? E se laptops não precisassem de baterias? Como poderíamos fazê-los funcionar? E se laptops não precisassem de software para entrar em operação? Como isso mudaria a relação entre as empresas de software e as de hardware? E se os laptops fizessem o boot como se fossem lâmpadas sendo ligadas (em vez de termos de esperar por eles)? E se as pessoas recebessem um dinheiro para usar laptops em vez de ter de comprá-los? Como isso afetaria suas características? E se laptops fossem descartáveis? Como isso afetaria a maneira de eles serem usados?

    Cada uma dessas perguntas vai produzir uma grande variedade de idéias, desde as que beiram o lunático às extremamente práticas. Olhe com atenção. Questione a maneira como o ambiente à sua volta foi projetado. Como um de meus alunos, Jack Sheu, observou: "Tudo no mundo tem um projeto", a cadeira onde você está sentado, o livro em suas mãos, a vitrine das lojas, escolas, museus, produtos, serviços e relacionamentos. Tudo é projetado com base em crenças, verdades dominantes. Por que as portas são retangulares? Por que os carros têm quatro rodas? Ao identificar, definir e questionar essas crenças (verdades), você estará apto a criar as condições para o aparecimento de um momento-eureca mais condizente com a sua vontade.

    Como discutiremos no Capítulo 9, a respeito das convenções, esse fenômeno das verdades que orientam projetos foi o que ajudou e prejudicou, ao mesmo tempo, os engenheiros da Sony na invenção do CD. Primeiro, eles não enxergaram a oportunidade, a coisa não fazia sentido algum para eles. Mas depois que eles receberam uma dica de (logo de quem!) um concorrente (a Philips), a idéia se tornou de um óbvio ululante.

Agora que você já dominou a questão do vaso e das duas caras, tente um outro exercício de percepção. O que você vê na imagem da Figura 7.2.? Você vê a cara de uma pessoa ou algo mais? E agora, na Figura 7.3.?

Figura 7.2. É uma questão de percepção

Figura 7.3. O principal é a maneira como você vê

Como o vaso e as duas caras, e independentemente do que você viu primeiro (a cara ou a palavra *liar* — mentiroso), você agora provavelmente está vendo ambas, fazendo com que seja praticamente impossível manter sua atenção em uma única interpretação. No entanto, na ausência de uma alternativa conhecida, há um momento em que sua percepção se torna fixa: você não é capaz de ver soluções alternativas simplesmente por causa da maneira como você considera a questão. Isso ocorre durante os nanossegundos que se passam logo antes de você de fato ler a palavra *liar* na segunda representação da face. Na verdade, tudo acontece tão rápido que você provavelmente não seria capaz de reconhecer de todo o que se passa. É exatamente por isso que os momentos-eureca parecem ocorrer em uma explosão súbita de *insight*. Não há muita coisa separando o "descobri" e o "estou completamente perdido". Mas mudar a perspectiva, seja mental ou física, pode mudar a interpretação do problema.

O que também é revelador a respeito dessa segunda ilustração é que, por causa da sua experiência com a ilustração anterior do vaso e das duas caras, você provavelmente estava mais apto a descobrir as suas duas opções (a cara e a palavra *liar*) só porque você sabia que devia procurar soluções alternativas. Isso é uma prova de que você pode aprender a ser mais criativo em suas habilidades de solucionar problemas. É só tentar. Em outras palavras, uma vez estando ciente de que havia um truque a ser descoberto, você passou a saber como olhar para o problema de maneiras diferentes e, assim, você efetivamente se tornou mais apto com o segundo quebra-cabeças da cara e da palavra. Essa capacidade de ver várias soluções para um problema é uma habilidade aprendida. Apenas acontece de ela também poder acontecer de forma natural (e inconsciente). Ao tornar o inconsciente consciente, você pode acrescentar lógica a suas buscas criativas.

Quando se trata de resolver problemas, temos a tendência de oferecer soluções que se encaixem no problema da maneira como o vemos, ou então obedecendo a regras já estabelecidas. Por exemplo, no caso de Trevor Baylis, você pode estar se perguntando por que nenhuma empresa de produtos eletrônicos lançou um rádio de corda antes que um dublê vivendo em uma ilha no meio de um rio no interior da Inglaterra tivesse a idéia. Na verdade, não só as empresas de produtos eletrônicos não conseguiram ver a oportunidade, como também se recusaram a receber a pessoa que viu. Baylis tentou obter a atenção deles por várias vezes. As pessoas contatadas provavelmente perderam a oportunidade por causa da maneira como elas viam o problema. É um caso típico em que você não deve acreditar em tudo que escuta. Por exemplo, se você acreditasse no narrador da BBC que explicava que o problema da epidemia de Aids na África se devia à falta de eletricidade, então todas as soluções que você consideraria possíveis o levariam para a criação e instalação de uma rede elétrica cobrindo esse continente. E você seria derrotado pela necessidade de criar uma infra-estrutura de cabos naquela enorme região, ao custo de bilhões de dólares! E aí, não só você iria desistir dessa idéia como nem sequer tentaria, para solucionar o problema, ir além desses números relativos ao custo de eletrificar áreas isoladas como as africanas. Mas se, ao contrário, você percebesse o problema da maneira como Baylis percebeu (graças aos cinco "por ques"), você teria chegado a uma solução inteiramente diferente: você não precisa de uma rede elétrica para ter energia, você só precisa da energia.

Assim, a percepção afeta o que está sendo visto, e sua solução possível — ou que achamos que é possível. Quem não consegue resolver problemas ou criar novas idéias, em geral, está preso à sua maneira de perceber e definir problemas. Pode não ter feito o número suficiente de "por ques" e parado antes de chegar na causa-raiz. Acaba consertando apenas um sintoma. Mas quando você consegue ver o problema de uma ou mais formas alternativas, ou mais profundamente, será praticamente impossível para você não ver todas as suas opções juntas. Esse é o argumento usado a favor dos que promovem viagens e estudos de imersão. Depois que você viveu por um tempo sendo outra pessoa, de outra cor de pele, outro país ou outra origem socioeconômica, será praticamente impossível que você não leve em consideração a perspectiva desse "outro", do mesmo jeito que é praticamente impossível não ver ao mesmo tempo o vaso e as duas caras. Ampliar a percepção torna a grande idéia um óbvio ululante.

Há duas maneiras de se desviar de limites: mudar a forma de resolver o problema ou mudar a forma de ver o problema. Como percepção é algo que gasta muito pouco em matéria de recursos adicionais (só gasta a vontade de perceber as coisas de forma diferente), recomendo primeiro que você tente mudar a maneira de ver o problema. Às vezes, tudo se resume a uma questão de semântica. Para ilustrar esse ponto, examinemos a clareza lingüística de meu filho de 3 anos, Charlie, que um dia me convenceu a deixá-lo comer um saco inteiro de biscoitos doces no café da manhã, simplesmente reposicionando como ele (e eu) tínhamos escolhido ver a questão.

"Papai?", disse ele, enquanto apontava os dedos grudentos para um saco já pela metade de Oreos, "Posso comer os bolinhos?".

"Não, Charlie", respondi. "Não comemos doces no café da manhã".

"Mas, papai, por favor, por favor", ele insistiu enquanto agarrava minha camisa. "Posso comer o bolinho?"

"O que o papai acabou de dizer?", respondi com um tom paternalista bem clichê. Esperto o suficiente para não responder à minha pergunta, ele voltou à carga com uma declaração dita com a autoconfiança e a pose de um Winston Churchill: "Mamãe disse que eu podia comer bolinho".

Já tendo ouvido essa declaração muitas vezes, chutei de volta com uma lógica que julgava infalível: "É mesmo? Está bem. Então vá chamá-la e vamos ver o que ela diz". Depois, acrescentei: "E papai diz que não pode comer bolinhos no café da manhã". Reconhecendo a pedra que havia em seu caminho, Charlie se retirou, indo brincar por alguns minutos, enquanto refletia. Em seguida voltou com um segundo plano de ataque, um que eu não estava preparado para enfrentar.

"Papai?", disse ele apontando para os Oreos com olhos pedintes de cachorrinho. "Mas isso não é bem bolinho".

Um pouco confuso e cheio de suspeitas, olhei para ele, para o saco de Oreos e para ele outra vez, e então respondi, hesitando um pouco: "É sim, Charlie".

"Não, não é", ele insistiu.

"É bolinho sim, Charlie", retruquei.

"Não, papai", ele tornou a falar, "isso não é bolinho".

Sem ter a menor idéia do que ele estava pretendendo, sucumbi e respondi concordando. "Está bem, Charlie. Tem razão. Isso não é exatamente bolinho".

E aí a genialidade de 3 anos surgiu. Sabendo que se fosse outra coisa ele poderia comer, Charlie respondeu, acabando o assunto:

"Se não são bolinhos, então vou comer".

Não sei de onde ele tirou a idéia. Se um menino de 3 anos pode mudar sua percepção das coisas, você também pode. A pergunta é: como fazer isso?

No ramo das inovações, raramente a percepção muda apenas com um diálogo. As pessoas acreditam nas experiências que têm, não necessariamente no que vêem ou escutam. Assim, o nosso foco não é no que as pessoas querem, e sim no que elas não podem fazer, nos limites. Limites são o alimento a impulsionar grandes idéias para resolver os problemas. Para gerenciar nossa percepção dos limites, além de questionar verdades consagradas, temos duas outras táticas adicionais: passar a chamar desvantagens de vantagens, e a observação.

Considerar desvantagens como vantagens é ver limites como patrimônio. É o correspondente à prata da casa em matéria de inovação. Por exemplo, digamos que você trabalhe em uma equipe responsável pela criação de uma nova categoria de produto ou serviço. Essa nova categoria pode potencialmente modificar todo seu setor industrial e o papel da sua empresa dentro dele. Você e seus colegas estão animados com a oportunidade, mas é uma tarefa hercúlea, pelo seguinte: seu orçamento é pequeno e você tem pouco acesso a recursos, em comparação a outras unidades da empresa com função mais estabelecida; o apoio da diretoria é mais para o morno; e há pouca pesquisa a respeito da nova categoria, pois ela é muito recente. Apesar de haver grande interesse no projeto, já que o potencial é alto, o moral da turma é baixo, por causa da realidade objetiva com que as inovações empresariais costumam se defrontar.

Então, fazer o quê? Comece renomeando as coisas negativas (limites) como positivas (patrimônio). Primeiro, o orçamento pequeno também quer dizer que você não precisa passar pelos tradicionais — e caros — exercícios de marketing de grupos focais, pesquisas quantitativas e estudos conjuntos. Aliás, de qualquer modo, a maioria desses métodos não se aplicaria a pesquisas inovadoras, de modo que você pode se considerar um sortudo desde já. Além disso, você terá a vantagem de não ter outro jeito senão descobrir a eficácia de suas idéias de um modo inovador. Em segundo lugar, você tem pouco apoio da direção. Mas o lado bom de uma chefia pouco ligada é que você provavelmente não terá muita gente olhando por cima do seu ombro e avaliando cada pequena decisão que sua equipe tomar. O que quer dizer que você terá liberdade, um precursor crítico de *insights* criativos e inovações. E, terceiro, já que há pouca pesquisa na categoria a que você se dedica (previsões de mercado, concorrência etc.), você viverá o luxo de defini-la do jeito que bem entender.

Por exemplo, como bem observou Tom Stat, da IDEO, em vez de definir-se em relação às mensurações convencionais, o Porsche criou novos parâmetros e metas e, depois, tratou de corresponder às definições auto-impostas (reação do carro aos comandos do motorista, ou seja, com que precisão a máquina faz o que lhe pedem). Enquanto isso, o resto da indústria continuava a ser avaliada nas questões tradicionais como: em quantos segundos o carro vai de 0 até 80 km/hora, agilidade nas curvas, consumo de gasolina etc. Ao criar seu próprio parâmetro, o Porsche criou um novo espaço na mente dos motoristas, e é nesse espaço que ele é julgado. É o que aconteceu também com a American Express, que criou um novo espaço na mente dos portadores de cartão de crédito, com a frase "Membro desde"... Realmente é importante saber há quanto tempo você é um fiel pagador de um cartão de crédito? Provavelmente não, mas funciona. Tanto o Porsche quanto a American Express se beneficiaram de um luxo que só está disponível aos inovadores: definir o jogo antes de começar a jogar. Em cada um dos casos, renomear desvantagens como vantagens teve um papel importante na procura de suas grandes idéias. Forçar uma equipe a olhar as coisas pelo lado bom não só é útil para levantar o moral, mas também estimula novas maneiras de resolver problemas.

A segunda tática inovadora que usamos para gerenciar a percepção é a observação. Se você precisa de mais explicações do que o meu filho de 3 anos, vamos lá. Pense no caso da Shimano, a potente indústria de 1,4 bilhão de dólares que fabrica componentes de bicicleta. Se você está pensando que há uma diferença significativa entre uma criança de 3 anos que quer biscoito e uma empresa de um bilhão de dólares que quer um novo cliente, está enganado. Recursos são sempre finitos e o desejo, sempre infinito, e é a criatividade que une os dois.

A Shimano é uma indústria do Japão que faz componentes de bicicletas de alto desempenho. É a maior culpada pela existência desses obcecados que só pensam em bicicleta no mundo todo. Seus produtos incluem todas aquelas peças sujas de graxa que fazem o esporte ser divertido: cubos, manivelas, câmbios. A Shimano tem um nicho invejável. Mas há poucos anos detectou uma tendência inquietante no seu horizonte: havia cada vez mais pessoas que não se interessavam por bicicletas. Nos Estados Unidos, esportistas entusiastas mais do que triplicaram na última década (influência sem dúvida de Lance Armstrong), mas o número de ciclistas amadores caiu em 50%. A tendência é tanto mais importante quando se considera que em 1970 mais de 50% das crianças iam de bicicleta para a escola, e hoje elas são apenas 13%.

À primeira vista, você poderia pensar que a Shimano não deveria se preocupar tanto com essa queda percentual nos ciclistas ocasionais, porque ela construiu seus negócios baseada nos entusiastas do ciclismo — aqueles que não perdem um Tour de France e que usam aquelas roupas engraçadas. Mas, para poder crescer, ela teria de ser cega para não levar em consideração os 160 milhões de americanos que não têm bicicleta, contra os 25 milhões que têm. O problema aqui é como fazer um não-ciclista virar ciclista.

Tanto faz qual é o seu ramo de negócio, a única maneira de fazer um não-cliente virar cliente é dar início a um novo diálogo.

Para fazer isso — e indo contra a recomendação de alguns estrategistas de marketing — Shimano tentou entender uma coisa. Não o que os clientes de seus clientes (as pessoas reais que andavam em modelos Trek, Raleigh, Giant) desejavam, mas, pelo contrário, o que os não-clientes de seus clientes desejavam. Ou seja, o que interessava aos não-ciclistas. Se você é fornecedor de alguma indústria (produz algum componente, ingrediente ou peça de reposição), isso é um grande desafio, principalmente porque você não tem, tipicamente, contato diário com o consumidor final — no caso, com os ciclistas. Seus clientes são os fabricantes dos equipamentos finais, de marca, os industriais que fazem e vendem bicicletas. Assim, a única maneira da Shimano resolver seu quebra-cabeça era descobrir por que os não-ciclistas não estavam querendo bicicletas. Tinha de entender por que as pessoas preferiam não andar de bicicleta, para começo de conversa. (Note que estamos de volta à análise de causa-raiz, com os cinco "por ques" do Toyoda.)

A missão da Shimano era clara. Para resolver o enigma, precisava mudar sua percepção. Segundo Shannon Bryant, gerente de projeto da Shimano American, a percepção inicial da equipe desse projeto era que as pessoas andavam menos de bicicleta porque estavam mais preguiçosas e gordas. Mas essa era apenas uma forma de perceber o problema (algo como ver só o vaso e não as duas caras). Acabaram descobrindo algo completamente diferente. Ao visitar a casa de mais de cinqüenta não-ciclistas, e ao falar com essas pessoas sobre coisas gerais, incluindo memórias de infância e a opinião delas sobre lazer, a Shimano, junto com seus parceiros de desenho de produto da IDEO, obtiveram uma nova perspectiva. É Bryant quem conta: "Foi um desses momentos-eureca... nunca tínhamos pensado nisso".

A tal coisa que Bryant nunca tinha pensado era a percepção que os não-ciclistas tinham da bicicleta. Não se tratava de preguiça. Era uma questão de memória. Não era porque eles não gostavam de andar de bicicleta. Na verdade, adoravam. Falaram com muito gosto do prazer simples de uma boa pedalada. O que a equipe da Shimano de repente percebeu é que os não-ciclistas tinham saudade da infância. Eles queriam poder reviver suas memórias de infância ao tornar a andar de bicicleta — e essa não era a percepção da indústria sobre o que era ser um ciclista nos dias de hoje. Aqui estava o problema: em uma década, toda a indústria de ciclismo tinha evoluído na direção contrária ao que a maioria dos não-ciclistas queria. A indústria tinha se tornado um negócio dirigido a pessoas que raspavam a perna, eram obcecadas por componentes, cheiravam a graxa e se entendiam bem com lojistas de olhar superior e crítico, cheios de certezas absolutas e que ostentavam, eles também, batatas da perna malhadas. Lojistas de bicicleta mais intimidantes do que os da Tiffany & Co., levitando sobre o solo como se fossem membros da realeza. Um consultório de dentista pode parecer mais acolhedor do que isso.

E em relação às bicicletas em si, elas tinham se tornado umas máquinas esquisitas de carbono puro, a cinco mil dólares cada uma, parecendo pertencer mais a algum cenário de filme de James Bond do que às calçadas dos bairros norte-americanos. E um novo dialeto também havia nascido. *Efeito ioiô* não é coisa que um ciclista eventual saiba o que seja, e muito menos tenha vontade de fazer (*Efeito ioiô* é não conseguir se manter na mesma posição em meio a um grupo de ciclistas, precisando acelerar e frear sem parar.) Ironicamente, o que os não-ciclistas vêm fazendo o tempo todo é acelerar e frear a indústria. Mas eis o ponto: os não-ciclistas não estavam tentando acompanhar a *indústria*, estavam tentando acompanhar suas *memórias de infância*.

David Webster, o gerente de projeto da IDEO que trabalhou com a Shimano na solução do problema, lembra: "Esse foi o principal *insight*, porque ia contra tudo que sabíamos da indústria do ciclismo naquele momento". Bicicletas de estrada, de corrida, híbridas e reclinadas não eram úteis quando se tratava de recuperar a infância. Assim, com a IDEO ao lado, a Shimano criou um novo protótipo de produto, a bicicleta de cruzeiro, que custaria menos de quatrocentos dólares e pesaria menos de catorze quilos. Os clientes da Shimano — Trek, Raleigh e Giant — adoraram. Segundo Chad Price, gerente de produto de bicicleta para asfalto na Trek Bicycle, a bicicleta de cruzeiro "parece que se tornará campeã de vendas até o final de 2007".

Como a IDEO fez com que a Shimano mudasse sua percepção (ou seja, ver ao mesmo tempo o vaso e as duas caras)? Primeiro, a IDEO fez com que a Shimano convivesse com os não-clientes de seus clientes para obter uma visão de mundo do ponto de vista dos que tinham tido os maiores problemas com o ciclismo e, portanto, desistido da experiência. Segundo, ninguém perguntou aos não-ciclistas o que eles queriam de uma bicicleta. Perguntaram coisas como: *Por que você andava de bicicleta? Por que não anda mais?* No campo da inovação, conversa pode ser tão útil quanto observação, com a condição de que você faça as perguntas certas. Pergunte *por que* e não *o quê*. E terceiro, a IDEO percebeu que ela tinha de pôr a Shimano e os executivos da indústria de equipamentos originais (OEMs) na pele dos não-ciclistas. Para conseguir sentir o que os não-ciclistas sentiam ao entrar no ambiente intimidante de uma loja de bicicletas, a IDEO mandou uma equipe de executivos da indústria de bicicletas para o balcão de cosméticos de uma loja de departamentos, com a missão de comprar cinqüenta dólares em cosméticos. Chad Price, da Trek, conta: "Eu estava completamente desconfortável. Não sabia o que pedir ou por onde começar". Nada impulsiona mais a mudança de um ponto de vista do que experimentar emoções reais da pessoa que você está tentando compreender. Como um não-ciclista *se sente* dentro de uma loja de bicicletas? Ahá. Como um obcecado por ferramentas comprando cosméticos. Era preciso mudar alguma coisa. Na verdade, era preciso mudar não só os produtos que os fabricantes de bicicletas ofereciam, mas também a maneira como ofereciam. Vendedores das lojas de bicicletas tiveram de voltar às salas de aula para receber treinamento e aprender como vender um novo produto para um novo (renascido) cliente.

Mudar percepções não é fácil, mas posso assegurar que, agora que os líderes da indústria de ciclismo viram uma alternativa para o que existia antes do momento-eureca, será praticamente impossível não continuarem vendo a alternativa no futuro. Não-ciclistas não são mais vistos como "não-ciclistas". São vistos como um promissor novo mercado — mais interessado na simplicidade do que no desempenho, mais na diversão do que na vitória, e mais na própria infância do que no ciclismo. O desafio, então, passou a ser como criar um produto que tivesse o formato de bicicleta e no qual não-ciclistas pudessem reviver memórias de infância sem tropeçar na forma física, bem diferente da de antes, já que agora tinham mais idade. A resposta foi uma bicicleta fácil de montar e desmontar; com o mecanismo todo fechado e fora da vista do usuário, para que ninguém pense em ter a perna da calça presa em alguma coisa cheia de graxa; um guidão que permite que a pessoa se sente com as costas retas; e, como lembrança dos "bons tempos", uma bicicleta que freie com uma simples pedalada para trás.

Criar grandes idéias se torna simples depois que você consegue vencer o maior desafio, o de responder *Por que as pessoas se comportam do jeito como elas se comportam?* Para descobrir isso, é preciso uma mudança de percepção. Uma vez conseguida essa mudança de percepção, o momento-eureca ocorre quase instantaneamente. A maneira com que a mente processa informação determina a estratégia de solução usada pela pessoa, ou mesmo se ela pretende de todo fazer algo para resolver o problema. Há três processos cognitivos básicos envolvidos nisso: memória, percepção e atenção. No caso da Shimano, exploramos como uma mudança de percepção produziu uma grande idéia. O caso da Shimano envolveu memória e atenção. Já exploramos o papel da memória antes neste livro, e vamos voltar a ela no Capítulo 9, quando questionarmos as convenções. Mas agora vamos ao papel da atenção nas soluções criativas de problemas.

Em seu livro *Guns, Germs, and Steel: The Fates of Human Societies*, Jared M. Diamond argumenta que é simplesmente a quantidade de recursos disponíveis (plantas agricultáveis, animais domesticáveis etc.) somada ao nível de interação entre culturas o que faz com que algumas produzam mais inovações, terminando por dominar as outras. É a mesma lógica das soluções criativas de problemas. Quanto mais informação você tem, e quanto mais variada essa informação, mais fácil será resolver um problema. No entanto, nosso desafio é acessar as informações, determinar as que são relevantes para o problema em questão e resolver, das que aparentemente não o são, quais devemos processar mesmo assim. Por exemplo, o que você vê na imagem da Figura 7.4?

Figura 7.4. Quem sou eu?

Você pode ter visto, logo de cara, de quem é o rosto. Mas, se não viu, tente espremer os olhos. Ou afaste a página um pouco. Já viu? Abraham Lincoln.

Quando tentamos resolver problemas, há mérito em dar um foco mais estreito à nossa atenção, limitando informações extemporâneas que possam nublar o panorama. Mas fazer isso no início do processo criativo pode ter um lado ruim. O problema de estreitar muito o foco é que você pode chegar a uma idéia única. Essa idéia única pode ser, de fato, a grande idéia que todos desejam, mas há grandes chances de que não seja. Não que você precise de cem idéias para ter sucesso; basta uma e, depois, variações dessa uma. Tiro certeiro não é minha estratégia aqui. Pelo contrário, quero que você busque variações para a solução do seu problema fundamental.

Foi o caso dos aspiradores de pó da marca Dyson, os primeiros a não perder poder de sucção. James Dyson trabalhou em 5.127 protótipos durante quatro anos e meio antes de lançar sua grande idéia, a que fez dele o 746º homem mais rico do mundo. Mas veja só, Dyson não afundou em 5.127 maneiras de se limpar um carpete. Trabalhou com 5.127 variações de um só produto, o que iria resolver o maior problema da área: aspiradores de pó perdiam poder de sucção. Como Dyson, você também terá mais chance de sucesso se tiver uma porção de idéias correlacionadas.

A capacidade cognitiva de gerar muitas variações está baseada em processos de atenção. É por isso que o hemisfério direito do cérebro recebe o crédito (com certeza exagerado) de ser o local do pensamento criativo. Ele é mais atento a conjuntos abrangentes de recepções informacionais do que o esquerdo. Mas criatividade envolve todo o poder de processamento do cérebro — ou seja, tanto o hemisfério direito quanto o esquerdo. A vantagem do hemisfério direito está na sua maneira de interpretar a informação: digamos que seja mais liberal (quer dizer, mais apto a perceber e interpretar informações de maneiras diferentes) e, portanto, mais bem equipado do que o esquerdo, quando se trata de considerar possibilidades múltiplas. Assim, tendemos a atribuir a criatividade ao hemisfério direito, mesmo exagerando um pouco.

Aqui está um exercício que vai mostrar como seu cérebro — ele inteiro, com hemisférios direito e esquerdo — interpreta informações na tentativa de resolver um problema. Apenas olhe para essas três palavras:

Couve
Lis
Beija

Qual é a palavra ausente que essas três podem compartilhar? Quer dizer, se você fosse acrescentar uma palavra antes ou depois dessas três, qual seria?

Se você já sabe, parabéns! Acaba de experimentar um momento-eureca (se quiser sair correndo sem roupa por aí, não temos nada com isso). Mas se você se encrencou, tente pensar em algo bonito e volte às três palavras. Nada ainda? Bem, a resposta é flor (couve-flor, flor-de-lis e beija-flor).

Tendo ilustrado a situação, vamos para a análise do que aconteceu. Mas, primeiro, vamos deixar algo claro: o processamento de informação no cérebro é atividade extremamente complexa. Uma explicação científica sobre o processamento real que ocorreu em seu cérebro durante esse exercício simples iria encher todas as páginas deste livro. Para nossos propósitos, faremos apenas uma simplificação de como seu cérebro lidou com o processo do problema até o momento do *insight*.

Quando você viu a palavra *couve*, o hemisfério esquerdo do seu cérebro provavelmente focalizou a palavra em si (veja Figura 7.5) e não considerou as outras possibilidades de significado de *couve*.

Figura 7.5. Como os hemisférios cerebrais interpretam informação

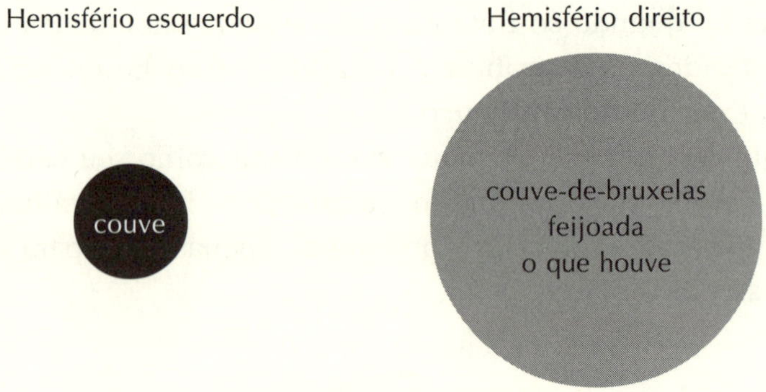

Hemisfério esquerdo   Hemisfério direito

couve

couve-de-bruxelas
feijoada
o que houve

A mesma coisa para as outras duas palavras, *lis* e *beija*. Em cada caso, o hemisfério esquerdo traduziu essas palavras no seu sentido literal, baseado em sua experiência do que elas significam para você. Por exemplo, *couve* pode ser traduzido como hortaliça, *lis* como uma espécie de lírio e *beija* como uma ação das mais agradáveis. Já o hemisfério direito de seu cérebro interpretou essas palavras de um jeito mais amplo. Por exemplo, no hemisfério direito a palavra *couve* ganhou outras possibilidades: couve como bolinhas verdes; como algo que vem junto de feijoada; e mesmo como corruptela da expressão "o que houve". A mesma coisa vale para as palavras *lis* e *beija*. Seu hemisfério direito teria inconscientemente ativado *lis* não só para lírio, mas também como o símbolo da França, ou como o nome de uma mulher. E *beija* não seria só uma ordem para beijar, mas também *Dona Beija*, a personagem da teledramaturgia brasileira, ou ainda *beijinhos-doces* de maisena. Ter o hemisfério direito dominante não significa ser mais criativo. Significa ser mais liberal na aceitação de alternativas. Ambos hemisférios são requisitados no ato de criação.

A razão de um momento-eureca acontecer quando você não está conscientemente tentando resolver um problema ou ter uma grande idéia é que, nesses momentos, o hemisfério esquerdo está mais "relaxado", permitindo portanto a aceitação (consciente) de "alternativas malucas" montadas pelo hemisfério direito. Um detalhe que nada tem a ver com o problema pode ser justamente o que faltava para sua resolução. Meu conselho é: não pense tanto, faça uma pausa, vá esticar as pernas. Deixe que sua mente inconsciente trabalhe por você.

Edward Bowden e seu sócio de pesquisas Mark Jung-Beeman estão entre os mais notáveis neurocientistas, com avanços significativos na ciência cognitiva do momento-eureca. Costumam usar imagens funcionais de ressonância magnética (fMRI), que é uma tecnologia de escaneamento cerebral. Por meio de experiências utilizando o fMRI junto com mensurações comportamentais, foram dos primeiros a isolar e observar um momento-eureca em ambiente controlado.

Bowden e Jung-Beeman fizeram algo parecido com nosso exemplo de palavras que compartilham outra palavra (algo conhecido como compostos de associação remota). Em suas experiências sobre a inferência, respostas múltiplas eram possíveis. Na experiência da Figura 7.6, os participantes recebiam três palavras em uma tela: *vidro, pé* e *grito*. Depois de mostradas, as palavras eram apagadas rapidamente e, para garantir que as pessoas continuariam a olhar para o meio da tela, uma cruz fixava o local. Aí uma outra palavra, relacionada às três primeiras (*corte*), aparecia, mais rapidamente ainda e no canto da tela. Ou então, o que aparecia era uma palavra não relacionada. O tempo gasto na leitura dessa quarta palavra ficava registrado. Bowden e Jung-Beeman descobriram que as pessoas liam a palavra relacionada mais rápido do que a não relacionada (fenômeno chamado de privilégio inicial). E que liam palavras apenas remotamente relacionadas às três primeiras tão rápido quanto novos pares de palavras fortemente relacionadas. (por exemplo *maçã/laranja* ou *médico/enfermeira*). Isso significa que embora a palavra *corte* não esteja fortemente relacionada a todas as três palavras *vidro, pé* e *grito*, quando consideradas em conjunto, ela é fortemente ativada (quer dizer, o cérebro pensa nela, não necessariamente em nível consciente) como tendo alguma relação com cada uma dessas três palavras.

Os círculos pequenos em volta das três palavras à esquerda na Figura 7.6 mostram como o hemisfério esquerdo define, de forma estreita, cada uma delas, enquanto os círculos maiores do lado direito mostram como o hemisfério direito as define de forma mais ampla. Como o hemisfério esquerdo tem mais foco, apenas palavras com associação muito próxima são contempladas. Como a palavra *corte* não tem associação próxima com as três palavras mostradas (embora você possa argumentar que *vidro* pode ser associado com *corte*, dependendo do contexto), ela fica de fora (ou seja, não entra

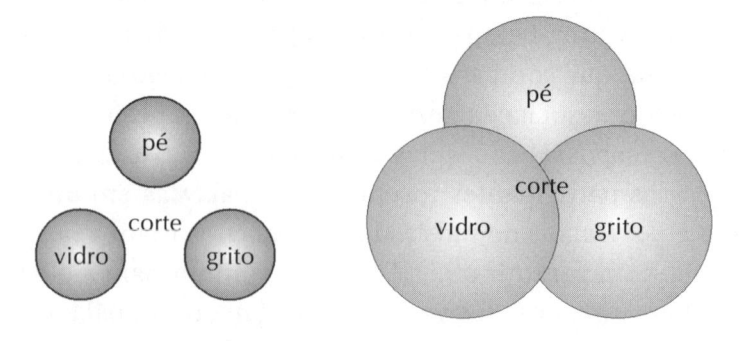

Figura 7.6. A codificação do hemisfério direito aumenta a possibilidade de sobreposições semânticas

no grupo de soluções possíveis). Já no hemisfério direito (a parte direita da ilustração), a interpretação das três palavras é mais abrangente, mas mais fraca, e com isso associações mais distantes são consideradas. Cada uma das palavras (*vidro, pé* e *grito*) ativa de forma fraca *corte*, porque o vidro pode cortar você, um pé pode ser cortado e você pode gritar por causa de um corte. O importante é que a repetição da sobreposição é cumulativa. Assim, a palavra *corte*, mesmo não tendo sido bem mostrada para os participantes (ela não fica explicitada como está na figura aqui do livro; ela aparece na borda da visão periférica em frações de segundo), recebe ativação similar ou mesmo maior do que uma palavra que esteja associada fortemente a apenas uma das três palavras iniciais. Portanto, a solução vem pela convergência da informação, e não pela ativação de uma única palavra ou pela explicitação da palavra em si.

Em uma segunda experiência, os participantes ouvem uma história na qual as palavras estão em contexto: uma pessoa anda com *pés* descalços em uma praia onde há pedaços de *vidro* na areia e, de repente, *grita* de dor. Enquanto escutam a história, os participantes vêem as palavras na tela. Nessa experiência, as palavras eram mostradas ou no limite da esquerda ou da direita da tela, e as pessoas deviam lê-las em voz alta. A palavra-alvo era iluminada rapidamente na periferia do campo de visão, seja do olho esquerdo ou do direito. Por causa da maneira como os nervos óticos se ligam ao olho, qualquer coisa que esteja no lado esquerdo da tela vai para o hemisfério direito, e vice-versa. Mesmo se a palavra-alvo entra em apenas um hemisfério primeiramente, a informação é comunicada ao cérebro todo por ligações cerebrais e pelo *corpus callosum*, a região do cérebro responsável pela comunicação inter-hemisférica, ou seja, em linha cruzada. Alguns cientistas acham que, por causa do seu tamanho variável, o *corpus callosum* também é responsável pela intuição. Ele costuma ser maior nas mulheres, o que pode explicar, ao fornecer uma plataforma de comunicação mais sólida entre os dois hemisférios, a "intuição feminina". Da mesma forma, o tamanho relativamente menor do *corpus callosum* masculino também explicaria por que mulheres parecem mais capazes do que homens na realização de tarefas múltiplas concomitantes. Homens seriam, então, mais predispostos biologicamente (ou teriam uma predisposição relativa) a ter pensamentos únicos, um de cada vez, enquanto mulheres seriam biologicamente predispostas a consolidar partes díspares de informação. Voltando ao estudo, a palavra-alvo foi mostrada por apenas 180 milissegundos antes de ser apagada, para evitar que a memória sensorial entrasse no processo. Isso porque, em um tempo tão curto, uma pessoa não consegue mover os olhos para se fixar na palavra e, assim, a palavra se torna apenas uma leve sugestão passageira — um piscar de informação — que é primeiro oferecida a um dos hemisférios cerebrais. (Bem parecido com o que aconteceu com vários momentos-eureca históricos, como o de Arquimedes observando a água que transbordava de sua banheira, e Newton observando a maçã que caía da árvore.) A pesquisa mostrou que palavras ligadas por inferência eram lidas mais rápido do que palavras não relacionadas; que palavras mostradas ao hemisfério direito tinham leitura mais rápida do que as mostradas ao hemisfério esquerdo; e que o hemisfério direito mostrava ativação por inferência antes do esquerdo.

Em relação à criatividade, é o conceito (por exemplo, *corte*) que liga peças díspares de informação em um todo compreensível. É assim que um conceito criativo liga informações sem relação anterior. O mais provável é que tal ligação aconteça com a sobreposição de ativações semânticas já disponíveis no hemisfério direito. Assim sendo, o hemisfério direito não é o único responsável pela criatividade, mas é o responsável por sugerir conceitos alternativos que possibilitam a resolução de um problema.

Em uma terceira experiência, ilustrada na Figura 7.7, Bowden e Jung-Beeman descobriram que, se uma única palavra é mostrada primeiro (por exemplo, *pé*, em vez do grupo *pé, vidro* e *grito*) e, em seguida, vier um alvo fortemente relacionado (por exemplo, *sapato*), o hemisfério esquerdo mostrará maior sensibilização primária. Quando uma palavra de relação mais fraca (como *medida*) é mostrada para o hemisfério esquerdo, a sensibilização fica menor. Por causa do foco estreito do hemisfério esquerdo, apenas as palavras de rela-

Figura 7.7. Sensibilização primária no hemisfério direito *versus* hemisfério esquerdo

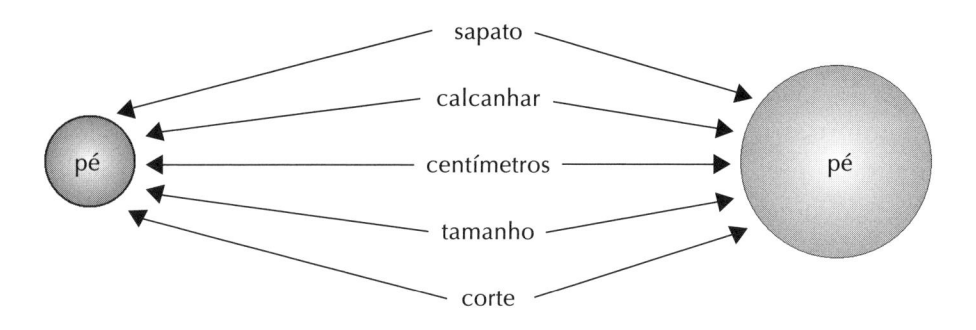

```
              sapato
              calcanhar
    pé ←      centímetros      → pé
              tamanho
              corte
```

ção mais próxima (sapato, calcanhar) são consideradas e, assim, apenas as setas que saem de *sapato* e *calcanhar* chegam até o núcleo do hemisfério esquerdo, enquanto as palavras de relação mais distante (*centímetros, tamanho, corte*) não são consideradas. Pode ser que você trabalhe com alguém que sofra de miopia mental e que precise ser constantemente lembrado de que é preciso vislumbrar o panorama todo, e não só um aspecto dele. Esse "foco extremo", aliás, pode ser observado também em pessoas que sofreram algum tipo de dano cerebral. Pessoas com dano no hemisfério direito não conseguem mais entender piadas e metáforas. Tornam-se pensadores literais: não conseguem, biologicamente, ver o todo.

Ainda na mesma experiência, quando as três palavras (*pé, vidro* e *grito*) foram apresentadas ao hemisfério direito, a sensibilização primária foi maior para todas as inferências (*sapato, calcanhar, centímetros, tamanho* e *corte*). Na interpretação de *pé* feita pelo hemisfério direito, as setas que saem de todas as palavras (*sapato, calcanhar, centímetros, tamanho* e *corte*) se ligam ao núcleo *pé* (são consideradas). É a explicação de você ter suas melhores idéias no chuveiro. Nessa hora você provavelmente estará bem pouco ligado em solucionar problemas. Ou em qualquer outra coisa.

Em outra experiência sobre o momento-eureca, são mostradas três palavras (por exemplo, *couve, lis* e *beija*). Em um lapso de tempo não superior a 750 milissegundos depois do aparecimento dessas três palavras, a palavra-alvo (*flor*) é mostrada para os hemisférios esquerdo e direito, ou seja, entra no campo de visão dos participantes como um flash de luz na visão periférica do olho direito ou esquerdo. A descoberta principal foi que tanto o hemisfério direito quanto o esquerdo ativavam a solução bastante rápido. Mas igualmente rápido o hemisfério esquerdo descartava a idéia. Já o direito mantinha essa informação, na pior hipótese, pelo menos durante os quinze segundos necessários para que as pessoas descobrissem a solução. A duração da ativação do hemisfério direito também é a adequada para um momento-eureca. Quanto mais ativação (medida pelo tempo de resposta), mais forte a sensação de eureca.

Bowden, Jung-Beeman e John Kounios, da Drexel University, aprofundaram essas descobertas analisando o cérebro humano durante momentos criativos. Usaram o escaneamento MRI, além de eletroencefalogramas (EEG), para saber quais áreas do cérebro agem diferentemente quando um problema é resolvido com *insight* e sem *insight*. As duas maiores descobertas da equipe foram que o *gyrus* temporal superior do hemisfério direito, um pontinho do cérebro mais ou menos em cima de sua orelha direita, fica mais ativo durante as soluções com *insight* do que nas soluções sem *insight*. E que há uma assinatura neural (uma atividade neural em partes determinadas do cérebro, e com uma freqüência elétrica determinada) anterior à apresentação do problema, e que prenuncia a subseqüente solução feita por meio de um súbito *insight*. Isso sugere que idéias importantes — idéias criativas — podem estar lá, luzindo, logo abaixo do controle da consciência, e que podem haver estados mentais mais propícios a momentos criativos.

O que chama a atenção nessas pesquisas científicas do momento-eureca não é só a forma com que hemisférios cerebrais interpretam informações, mas também como e quando decidem (inconscientemente) usar essa informação. Parece que o hemisfério direito produz várias possibilidades de inferência bem cedo no processo de solucionar problemas criativamente, e, o que é muito interessante, mantém essas inferências disponíveis pelo tempo necessário para que sejam usadas. Parece, também, que a informação no hemisfério direito se torna ativa quando um problema é apresentado, e que continua ativa até ser aproveitada ou até outra idéia ser selecionada.

Por exemplo, lembre da experiência-eureca de Albert Einstein enquanto trabalhava no escritório de patentes de Berna, na Suíça. Foi em Berna que Einstein fez pela primeira vez a conexão mental entre a gravidade e a aceleração de movimento que por fim resultou na sua teoria geral da relatividade. Como Einstein declarou, enquanto ele se perdia em devaneios "uma frase irrompeu subitamente", a de que "um homem em queda livre não sente seu próprio peso". Nesse momento exato houve a conexão entre gravidade e aceleração de movimento — relação provavelmente estabelecida pelo hemisfério direito de Einstein, enquanto o esquerdo se encarregava, por certo, de trabalhar para averiguar se a idéia era correta. Assim, idéias podem ir de um hemisfério ao outro. Mantemos as idéias inconscientes no nosso hemisfério direito, como se fossem assuntos em suspenso, até que conseguimos extrair sentido para eles, no esquerdo.

A psicóloga Colleen Seifert propôs a existência de uma tabela de fracassos, em que problemas ficam marcados como não resolvidos e toda vez que uma informação relacionada a uma possibilidade de solução aparece, o problema é reativado. Na sua teoria, a ativação pode ficar dormente por meses ou mesmo anos, como foi o caso com Einstein e sua teoria geral da relatividade. Lembre que Einstein teve seu *insight* inicial sobre a relação entre aceleração de movimento e gravidade quase uma década antes de chegar à solução, a teoria geral da relatividade. Uma vez a inferência feita, a ativação do hemisfério direito simplesmente apaga. Ou, se formos usar uma metáfora cara aos norte-americanos, a do beisebol: quando você ganha o jogo (ou seja, descobre o enigma, produz uma grande idéia, resolve o problema), seu cérebro não precisa mais manter um batedor na reserva (uma solução alternativa, esperando sentado no banco para entrar em campo a qualquer momento e ajudar você a alcançar um bom resultado). Em resumo, o foco mantido pelo hemisfério direito se apaga, sua função acabou. Temporariamente.

É irônico, mas no momento mesmo em que a compreensão acontece, quando suas perguntas se tornam respostas, você é levado imediatamente de volta ao ponto onde tudo começou. Agora que há uma resposta para seu problema, saiba que essa resposta corre o risco de se tornar um martelo, para o qual qualquer coisa vira prego. Seu novo desafio é o de tentar desaprender aquilo que funcionou no passado, sob pena de mais uma vez perder o futuro. Vamos discutir a questão de conhecimento como limite da criatividade (fixação funcional) no Capítulo 9. Enquanto isso, pare de pensar tanto.

Essas e outras experiências têm muito a nos ensinar sobre como nos tornar mais criativos conceitualmente. Primeiro e mais importante: se você está emperrado num problema, ou recebe a incumbência de produzir a nova idéia sensacional do século, e alguém vem com o conselho de parar de pensar tanto, obedeça. Não pensar diminui o foco no seu hemisfério esquerdo e, mais importante, o ato de não pensar permite que seu hemisfério direito apareça com possíveis soluções alternativas capazes de ligar luzes mentais de grande intensidade.

Segundo: como aprendemos neste capítulo, quando você se conscientiza, com percepção e atenção, de que há truques (enigmas) a serem descobertos para a solução do problema, os *insights* criativos se tornam mais rotineiros, lógicos e controláveis. Por exemplo, na Figura 7.8, diga qual das duas barras é a maior: a de cima ou a de baixo?

A barra de cima pode parecer maior do que a de baixo, mas na verdade ambas têm o mesmo tamanho. Isso mostra como o sistema visual recebe a informação: com as duas linhas laterais convergentes, há a interpretação, correta, de que o tamanho de um objeto depende da distância dele em relação ao olho. Aqui o sistema visual é enganado, porque as linhas convergentes fazem o cérebro pensar que a barra de cima está mais longe e que, portanto, ela deve ser maior. Mas é uma ilusão. Ilusões têm uma analogia com criatividade: o sistema de solucionar problemas também pode ser enganado pelo que ele já sabe que funciona. Mas, se você sabe que existe um

Figura 7.8. Há alguma diferença ou só ilusão?

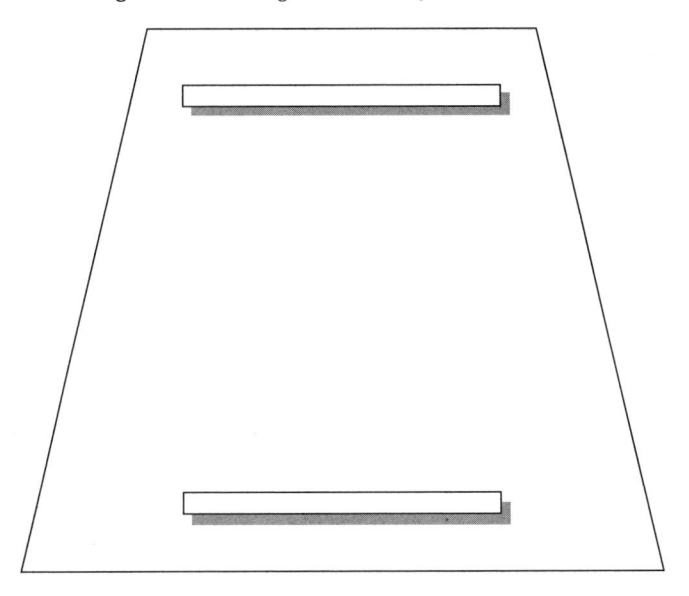

truque, pode superá-lo e reinterpretar o problema. Por exemplo, se as barras pareceram do mesmo tamanho quando você as viu pela primeira vez, deve ser porque você desconfiou de algum truque ou conhecia enigmas visuais parecidos. Você trouxe a questão do inconsciente para a consciência. Tentou achar o truque.

Ao estar alerta de que um problema pode mostrar tanto informações relevantes quanto irrelevantes, você se torna um melhor pensador criativo. Pois você agora sabe que precisa procurar, processar, priorizar, descartar, incluir e descartar de novo informações que podem ou não ajudar você a chegar a uma resposta certa. O incrível é que tudo isso acontece em frações de segundo. E mais espantoso ainda, há a possibilidade de controle. Você pode transformar processos inconscientes em esforços conscientes ao prestar atenção ao fato de que pode haver um truque envolvido, que você pode precisar de mais (ou menos) informações para resolver o problema.

Uma terceira lição a ser tirada deste capítulo é que, ao contrário da lenda urbana, não existe tal coisa como "pensadores do hemisfério direito". Puro mito. O hemisfério direito simplesmente é mais liberal na interpretação das informações. Apesar de o hemisfério direito gerar mais possibilidades, ele não as seleciona, e, portanto, o hemisfério direito precisa do esquerdo. Você vai precisar do cérebro inteiro para seus processos criativos. O hemisfério esquerdo tem uma função importantíssima, a de fornecer a lógica pela qual se estabelece a relevância ou adequação de uma possibilidade de solução. É parecido com o que acontece em grupos de trabalho criativo. Por exemplo, em sessões de *brainstorming* de grupo. Apesar de ser verdade que grupos heterogêneos podem gerar mais idéias diferentes (como o hemisfério direito faz), em alguma hora o grupo vai precisar selecionar uma única idéia para trabalhar nela. E isso envolve um tipo bem diferente de atitude (como a do hemisfério esquerdo). Não descarte informação de forma prematura durante um processo de desenvolvimento de idéias. A frase *não existem más idéias, só idéias* é, em si, uma má idéia. Mas, de fato, não existe algo como informação inútil (pelo menos, a princípio). Você nunca sabe o que vai funcionar. É melhor considerar inclusive a informação que pareça ser, à primeira vista, irrelevante. Dê tempo ao tempo, consciente e inconsciente, para ver se dá para extrair algum sentido daquilo, ou se aquilo se encaixa de algum jeito na solução do problema.

E tenha consciência de que memória, percepção e atenção estão em uma dança constante — e inconsciente — dentro da sua cabeça. Da próxima vez que você se vir preso em um problema, ou sentir que a solução está ali, quase na ponta da língua, tente não pensar tanto. Vá esticar as pernas. Essa diminuição consciente do foco do seu hemisfério esquerdo irá inconscientemente permitir que seu hemisfério direito assuma o pensamento, e a resposta pode vir a galope.

Criatividade não é apenas uma questão de recursos, é também uma questão de recursos internos. O que os inovadores não têm, no quesito tempo e dinheiro, compensam em percepção e atenção. Nas mãos (e mentes) certas, a inovação se torna uma arte de resolver problemas. A sua definição do problema é uma conseqüência da maneira que você escolheu de percebê-lo. Faça com que os limites trabalhem a seu favor: defina desvantagens como vantagens (patrimônio). E, mais do que tudo, tente descobrir o truque. É como consertar algo em casa, às vezes um barbantinho representa muito. Ao identificar limites (o que pode e o que não pode), você aumenta sua possibilidade de sucesso, fazendo com que a solução criativa se desvie das barreiras. Uma vez identificados os limites, pergunte: E se algum material mágico, tecnologia não descoberta ou capacitação não existente ajudasse a vencer esses limites? O que esse material, tecnologia e capacitação não existente teria de fazer? Depois pergunte o que dá para usar em vez deles. Isso vai ajudar você a fazer a ligação entre limites e possibilidades, a aumentar suas chances de encontrar uma solução criativa para problemas existentes, mesmo quando os recursos atualmente disponíveis se mostrarem insuficientes para isso.

Para juntar limites e possibilidades, é importante levar em consideração mais um precursor de *insights* criativos: ligações. Uma forma de aprender a fazer ligações não-ortodoxas entre campos que aparentemente não têm relação entre si é procurar situações análogas fora da sua indústria, trabalho ou categoria. É o que chamo pensar para o lado, ou o que o acadêmico em criatividade Edward de Bono se refere como "idéias laterais". Com isso, vamos ao próximo capítulo.

Resumo e exercícios criativos

- Limites ajudam a inspirar criatividade.
- Quando há um problema focalizado para resolver e um sentimento de missão na equipe, recursos limitados (tempo, dinheiro) podem oferecer exatamente as condições apropriadas para a inspiração do *insight* criativo.
- Quando há uma agenda muito ampla e um sentimento de que a equipe está sendo explorada, mais recursos (especificamente tempo) podem criar condições apropriadas para inspirar o *insight* criativo.

- O aumento de gastos em pesquisa e desenvolvimento nem sempre produz aumento em vendas e lucros; na verdade, parece haver pouca ou nenhuma correlação entre esses gastos e as vendas. A maneira como você pensa é mais importante do que a quantidade de dinheiro que você ganha para pensar.
- Não há isso de pensadores de hemisfério esquerdo ou de direito. Os dois hemisférios têm papel importante no pensamento criativo.
- Para conseguir criatividade em presença de limites, renomeie limites como sendo oportunidades, e comece o *brainstorming* fazendo os limites trabalhar para você, e não contra você.

8

Parentes distantes

Ligações

Albert Einstein perdeu a cabeça. Na verdade, não perdeu; fomos nós — como uma meia em uma lavadora. Bem, a cabeça de Einstein tecnicamente não se perdeu, simplesmente ficou desaparecida durante alguns anos depois de sua morte. Em 1955, Thomas Stoltz Harvey, um patologista do Hospital Princeton, fez a autópsia dos restos mortais de Einstein e, sem a prévia autorização de Einstein, removeu seu cérebro e guardou. Ele declarou ter guardado a amostra para fazer pesquisa médica. Logo depois, Harvey perdeu seu emprego e sua licença médica, e tornou-se operador de máquina extrusora de plástico. Embora tenha pegado o cérebro de Einstein, ele não o guardou para si. Repartiu o cérebro com alguns cientistas: neuronautas interessados na biologia da genialidade.

Chamo de neuronautas todos os que são treinados para pilotar, navegar ou virar tripulantes na viagem de exploração de reentrâncias do cérebro. Ao longo das próximas décadas, as aventuras na área de engenharia neuronáutica revelarão, sem dúvida, muitos dos insondáveis mistérios da mente, entre eles, o momento do *insight* criativo (na verdade, isso já foi descoberto até certo ponto). A relevância cada vez maior da neurociência para os mistérios da vida é evidente no crescimento considerável do número de matrículas na Sociedade de Neurociência, uma organização não-lucrativa cujos membros incluem cientistas em geral e médicos que estudam o cérebro e o sistema nervoso. A organização foi de 500 membros em 1969 para mais de 37.500 membros hoje, e agora é a maior organização do mundo dedicada ao estudo do cérebro. De neurocientistas cognitivos a neurologistas cosméticos, farmacêuticos, psicólogos e neuromarqueteiros (pessoas que usam a ciência do cérebro para projetar novos produtos e mensagens de publicidade que melhor repercutam entre os consumidores), seus interesses são os mesmos: entender como o cérebro funciona para avançar em todos os aspectos, da medicina ao marketing. Como os Lewis e Clarks da era moderna, os neuronautas mapeiam territórios desconhecidos e reivindicam a autoria de conhecimentos sobre desenvolvimento cerebral, aprendizado e memória, sensação e percepção, movimento, estresse, sono, envelhecimento e disfunções neurológicas e psiquiátricas. O campo também envolve o estudo de moléculas, genes e células responsáveis pelas funções do sistema nervoso. Uma neuronauta de destaque, a quem Harvey deu uma parte do cérebro de Einstein, é Marian C. Diamond, pesquisadora interessada na biologia da genialidade. Ela deu um pequeno passo em um local muito interessante: a porção 39 da área de Brodman (BA39) do cérebro de Einstein.

Em 1985, Diamond e seus colegas relataram que a área BA39 de Einstein tinha uma proporção maior de células gliais em relação aos neurônios do que havia nas amostras de controle. (BA39 é freqüentemente associada à afasia semântica — deficiência da capacidade de compreender e produzir linguagem). As células gliais são células não-neuronais conhecidas por oferecer suporte e nutrição aos neurônios, que são as células cuja função é processar e transmitir as informações — um processo chamado transmissão sináptica. O que a BA39 de Einstein nos diz sobre sua criatividade? Para ajudar a responder a essa pergunta, precisamos analisar os anos de juventude de Albert.

Quando criança, Einstein era mudo: ele não falava. Preocupados com o silêncio dele, seus pais o levaram a um pediatra que, de acordo com os pesquisadores, o diagnosticou com dislexia do desenvolvimento, uma condição que prejudica a capacidade de leitura e escrita, e que também é conhecida por interferir no processo da linguagem falada. No século passado, os pesquisadores descobriram que as pessoas com dislexia do desenvolvimento podem ter anomalias na região do giro angular esquerdo do cérebro (BA39). No caso de Albert Einstein, é possível que sua perda de neurônios tenha ocorrido devido à dislexia; entretanto, Diamond atribuiu a perda de neurônios de Einstein nessa área menos à sua dislexia e mais à sua "conectividade". Em outras palavras, seu cérebro era fisicamente conectado de uma forma tal que ele poderia processar informações usando mais áreas separadas do seu cérebro do que o indivíduo médio. Uma análise mais detalhada de fotografias do cérebro de Einstein indicou um lóbulo parietal inferior esquerdo maior e inteiro, diferente da maioria dos seres humanos. O lóbulo parietal está envolvido na integração de informações e também no processamento visiospacial. Leigamente falando, o hemisfério esquerdo anômalo de Einstein pode ter sido parcialmente responsável por seu hemisfério direito altamente especializado e sobre-humano, dando a ele uma vantagem peculiar em computação espacial, ativo valioso no processo criativo. De fato, o próprio Einstein acreditava que sua criatividade era dependente do raciocínio espacial. Relembre seu devaneio de "um homem caindo" enquanto trabalhava no escritório de patentes em Berna. Essa visualização de movimento através do espaço foi provavelmente um processo cognitivo comum que Einstein utilizou de modo consciente ou, mais provável, inconscientemente. Acredita-se que o raciocínio espacial gere a capacidade de integrar informações sensoriais diferentes (aprimora a conectividade), e a conectividade é altamente relacionada à criatividade e inovação.

Kenneth M. Heilman, professor de neurologia e psicologia da saúde na faculdade de medicina da Universidade da Flórida, explica a inovação como "a capacidade de entender e expressar relacionamentos inovadores de forma ordenada". Isso exige uma grande inteligência, conhecimento de um domínio específico e familiaridade com conhecimentos ou métodos inovadores. Entretanto, esses três fatores isolados não são suficientes para inspirar *insights* criativos. O mistério é a maneira como os três interagem. O que permite as ligações entre domínios diferentes? Como Heilman disse em sua pesquisa, "para descobrir esse elo, pode ser preciso unir diferentes formas de conhecimento armazenadas em módulos corticais separados que ainda não foram associados. Por isso, a inovação criativa poderá exigir co-ativação e comunicação entre regiões do cérebro que geralmente não estão fortemente conectadas". Com base nessas descobertas, pode ser que indivíduos criativos como Einstein tenham alterações em regiões específicas do cérebro, além de alterações em neurotransmissores que, como Heilman escreve, permitem que o "cérebro seja capaz de armazenar extensivo conhecimento especializado". Podem ter também capacidades especiais em pensamentos divergentes: a capacidade de identificar múltiplas respostas para a mesma pergunta, ou múltiplos caminhos para o mesmo destino (uma marca do pensamento criativo).

A relação entre a biologia cerebral e a criatividade fica mais aparente entre pacientes que tiveram seus lóbulos frontais removidos ou danificados. Esses pacientes são incapazes de conduzir pensamentos divergentes: são incapazes de desligar-se do que lhes foi ensinado para aceitar ou acessar informações vagamente relacionadas. Esses resultados confirmam pesquisas históricas na área, especificamente a de Charles Spearman que, em 1931, observa Heilman, sugeriu que a "criatividade é resultado da reunião de duas ou mais idéias que antes estavam isoladas".

O dom biológico de Einstein viabilizou sua criatividade. Pode-se argumentar que sua genialidade não residia necessariamente na criação de idéias novas, mas sim na criação de novas relações entre conceitos aparentemente não relacionados (por exemplo, espaço e tempo).

Momentos-eureca freqüentemente vêm da interseção de pedaços de informações aparentemente não relacionados. Portanto, pessoas capazes de fazer essas ligações, seja devido a um dom biológico ou por um processo muito deliberado, são mais capacitadas a ter novas idéias em base contínua. Fazer ligações não-ortodoxas entre domínios separados pode ser difícil biologicamente, mas não impossível. Fazer ligações, tal como respirar, ocorre naturalmente, mas, assim como respirar, é algo que você controla. Um modo de aprender a fazer ligações não-ortodoxas é simplesmente manter o problema não resolvido ativo em sua mente mesmo quando você não está efetivamente tentando resolvê-lo. Ao manter o problema ativo em sua mente, você ficará surpreso em quão relevante informações e experiências aparentemente irrelevantes podem ser na resolução do seu problema. Para ilustrar, vamos voltar ao nosso cientista nu.

Primeiro, considere o que Arquimedes sabia. Ele sabia que o ouro e a prata eram diferentes em densidade, e que ele poderia medir o peso da coroa do rei. Na verdade, ele até conhecia o princípio do deslocamento da água, por seu trabalho na construção dos barcos reais. Ele tinha quase tudo do que precisava para resolver o problema, mas ainda assim as idéias não vinham. Por quê? Essa história captura a essência da criatividade conceitual. Ao tentar resolver problemas, trabalhamos tentando resolvê-lo, mas, freqüentemente, chegamos a um impasse. Nesse ponto, temos uma escolha: desistir e abandonar a busca de uma solução ou reinterpretar algum aspecto do problema e continuar. No caso de Arquimedes, a reinterpretação ocorreu enquanto ele tomava banho. Como com Arquimedes, a reinterpretação freqüentemente parece resultado de um processamento inconsciente (ou seja, acontece no momento em que o solucionador não está tipicamente buscando uma solução), e geralmente envolve fazer ligações antes despercebidas. Após a reinterpretação, a solução parece vir de repente (ahá!), e claramente correta. Depois que Arquimedes fez a ligação usando o deslocamento de água para averiguar o volume, a solução pareceu de um óbvio ululante, mesmo sendo um mistério total até há pouco. A história de Arquimedes é típica? De muitas formas, sim.

Como Arquimedes, a maioria das pessoas tenta resolver problemas tendo tudo o que precisa para solucioná-los: experiência no assunto, conhecimento dessa e de outras situações similares e acesso a informações que vão além de seu campo de conhecimento (a um clique de distância). A maioria das tentativas falha pela incapacidade de reunir todas essas peças díspares de modo a conseguir formular uma solução coerente e relevante para o problema. Ao falhar nessas ligações escondidas, falhamos em ser criativos. Esse limite de percepção (a respeito de ligações não exploradas entre conhecimentos já existentes) foi na verdade o que bloqueou Arquimedes, e é o que freqüentemente bloqueia muitas outras pessoas desafiadas a resolver um problema. Em nossas tentativas de solucionar problemas criativamente, há uma espécie de cegueira. Não vemos as entrelinhas, as ligações entre atividades diferentes, não vemos relevância no que consideramos informações pouco concretas. Afinal, quem de nós teria feito a ligação entre a queda de uma maçã e a gravitação universal ou, como Arquimedes, entre o projeto de barcos e a mensuração de coroas? E aí, como sempre acontece quando testemunhamos a grande idéia de outra pessoa, o queixo cai e perguntamos "por que não pensei nisso antes?".

A razão para idéias parecerem tão irritantemente óbvias depois que ficam na nossa frente é que quase sempre possuímos o conhecimento e mesmo a experiência necessária para cercá-las, antes de elas aparecerem como que vindas do nada. É por isso que *insights* ou momentos-eureca parecem tão banais depois que os entendemos. Entretanto, como com Arquimedes, soluções criativas não surgem exatamente do nada. Em vez disso, são baseadas em conhecimentos existentes e também em aplicações de métodos-padrão de resolução de problemas.

Ao contrário do que diz o senso comum, atos repentinos de criatividade podem ter estrutura lógica. Quase sempre surgem no meio de campo criado por uma boa definição do problema, um conhecimento significativamente aprofundado no campo específico, e o acréscimo, acidental ou intencional, de informações de fora desse campo. Eis o truque. Sem experiência em um campo determinado, a informação acidental continuaria aleatória. Por exemplo, se Arquimedes não tivesse conhecimento sobre densidade, peso e construção de barcos, provavelmente nunca teria chegado à solução. Jamais teria vivido seu famoso momento-eureca. A sorte favorece mentes preparadas.

Um dos exemplos atuais mais típicos desse mal-entendido — de que, para a inovação, conhecimento prévio não é tão importante quanto quebrar regras — é o caso do onipresente bloco de lembretes da 3M, o Post-It Notes. A concepção desses pequenos adesivos é lendária (foi acidental), mas dar muita importância a isso prejudica o campo da inovação. Ao ouvir essa e outras histórias de criatividade acidental, você imagina: "Por que eu deveria me esforçar para a resolução do problema, já que as grandes idéias são fruto da sorte?" Eis o motivo. Embora existam inúmeros exemplos de invenções acidentais — Velcro, penicilina, marca-passo —, os precursores (eventos e conhecimentos) que fizeram essas idéias surgirem não foram aleatórios. Muito pelo contrário. Essas grandes idéias foram concebidas em ambientes controlados e por pessoas que estavam trabalhando em problemas relacionados a elas de alguma forma. Mesmo o próprio Art Fry, o famoso "inventor" do Post-It Notes, tentou desestimular o mito da invenção acidental: "Antes da viagem da descoberta de Yellowstone, Lewis e Clark levaram um ano se preparando para isso. Quanto mais você aprende, mais é capaz de ver".

Não conseguimos criar quando estamos cegos para algumas coisas (como ligações). Mas se você ficar concentrado no problema; aplicar seus conhecimentos específicos; e se dispuser a aceitar informações aparentemente irrelevantes como possivelmente úteis, você pode conseguir resolver problemas com mais freqüência, e ter momentos-ahá mais deliberadamente. A descrição é de Fry: "Você não pode prevê-los, mas pode fazer o trabalho que levará a eles". É por isso que permanecer concentrado no problema, fazendo o trabalho (mesmo no impasse) e se mantendo aberto a informações aparentemente irrelevantes é importante. Além disso, existem algumas evidências para sugerir que o ato de descansar (pensar sem pensar) também pode ajudar a facilitar *insights*. Além das pesquisas científicas, são muitas as histórias reais que provam a existência de ligações que acontecem sem ninguém planejar.

Uma dessas histórias vem de um cliente meu, um executivo trabalhando para uma grande cadeia de restaurantes, que me contou uma dessas histórias sem explicação. No final do ano anterior, durante uma reunião de estratégia de negócios realizada fora da empresa, ele e sua equipe fizeram uma lista dos problemas a resolver e de metas que esperavam realizar no ano seguinte. Entretanto, havia um pequeno empecilho: não havia orçamento para fazer coisa alguma. Mas ele não queria que isso engessasse a criatividade deles, então divulgou a lista mesmo assim, e cada time deixou a lista guardada em um canto, em suas respectivas áreas funcionais. Um ano após a reunião, a equipe desencavou a lista e descobriu que não havia um só item da lista que não tivesse encontrado um jeito de seguir seu próprio caminho. Todos ficaram surpresos. Tinham inovado sem sentir. Sem projeto formal ou orçamento estabelecido para qualquer dos itens, foi um sucesso de 100%. A equipe ficou surpresa, mas psicólogos cognitivos não ficariam. Eis o que provavelmente aconteceu.

Quando você escreve pendências, além de criar, claro, uma lista física, também cria uma lista mental. A lista mental (por exemplo, Arquimedes e a necessidade de medir um volume, o executivo da cadeia de restaurantes e seus problemas) tem mais chance de ser resolvida porque agora está na superfície da sua mente. É muito mais do que criar um lembrete de coisas a fazer. É um exercício cognitivo para ser conceitualmente mais criativo. Esse fenômeno é conhecido como *assimilação oportunista,* uma idéia derivada da escola Gestalt de psicologia. A assimilação oportunista funciona da seguinte forma: quando você chega a um impasse em uma tentativa de resolver um problema, esse problema é marcado (ou mantido em um estado de ativação mais elevada). Depois disso, qualquer informação encontrada durante o período de incubação, que é o tempo em que o problema está ativado, é então assimilada ao próprio problema. Em linguagem leiga, você tenta consciente e inconscientemente encaixar informações díspares, como as peças de um quebra-cabeça. Você pesquisa soluções. Arquimedes pesquisou o volume da mesma forma que a equipe da cadeia de restaurantes procurou resolver seus negócios. Por causa desse fenômeno, você se torna repentinamente brilhante quando, um dia, o que pode ser entendido como informação irrelevante (tomar um banho) se transforma em informação adequada para resolver um problema. E aí, eureca!

É importante observar aqui que é a própria pergunta em aberto o que facilita a assimilação. Ao manter e divulgar a lista de aspirações, os executivos do restaurante descobriram um modo de ser criativos sem estar com o pensamento ligado em inovar. Fazer coisas sem orçamento é realmente um ato de criatividade. Anotar não serve só para focalizar sua atenção em um problema, mas também ajuda a manter a mente aberta para futuras informações sensoriais, que podem não ser consideradas relevantes de primeira. Lembre do texto com letras embaralhadas. Nunca se sabe qual informação seu cérebro está usando.

Além de anotar coisas, outro método de estimular ligações é por meio do pensamento independente. Isso se baseia na evidência biológica de que os lóbulos frontais são as áreas do córtex mais importantes para a criatividade. Essa região do cérebro é amplamente responsável por modular a coativação de redes de informações não homogêneas, ajudando assim a formar ligações. Você pode exercitar essa área estimulando pensamentos independentes. Se você educa uma criança ou gerencia um funcionário, traduza isso como "deixe que ele descubra sozinho". A busca pela solução, incluindo seus diversos becos sem saída e impasses, exercita pensamentos divergentes, o que estimula a criatividade.

Acredito que a razão dessa necessidade de atenção com nossas ligações não-ortodoxas é uma obediência excessiva a Adam Smith. Fomos tão longe na questão da divisão de trabalho que arrisca haver retorno decrescente. Em seu trabalho seminal, *The Wealth of Nations* (1776), Smith dá um exemplo para ilustrar sua filosofia, com o processo de fazer alfinetes. Segundo ele, uma pessoa pode fazer um alfinete em um único dia. Mas se as dezoito etapas necessárias para fazer um alfinete forem divididas entre dez pessoas, juntas elas poderiam fazer 48 mil alfinetes em um único dia. Maior especialização resulta em maior produtividade.

Com números como esse, não é surpresa que antigas teorias econômicas fossem abandonadas à medida que a filosofia de Smith se tornava o padrão *de facto,* abrindo caminho para a economia clássica. Parabéns, Adam. Mas 250 anos depois, receio que tenhamos levado essa idéia um pouco longe demais. Estamos frente a um mar de detalhes, sob risco de perder a noção do geral. A especialização certamente tem benefícios, como maior eficiência, mas isso se dá ao custo do esgotamento de nossa capacidade criativa: a especialização elimina a polinização cruzada de idéias de um campo para outro. Especialistas são valiosos, mas tendem a ficar presos em uma única área de domínio. Como eu digo freqüentemente a meus clientes: se alguém se apresentar como especialista em inovação de determinada área de negócios ou indústria, corra! Não existe esse tipo de coisa.

Por definição, inovação atravessa fronteiras. A maioria das grandes idéias é uma descoberta não de especialistas que trabalham em uma única área, mas de generalistas trabalhando em várias áreas. Ou então seus autores são especialistas que conseguem levar idéias de um campo para outro. Veja a fábrica moderna, criação de Henry Ford. Ela foi o resultado de três idéias diferentes, vindas de três áreas diferentes: empacotamento de carne, exército e fabricação de cigarros. Ao longo das últimas décadas, uma especialização extrema difundiu-se entre indústrias e profissionais, aumentando a produtividade, mas à custa da criatividade.

Considere o campo da biologia. Quando Francis Crick e James Watson propuseram o primeiro modelo aceitável de estrutura de DNA, em seu artigo "The Molecular Structure of Nucleic Acids" (1953), a dupla e mais Maurice Wilkins não só ganharam o Prêmio Nobel (1962), mas iniciaram um campo totalmente novo dentro da biologia clássica: a biologia molecular. A biologia molecular tem sido, desde então, dividida em diversas subespecialidades, incluindo genética molecular, bioinformática e biologia computacional (sem falar das disciplinas relacionadas de biofísica, biologia do desenvolvimento, biologia evolucionária, genética populacional e filogenética). Mas todos tentam responder às mesmas duas perguntas: De onde viemos? Por que estamos aqui?

Em marketing, a história é parecida. O campo hoje é classificado em propaganda, marca e gestão de canal, comportamento de consumidor, gestão de relacionamento com o cliente, marketing de banco de dados, marketing direto, pesquisa de mercado, relações públicas, desenvolvimento de novos produtos, determinação de preços, gestão de vendas. E todo mundo na área de marketing ainda está tentando responder às mesmas duas perguntas: Onde encontramos novos clientes? Como fazer para que comprem da gente?

Então, qual é o espanto se a sociedade, como um todo, perdeu sua visão geral? Não somos mais generalistas explorando os limites da capacidade humana. Somos um grupo cada vez maior de especialistas correndo por um caminho cada vez mais estreito, na busca de um futuro. Certamente especialistas são valiosos. Por exemplo, prefiro um neurocirurgião abrindo minha cabeça, em vez do velho médico de família. Mas para estimular criatividade precisamos prestar atenção no todo, tanto quanto nos detalhes. Há duas maneiras de conseguir ser mais criativo nesse mundo de especialização.

A primeira tem a ver com química de equipe. Por exemplo, a importante empresa de consultoria de gerenciamento McKinsey & Company trabalha firmemente para equilibrar uma mistura de especialistas e generalistas, na esperança de conseguir sinergia entre pensamento vertical (especialista) e horizontal (generalista). É uma opção viável, mas complica tarefas práticas. Ainda que haja lógica na idéia de que uma equipe diversificada gera idéias diversificadas, há o desafio adicional da aceitação grupal. Digamos que um generalista da equipe apresente uma grande idéia. O especialista poderá desconstruí-la facilmente, aproveitando-se da falta de conhecimento específico do generalista (ou, mais provavelmente, da sua falta de desembaraço profissional). Assim, embora a totalidade de idéias possa de fato ser diversificada, as idéias finais implementadas não serão exatamente criativas. Mas é uma opção. Se for a sua, saiba que é necessário trabalhar muito para administrar as relações sociais do grupo.

A segunda opção é aprender a ter o pensamento flexível: pensar com abrangência e profundidade ao mesmo tempo, uma habilidade muito atraente quando se trata de trabalho criativo. Charles Darwin, por exemplo, foi um pensador flexível. Embora tenha passado décadas afundado em plumagens de pássaros, cracas e cruzamentos de animais, foi gênio o suficiente para emergir disso tudo e chegar a uma visão global: as espécies evoluem de uma origem em comum. Para sermos como Darwin — que estudou medicina, teologia e geologia —, precisamos aprender a nos tornar generalistas novamente:

pensar e viver mais abertamente, encorajar a curiosidade intelectual e consumir novos pensamentos da mesma forma que consumimos novas roupas. Então, por onde começamos? Pela escola — não a instituição, mas a etimologia.

A palavra *escola* tem origem no grego *scholé* ("tempo livre" ou "atividade séria sem a pressão da necessidade"). Na Grécia Antiga, a escola era um luxo proporcionado a filhos de comerciantes ricos, para que pudessem ler, contemplar e deleitar-se no conhecimento de diversas disciplinas. *Scholé* também se refere ao "tempo" em que era possível refletir sobre possibilidades diversas — não um pensar diferente, mas um pensar amplo. Como observou Aristóteles, a escola é "ausência de necessidade de estar ocupado". Não é "estar sem trabalho", é "ter tempo para pensar". Um luxo no mundo acelerado de hoje. A boa notícia é que temos a história a nos servir de guia para sabermos como as coisas aconteciam. Pensávamos de forma mais ampla porque vivíamos de forma mais ampla. Não é só na Grécia Antiga. O jeito como vivíamos no mundo ocidental há apenas dois séculos já é um contexto rico para aprendermos como viver mais criativamente hoje. E não, não estou me referindo à Revolução Industrial, mas a dezembro de 1783.

Dezembro de 1783 foi um mês agitado em termos de notícias: na Fraunces Tavern, em Manhattan, George Washington se despediu de seus oficiais porque a Revolução Americana tinha acabado; em Maryland, Thomas Jefferson escreveu a carta para George Rogers Clark perguntando do seu interesse em liderar uma expedição ao Oeste (Clark recusou, embora vinte anos depois seu irmão mais novo, William, tenha aceitado a oferta); na Itália, um terremoto na Calábria deixou cinqüenta mil mortos; e na Inglaterra, William Pitt, o Jovem, com 24 anos, assumiu seu posto como o primeiro-ministro mais jovem a servir a Inglaterra até aquele dia.

No meio desse turbilhão, quem iria prestar atenção a um clérigo de Berlim que iniciava um novo debate com uma pergunta aparentemente das mais inócuas: "O que é o Iluminismo?" Ele referia-se à filosofia que definiu o período de 1680 ao final do século XVIII. Johann Friedrich Zöllner anexou essa pergunta a um ensaio que escreveu para a edição de dezembro de 1783 da *Berlinische Monatschrifft* (Berlim Mensal), o principal jornal da Prússia da época. A magnitude da pergunta de Zöllner é ainda mais impressionante quando consideramos onde ela apareceu primeiro. Não estava no título, mas em uma nota de rodapé. Devido à sua diminuta aparição, é lícito supor que nem mesmo Zöllner sabia da sua importância. Se sabia, por que a disfarçou em letras miúdas?

Zöllner escreveu sua hoje famosa explicação em resposta a um ensaio não assinado, publicado no mesmo jornal. Seu autor, Johann Erich Beister, bibliotecário da Biblioteca Real de Berlim, dizia que os cidadãos deviam evitar que sacerdotes presidissem casamentos, pois isso podia passar a mensagem de que o contrato matrimonial era de alguma forma diferente dos outros, já que feito na presença de Deus. Os outros contratos, "feitos somente com homens, teriam portanto menos valor". A intenção de Beister não foi profanar a santidade do casamento, mas fazer com que todas as leis e contratos recebessem o mesmo respeito. Zöllner era clérigo, e ficou perturbado com esse comentário. Escreveu então sua carta ao editor (que por acaso era Beister). Na nota de rodapé, Zöllner escreveu: "O que é o Iluminismo? Essa pergunta, que é quase tão importante quanto perguntar o que é a verdade, deveria ser respondida antes de alguém começar a querer iluminar as coisas! E, no entanto, ainda não vi resposta!".

Em uma era de litígios religiosos, contestações científicas e divergências políticas, a breve pergunta de Zöllner produziu enorme quantidade de respostas. Dez anos após a sua publicação, *iluminismo* tinha 21 definições diferentes. No meio do coro, o filósofo alemão Immanuel Kant. Nas linhas iniciais de seu ensaio de dezembro de 1784, "Resposta à pergunta: O que é Iluminismo?", Kant escreveu: "O Iluminismo é o momento em que o homem emerge de sua imaturidade auto-infligida. Imaturidade é a incapacidade do homem de usar o próprio conhecimento sem a orientação de outra pessoa. Essa imaturidade é auto-infligida se sua causa não é a falta de conhecimento, mas a falta de vontade e coragem de usá-lo sem a orientação de alguém. Portanto, o lema do Iluminismo é: *Sapere aude!* 'Tenha coragem de usar o seu próprio conhecimento!'".

Superstição, tirania e, principalmente, dogma religioso foram os alvos do comentário de Kant sobre imaturidade. Como Kant, e em igual esforço para desligar a humanidade de seu passado sombrio, muitos intelectuais denunciaram a divindade de reis, impulsionaram as ciências físicas e sugeriram que a vida na Terra era tão ou mais importante quanto a eterna. Cura do corpo *versus* paraíso, essa mudança do divino para o científico marca o momento da história em que decidimos pensar por nós mesmos. Para simplificar, o Iluminismo foi uma época em que nos dedicamos a pensar sobre o pensamento. Aliás, foi a última época em que pensamos tão deliberadamente sobre o processo de pensar — até agora.

Tirando acadêmicos e inovadores ocasionais, o maior problema de hoje não é termos esquecido como pensar, mas não termos tempo para pensar, muito menos de pensar de forma diferente. Mesmo o homem mais rico do mundo, Bill Gates, reconhece que tempo para pensar se tornou um luxo. A "Semana para Pensar" de Gates, seu descanso anual em que lê sem parar e pensa profundamente sobre o futuro da tecnologia, longe da rotina diária de homem mais rico do mundo, já se tornou legendária. Como o tempo é uma espécie em extinção, o modo como você aproveita esses momentos roubados da vida se tornará cada vez mais importante se você quiser ser relevante. Mas antes de aprendermos essas importantes lições, e para colocar o Iluminismo em perspectiva, será útil entender os eventos que levaram a esse momento de reflexão da história, e o que se seguiu a isso.

O Iluminismo tem como precedente outra era de mudança cultural: a Renascença. A Renascença, particularmente a italiana, que durou do fim do século XIV até quase o fim do século XVI, pode facilmente requerer autoria de inúmeras inovações artísticas. Com os feitos fantásticos de Michelangelo, Niccolò Machiavelli e Leonardo da Vinci, ou a construção do Domo em Florença e da Basílica de São Pedro em Roma, a Renascença italiana permanece na dianteira da proliferação da arte. Por outro lado, com o Iluminismo, abrangendo o final do século XVIII até o começo do XIX, há uma quantidade constrangedora de invenções, o que resultará na Revolução Industrial.

Tão significativos quanto a Renascença e a Revolução Industrial — sem desmerecer o que elas nos trouxeram em arte e tecnologia — foram os cem anos que as separaram, e que nos permitiram ser tão criativamente prolíficos mesmo após a Revolução Industrial. Embora a Renascença tenha nos dado arte, e a Revolução Industrial tenha nos dado tecnologia, foi o Iluminismo que programou nossa mente para a inovação. O Iluminismo nos ensinou a pensar. Das idéias de Johann Wolfgang Goethe sobre evolução à economia de Adam Smith, passando pelo conceito de direitos inalienáveis de Thomas Jefferson — eis uma era de pensamento diferenciado. Foi o que estabeleceu as condições de um verdadeiro banquete de inovação a alimentar a Revolução Industrial, e nos mantém até hoje saciados na nossa era da informação. Se não tivéssemos rompido laços com o passado, não teríamos podido criar o futuro, não o teríamos visto chegar. É minha opinião.

Afinal, se só Deus sabe, então qual é a vantagem de ficar pensando? No Iluminismo todo mundo cultivava a criatividade conceitual. O que mudou, nos últimos duzentos anos, a ponto de ameaçar nossa capacidade criativa? E o que podemos aprender para responder ao enigma: O que provoca uma grande idéia? Há três diferenças fundamentais entre a vida durante o Iluminismo e a vida de hoje, e elas detêm o segredo de como podemos ser mais criativos conceitualmente: tínhamos mais tempo para pensar, não vivíamos de forma tão segmentada e nos comunicávamos de maneira mais efetiva. Vamos pensar em cada uma delas.

Primeiro, os pensadores iluministas tinham muito tempo para matar. Graças a uma crescente tolerância religiosa e ao fortalecimento dos métodos científicos, os europeus estavam livres para ir em busca de feitos intelectuais sem temer uma resposta da Igreja, como acontecia até então. Além disso, graças à conquista das Américas, idéias radicais e novas, como o capitalismo, começaram a fazer sentido em um contexto de globalização. Assim, quem propunha maneiras novas de pensar obtinha liberdade para tal.

As estrelas pop da época eram gigantes intelectuais como Adam Smith, Benjamin Franklin, David Hume, John Locke, Joseph

Priestley, Jean-Jacques Rousseau, Thomas Jefferson e o decano deles todos, Sir Isaac Newton. Tinham tempo suficiente para refletir, contemplar e analisar. Só para comparar, até mesmo a mais inovadora corporação de hoje gasta pouquíssimo tempo realmente pensando sobre problemas não resolvidos, necessidades não atendidas ou questionando que fatores trouxeram sucesso a categorias já existentes. Individualmente, também sofremos de falta de tempo. Por causa disso, focalizamos nossa atenção nas questões que nos parecem mais relevantes para nossas necessidades ou interesses imediatos. Afinal, quem vai pensar em plantar sementes com um incêndio em andamento? Por exemplo, pergunte a si mesmo: Quanto tempo você dedica à leitura de revistas que escapam à sua área de interesse imediato? Com que freqüência você visita eventos de um ramo industrial que não é o seu? Com que freqüência você ouve a opinião de quem não compra seus serviços ou produtos? Qual foi a última vez que você viajou para um lugar em que nunca tinha ido, ou provou uma comida desconhecida? Resumindo, qual foi a última vez que você fez algo pela primeira vez? Esse tipo de experiência é, muitas vezes, o que alimenta a inspiração criativa. Mas cada uma dessas coisas requer tempo. Um dos grandes desafios da criatividade de hoje é encontrar tempo para pensar. Assim, para melhorar sua criatividade, você primeiro tem de pensar a respeito de como você gerencia seu tempo.

Tempo é mesmo como dinheiro: cada um de nós tem sua maneira preferida de gastá-lo. O ponto é encontrar tempo para pensar. Na verdade, o aspecto mais revelador da pesquisa sobre uso do tempo feita pelo U.S. Bureau of Labor Statistics não são as respostas de como gastamos nosso tempo. É o fato de que, em 2003, no primeiro ano em que a pesquisa foi feita, a taxa total de respostas ficou em apenas 57%. E qual foi, adivinhe você, a razão dada pelos participantes para não completar as respostas? Eles não tinham tempo! É o primeiro desafio, arranjar tempo para pensar. O segundo desafio é descobrir como usar bem esse tempo recém-criado, dirigindo-o para a melhora da nossa criatividade. E, mais uma vez, temos muito a aprender com a história.

Durante o Iluminismo, não apenas as pessoas tinham mais tempo para pensar, mas gastavam esse tempo de maneira bem interessante. Por exemplo, nas escolas de hoje, os estudantes sofrem a maior pressão para "passar de ano" ou "fazer um curso" de matérias extracurriculares, para que, uma vez adultos, eles "fiquem ricos". Mas eles devem fazer isso dentro das mesmas vinte e quatro horas de todo mundo. Em troca da promessa de serem bem-sucedidos, têm pouco, se é que têm algum, tempo para pensar, devanear e sonhar acordados. Nem pensar em experimentar novidades (e sofrer a possibilidade de fracassar). Certamente não há tempo para isso. É verdade que os estudantes têm mais aulas, fazem mais trabalhos e, depois, ganham mais dinheiro do que as gerações precedentes. Mas o que dão em troca? As férias, esse conceito em extinção. Verões inteiros na praia é um defunto antigo, com atestado de óbito já passado. E as semaninhas de inverno há tempos que estão na UTI. Talvez o mais perturbador seja que, por causa da crescente especialização da indústria, os estudantes têm de decidir o que querem da vida muito cedo, para começar a aprender bem cedo sua especialização. Nosso horizonte é mais estreito hoje do que no passado, e nossos pensamentos também. Para abrir a cabeça, a vida precisava ser mais aberta. E, além disso, precisaríamos aceitar melhor os que vivem e pensam de forma aberta. Contrate amadores, em vez de profissionais: eles serão pensadores mais esclarecidos. Pense nisso: há algumas centenas de anos, o currículo de seu mais novo funcionário poderia ser assim: químico, biólogo e economista. E você não ia estranhar. Acusações como "esse aí não pára em emprego" não fariam parte das fofocas da firma, naquela época. Graças a experiências e interesses múltiplos, o ativista intelectual-empresário-diplomata do Iluminismo não precisava se esforçar para não ser quadrado, porque vivia sua vida em vários "quadrados" diferentes.

Vamos pensar no trabalho de um desses diletantes iluminados, o químico-financista-biólogo-economista Antoine Lavoisier (1743–1794). Na sua curta vida (morreu aos 51 anos), Lavoisier inventou a química, deu nome ao oxigênio e ao hidrogênio, introduziu o sistema métrico e inventou a primeira tabela periódica. E isso era apenas sua ocupação principal. Além disso, era o administrador de uma empresa privada de coleta de impostos e presidente do conselho de um banco. A vida dele não era estreita. Infelizmente, o destino quis que Lavoisier também tivesse interesses na política, e ele teve participação ativa no governo pré-revolucionário da França, o que lhe custou a cabeça. Apesar de ter perdido a cabeça na guilhotina, não se pode dizer que ela não era criativa.

Aí vem Benjamin Franklin (1706-1790): ativista, escritor, diplomata, inventor, filósofo, gráfico e editor e cientista. Hoje, provavelmente, ele seria criticado por não conseguir ter foco na carreira. "Aí, Ben, quando você vai tomar tento na vida!", diríamos. No entanto, pense no que conseguiu. Inventou os óculos bifocais, o pára-raios, pés-de-pato, um tipo de gaita e um tipo de forno. Publicou o *Poor Richard's Almanac*, promoveu a união das colônias norte-americanas, fundou o primeiro corpo de bombeiros e criou a primeira biblioteca que deixava os leitores levarem livros para casa. E se isso não fosse o suficiente, costurou um acordo com a França, ajudando a tornar possível a revolução norte-americana, e foi nomeado, pelo Congresso, Ministro dos Correios. Morreu como abolicionista. Falava fluentemente cinco línguas. E nos admiramos ao ver como ele não tinha a mente quadrada. A vida dele não era quadrada.

O único motivo de citarmos Lavoisier e Franklin como figuras à parte, gênios solitários nadando em um mar de mediocridade, é que temos em geral essa opinião de que uma pessoa precisa encontrar um foco de interesse e passar o resto da vida se dedicando a ele. Se você gosta de contabilidade, deve tentar saber tudo sobre contabilidade. Seja lá o que for — ouvimos sempre —, faça tudo, menos ficar pulando de galho em galho. Na nossa sociedade, que consideramos tão avançada, a linha que separa divagar e devagar é tênue. Gaste muito tempo assobiando por aí e você rapidamente será criticado pela maioria silenciosa. Mas, como está escrito na minha camiseta preferida da série "A Vida É Boa", "Nem Todo Mundo que Divaga É Vago". Quem disse que não podemos ter tudo?

Além de estreitarmos nossas mentes, temos grande predisposição a só ler o que reforça nossas opiniões e crenças, em política e em tudo o mais. Só vamos a feiras e eventos do ramo de indústria que é o nosso; só fazemos cursos que estejam dentro de nossa especialização ou campo de atuação. Não divagamos mais. E, de repente, vem a pergunta: "Puxa, por que não pensei nisso antes?". Apesar de, coletivamente, na história humana, nunca termos tido essa profundidade e amplidão de conhecimento, nosso esforço para obter excelência em temas determinados arrisca estreitar nossas mentes e prejudicar nossa criatividade coletiva. A continuar nesse caminho, mesmo que a especialização faça sociedades e organizações serem mais eficientes, acredito que, no longo prazo, vamos ver uma influência negativa na nossa capacidade de pensar criativamente, inovar de maneira contínua e, por fim, identificar soluções originais para problemas não resolvidos.

Mas aqui também temos a história como guia. O modo como vivemos nas décadas passadas é a chave para liberar nossa criatividade. Ao contrário dos teóricos de hoje, os grandes pensadores do Iluminismo eram empresários, filósofos e cientistas perenemente envolvidos em processos de novas descobertas. Mesmo quando tinham um conhecimento aprofundado em determinado campo, mantinham interesses variados fora dele. A IDEO descreve o que considera ser o funcionário perfeito: "Estamos procurando gente em forma de T". A forma do T é uma representação visual de uma pessoa que tem braços abertos para acolher conhecimentos variados e, ao mesmo tempo, profundidade de capacitação e experiência em algum campo específico. Na verdade, o pessoal na IDEO tem mais a forma de F ou, no máximo, de E (conhecimentos variados e razoável aprofundamento em apenas dois ou três campos). Inovadores vivem uma vida variada. Graças à maneira como gastam seu tempo, pensadores iluministas dos séculos XVIII ou XXI vêem os problemas de forma mais clara, identificam as causas-raiz com maior rapidez e criam soluções que são mais relevantes. Entre aspectos do comportamento dos pensadores iluministas está o fato de eles lerem qualquer coisa, se meterem em todo tipo de iniciativa comercial e terem participação ativa em causas sociais — conversando, portanto, com gente de toda a espécie. Tudo isso promove a criatividade conceitual.

Não é essa a nossa vida. Na verdade, segundo o American Time Use Survey, os norte-americanos gastam mais da metade do tempo dedicado ao lazer vendo televisão (2,6 horas por dia), e apenas 45 minutos por dia conversando com outras pessoas. Pior, essa conversa em geral não se dá em redes sociais tolerantes. Pelo contrário, são nichos de, por exemplo, colegas de trabalho, sócios de clubes que juntam gente de origem igual ou, se a "conversa" é midiatizada por meio de artigos e textos, escolhemos os que só reforçam nossos conhecimentos já adquiridos, em vez dos que poderiam abrir nossas cabeças para outras coisas. Apesar de serem relaxantes, essas atividades determinam um campo estreito de experiências, e nos arriscamos a extinguir nossa capacidade coletiva de criar. De formular novas combinações entre pedaços aparentemente não relacionados de informação, conhecimento e experiências. Devíamos nos obrigar a viver de forma mais ampla.

Uma luz no fim do túnel é uma comunidade empresarial chamada TED (Technology, Entertainment and Design). A razão de a conferência deles — realizada anualmente em Monterrey, Califórnia — ter se tornado imperdível para muitos líderes do mundo de hoje é que lá se oferece uma programação singular em matéria de abertura. A TED convida conferencistas das mais divergentes disciplinas e encoraja os participantes a ler no subtexto e achar ligações nem um pouco óbvias entre campos. Neuronautas conversam com astronautas, poetas com artistas pop, prêmios Nobel com empresários de capital de risco. É assim que a TED promove a ligação entre comunidades completamente divergentes. A TED é uma espécie de exemplar contemporâneo do que seria um café parisiense do século XIX: um lugar na esfera pública para desenvolver a fertilização de grandes idéias por meio de diálogo, debate e com cobertura da imprensa. Claro que temos milhares de cafés onde poderíamos fazer a mesma coisa, mas os cafés de hoje são completamente diferentes dos cafés antigos. Para começar, o café custava uma moedinha. Lá dentro tanta coisa acontecia e tinha tanta gente interessante que esses cafés eram chamados de universidade, Penny Universities (a universidades da moedinha).

Durante o Iluminismo, a comunicação se dava publicamente em instituições que incentivavam a discussão de grandes temas. Instituições que incluíam academias, salões, sociedades secretas e cafés. Elas tinham papel importante na formação da opinião pública, mas também na abertura de cabeça das pessoas, pois juntavam gente dos mais variados interesses, origens e filiação partidária. E as Penny Universities eram as mais interessantes delas.

Cafés surgiram pela primeira vez em Constantinopla (hoje Istambul), no século XVI, e chegaram na Europa (Veneza) por volta de 1645. O poder religioso local imediatamente acusou o café de ser uma bebida de infiéis, mas o papa Clemente VIII rejeitou as alegações, permitindo que o café se tornasse uma auto-indulgência aceitável entre os católicos. Nos estados germânicos também houve resistência, mas dessa vez por razões econômicas, e não teológicas. O café era importado, e por causa de sua imensa popularidade, havia o perigo potencial de provocar um déficit comercial significativo. Assim, monarcas alemães promoviam o chá de ervas, conseguindo manter o café sob controle em algumas regiões. Recepção fria também esperava o café entre os súditos do império britânico. Eles achavam que o café era "antiinglês" e puniam aqueles que solapavam dessa forma a tradição de dar vivas ao rei (só cerveja servia para isso). Aliás, o medo do café era tanto na Inglaterra, que havia distribuição pública de panfletos advertindo a população masculina que muito tempo gasto nos cafés provocava infertilidade. Apesar de todos esses esforços para impedir sua disseminação, os cafés rapidamente tomaram a Europa, invadindo a Inglaterra em 1650, a Alemanha em 1671, a França em 1672 e Viena em 1683. Na época em que a famosa pergunta de Zöllner apareceu na imprensa, havia quase mil cafés apenas na cidade de Paris. Mas por que os cafés eram temidos por alguns e amados por tantos?

Eram muito mais do que um lugar para beber alguma coisa. Diderot escreveu na sua *Encyclopedia*, publicada entre 1751 e 1772, que os cafés eram "fábricas de idéias, tanto as boas quanto as más". Mesmo que isso pareça familiar à nossa encarnação atual de cafés, os estabelecimentos eram na verdade bem diferentes. Os cafés eram muito freqüentados, e mais ainda enaltecidos. Escreviam-se canções sobre eles, e havia jornalistas de plantão, como se os cafés fossem porta de delegacias. Johann Sebastian Bach escreveu uma cantata laica em homenagem ao café em 1723, contando a história de uma garota que tinha se viciado em café e que havia decidido se livrar do hábito para poder casar. Mas ela recusa todos os pretendentes que a proíbem de beber café. No governo, a política do cafezinho nasceu e trouxe com ela os políticos que trocam de partido ao sabor das modas. Jornais foram lançados com uma única e enorme coluna: a das fofocas ouvidas nos cafés. Entre esses, o *Tattler* e o *Spectator* — e eis uma idéia que talvez interesse à Starbucks: esses jornais costumavam aceitar artigos e ensaios dos ratos de cafés, e, depois de publicados, os textos eram lidos alto entre eles. Idéias tinham seu ponto de ebulição nos cafés, tanto as que eram contra a monarquia quanto as que eram a favor. Então, todos usavam o mesmo veículo.

Tanto apelo tinha sua razão de ser. Primeiro, por uma moedinha de nada você ficava horas lá dentro sem que ninguém o obrigasse a consumir mais, como era o caso das cervejarias. Segundo, você se educava. E terceiro, os cafés eram o lugar de encontro ideal se você pertencia a uma sociedade secreta como a Royal Society of London, a Lunar Society of Birmingham, a Dilettante Society, o Hell Fire Club, o Ugly Club e a Wednesday Society. Nos anos 1770, o Club of Honest Whigs se reunia quintas à noite em um café de Londres. Seus membros incluíam Benjamin Franklin, Joseph Priestley, Richard Price e outros. Discutiam de tudo, desde teorias da eletricidade a lutas pela liberdade da Córsega. O valor agregado desses cafés, que os de hoje não têm, é que neles as pessoas não ficavam apenas perto umas das outras, elas se sentiam obrigadas a dizer algo inteligente, trocar idéias publicamente.

As sociedades secretas também ajudavam. Eram formadas em geral para discutir assuntos políticos, como censura a jornais, reforma legislativa e os privilégios da aristocracia. Seus membros também usavam as reuniões para testar suas idéias. Clérigos faziam prévias de sermões, editores mostravam pedaços de novas histórias e cientistas ficavam sabendo de novas teorias. Uma dessas sociedades, a Wednesday Society, que floresceu nos anos 1890, reunia um grupo poderosíssimo: os editores do *Berlinische Monatschrifft*, o mais importante periódico mensal de Berlim; os membros do departamento de justiça da Prússia encarregados da reforma do código penal; os médicos particulares de Frederico, o Grande; o tutor pedagógico do príncipe herdeiro; e membros da hierarquia religiosa da cidade. Essas sociedades eram mais do que grupos sociais e funcionavam sob estatutos severos. Primeiro, todos os membros só eram citados por números, não pelos seus nomes, para que a atenção geral se detivesse nos assuntos tratados, não no poder de quem os estava apresentando. Segundo, assuntos muito especializados eram proibidos: os temas deveriam sempre ser dirigidos ao interesse do "bem-estar da humanidade". Terceiro, antes que alguém pudesse fazer uma réplica, todos os outros deveriam falar primeiro. Isso permitia que todas as idéias fossem recebidas em um mesmo formato aberto, antes de se instaurar um debate. (Lembre como informações diferentes levam a ligações inovadoras. Pois isso era inerente nas regras das sociedades.)

Além das sociedades secretas, havia os maçons. Apesar de o movimento maçônico ter sido fundado no século XVII, na Inglaterra, por pedreiros, a guilda abriu sua sociedade para artesãos, aristocratas e até mesmo mulheres, uma idéia bem liberal para a época. Tal abertura era uma forma de se arranjar dinheiro para prestar serviços às famílias dos membros (lembre: necessidade e invenção).

Dê um salto para o futuro e teremos umas pálidas sombras de sociedades iluminadas, embora sem o prestígio que já tiveram. O mais perto que dá para chegar do que existia, hoje, é a universidade, mesmo que o papel da universidade esteja em plena transformação, em sua definição básica de local onde mora o conhecimento. Por exemplo, em 1970, se alguém perguntasse: "Quais são as pessoas com mais informação em todo o planeta?", você provavelmente pensaria em professores universitários, pesquisadores e um ou outro esforçado jornalista. Hoje, as pessoas com mais informação são os "filhos do milênio", aqueles que nasceram entre 1982 e 1993. Nos próximos dez anos, 80 milhões de *baby boomers* vão se aposentar e ser substituídos, como força de trabalho, por 75 milhões de "filhos do milênio". A sugestão é de Neil Howe e William Strauss no livro *Millennials Rising*: "A Geração do Milênio vai remodelar completamente a imagem que temos da juventude: de desinteressada e alienada, ela vai passar a ser enérgica e engajada, e isso trará conseqüências potencialmente sísmicas para a América".

Ao contrário dos seres humanos nascidos antes que a espécie adotasse, toda ela, o mesmo nome-do-meio — @ —, os filhos do milênio nunca sofreram as agruras de ter de ler, lembrar e organizar informações para fazer resumos de livros, apresentações em *bar mitzvahs* e discursos de padrinho de casamento. Nada na vida deles que se compare com as durezas e dificuldades das gerações anteriores. Para os filhos do milênio, o mundo inteiro está ao alcance de um clique de mouse. Por que memorizar alguma coisa quando existe o Google? O que lhes falta em sabedoria, sobra em informação. A única diferença entre a informação de 1970 e a de hoje é o lugar em que ela se aloja: em vez de ser na cabeça, os filhos do milênio preferem guardá-la na ponta dos dedos. Por que entupir os neurônios quando você dispõe de alguns terabytes na palma da mão? Bem, aqui vai um motivo.

Lembre de como o conhecimento armazenado na memória de longo prazo interage com novas experiências e informações aleatórias para criar condições para uma epifania. Os líderes da próxima geração vão, com certeza, ser capazes de navegar pela informação de forma mais rápida do que os das gerações anteriores. Mas aqui está a grande questão: Será que eles vão conseguir criar com a mesma presteza? Quando eu passeio pelo campus da universidade, sempre me impressiono com sua forma de comunicação. Tocadores de MP3 permanentemente enfiados nas orelhas, nariz grudado na tela dos celulares, através dos quais mandam mensagens de textos para amigos que eles nunca viram pessoalmente, eles, além disso, também andam e falam, tudo ao mesmo tempo. Os filhos do milênio não têm lembrança alguma de um tempo pré-computador, pré-celular ou pré-internet. Processamento paralelo e multitarefas são algumas das habilidades dessa geração, mas são mais do que isso, são um modo de vida. Mas o que me preocupa em relação a esses futuros líderes é a relação deles com o saber, a busca do saber. Minhas preocupações podem ser resumidas pela resposta que recebi uma vez de um estudante, quando perguntei qual era seu produto novo favorito: "Meu produto novo favorito é a Wikipedia (enciclopédia online feita por usuários)". Pedi que explicasse: "Porque você não precisa mais pensar". E o pior é que o resto da classe caiu na gargalhada, em concordância. Ficou claro que ele não era o único.

Hoje quem está mais ligado é quem tem mais informação. Mas isso não torna a pessoa mais criativa. Meu argumento é que eles, pelo contrário, estão arriscando perder de vez sua capacidade criativa ao não exercer as funções de memória e atenção. Por outro lado, com os avanços tecnológicos, essa geração também tem uma vantagem única por poder estudar o modo como pensamos. Há um interesse renovado em se pensar sobre como se pensa (com uma sutil diferença). Esses pensadores atuais continuam sendo filósofos, mas não têm mais esse título. Agora são chamados de neurocientistas cognitivos. Armados até os dentes (o que pode ser um perigo) com tecnologia avançada, em forma de sensores de pele, máquinas MRI funcionais e EEG, esses filósofos e psicólogos de hoje estão lançando novas luzes sobre a criatividade. O mais promissor é que suas descobertas apontam para a necessidade de perseverar na busca do conhecimento, exercitar a memória e, ao que parece, ainda não está na lista de recomendações o não ter mais que pensar. Se você quer criatividade, continue a exercitar sua memória, atenção e percepção, mesmo que nossa época traga a informação a um simples clique. Não desista de pensar, não ainda. Mantendo o mesmo clima do capítulo: leia muito, busque se relacionar com pessoas diferentes de você, vá a um evento a que você nunca foi e sobre o qual você nada sabe, ou entre em um curso sobre um assunto completamente irrelevante para seu trabalho. É fácil não ser quadrado se você não viver trancado dentro de uma caixa.

O que nos traz de volta aos quadrados (isto é, às convenções), em sua relação com o pensamento inspirado. No fim, quadrados podem ser mais úteis para a sua criatividade do que você imagina.

Com esse novo precursor dos momentos-eureca, vamos para o próximo capítulo.

Resumo e exercícios criativos

- Fazer ligações não-ortodoxas entre campos diferentes pode ser árduo do ponto de vista biológico, mas não é impossível. Fazer ligações é como respirar, é algo natural e, também como respirar, é algo sobre o qual você tem controle.
- Para aprender a fazer ligações não-ortodoxas, mantenha na cabeça os problemas não resolvidos, mesmo quando você não está preocupado em resolvê-los. À medida que você tem novas experiências, tente torná-las relevantes para a solução do seu problema.
- A crescente especialização (habilitação) pode melhorar a produtividade individual e do grupo, mas pode atrasar a criatividade. Gaste tanto tempo aprendendo coisas sobre as quais você nada sabe quanto com as coisas que você já sabe.
- Se você tira férias para descansar, tire férias também para pensar. Parece que foi isso que funcionou com o Bill Gates, que promove uma Think Week anual. De repente funciona com você também. Leve uns livros, revistas, artigos e outras informações que possam provocar inspiração e ajudar você a pensar sobre as coisas.

9

Em posições opostas
Convenções

Abbott e Costello. Dean Martin and Jerry Lewis. Beavis e Butthead. Há algo implicitamente engraçado com a justaposição de contrários. Eles nos fazem rir. Isso ocorre porque, quando juntos, os contrários nos obrigam a processar idéias não relacionadas como um único conceito. A união dos opostos funciona um pouco como a relação entre a construção e a frase final de uma piada: é engraçado. Por exemplo, pense na "melhor piada do mundo", vencedora de um concurso de piadas organizado por Richard Wiseman, na Universidade de Hertfordshire:

> Dois caçadores de Nova Jersey estão no meio da mata quando um deles cai no chão. Ele não parece estar respirando, os olhos vidrados. O outro pega o celular e chama o serviço emergência. Fala, quase sem ar, para a telefonista: "Meu amigo morreu! O que eu faço?".

Até aqui, não há humor nenhum. Na verdade, a história parece qualquer coisa, menos engraçada. Mas veja o que acontece quando acrescentamos a frase final:

> A telefonista, em tom calmo e pausado, diz: "Tenha calma. Vou ajudar você, mas, primeiro, vamos ter certeza de que ele mor-

reu". Há um silêncio, depois ouve-se um tiro. Ele volta, diz: "Pronto, e agora?"

Deliberadamente, a construção da piada manda sua mente em uma direção, e a frase final para outra, oposta. Quando a construção e a frase final da piada se encontram, é criado o humor.

A ciência atrás de uma boa piada vem com um fenômeno ainda mais revelador: depois de escutar a piada, seu humor não dura. Claro, pode ser engraçado contá-la outra vez (caso você consiga se lembrar dela), mas, se ouvi-la de novo, o humor estará perdido. Isso acontece porque você já fez a ligação e sabe o que está a caminho. A construção e a frase final da piada não são mais duas idéias opostas, mas, ao contrário, um todo coeso. Uma vez obtida a coesão, uma regra a respeito dela se instala em sua mente. É o lado ruim do aprendizado, no que concerne à criação de ligações não-ortodoxas — um precursor de *insights* criativos já discutido aqui. Depois que você fez a ligação, há o risco de ficar preso pelas suas leis. O que estava em aberto em sua mente, como uma pergunta não respondida, agora se encontra resolvido — seja a frase final de uma piada ou a solução apropriada para um problema. Portanto, você não tem mais curiosidade, pois já tem "a resposta". Isso explica por que é tão difícil imaginar um mundo sem carros, computadores ou fraldas descartáveis. O que pode ter sido uma idéia maluca, agora é um lugar-comum. O não-ortodoxo agora é convencional. O impossível se torna possível.

Com o tempo, à medida que você aprende novas coisas — piadas ou tarefas —, sua experiência cria convenções e crenças em sua mente a respeito de como as coisas funcionam. A dificuldade é que muitas vezes não temos consciência desses preconceitos que carregamos na mente. Por exemplo, veja se você pode resolver esse enigma: No ano passado foram registrados 20 casamentos de um único indivíduo, natural dos Estados Unidos. Todas as noivas estão vivas, não houve divórcio nem ilegalidade. Você provavelmente se faz a pergunta: "Como um homem pode se casar legalmente com 20 mulheres diferentes ao mesmo tempo?". E, com isso, sua tentativa de resolver o problema provoca respostas do tipo: *ele era um mórmon fundamentalista* ou qualquer outro raciocínio que permita contornar a noção de que é ilegal se casar com mais de uma mulher. No entanto, aqui é onde as convenções, essas idéias em que cremos profundamente, interferem na nossa capacidade de resolver problemas. A dificuldade em achar a resposta correta está baseada nas crenças pessoais sobre a palavra *casamento*. A palavra, na verdade, pode ser compreendida de duas maneiras: "se casar" e "cerimônia". Nesse caso, a resposta envolve essa segunda definição: o indivíduo da frase não é o noivo, e sim o padre.

Crenças podem ajudar ou atrapalhar o processo criativo. Como veremos no Capítulo 10, códigos criativos, heurística e regras de ouro podem ajudar a tornar a criatividade mais lógica e gerenciável, mas, se forem aplicados de forma incorreta, poderão prejudicar o *insight* criativo. Voltando à idéia de que, uma vez aprendendo algo, você terá dificuldade em esquecê-lo: se escutar outra vez o enigma sobre o padre, você vai lembrar invariavelmente da resposta correta, assim como lembraria da frase final de uma piada já conhecida. Sua crença sobre qual poderia ser a resposta correta pode ajudar, mas pode também, no caso da piada, eliminar a espontaneidade. Uma vez conhecida a frase final, o humor estará perdido. A questão com as crenças, quando se trata de resolver problemas, é que você as testa com qualquer assunto: como um novo produto deve ser, como eliminar a pobreza e até se você "fica bem com esses jeans". Há muitas crenças! E fica pior: mesmo que você consiga identificar e definir crenças prevalentes em determinada área (por exemplo, lembrar das duas definições da palavra *casamento*), isso não garante que você consiga fazer o mesmo em outras áreas. Quer dizer, temos crenças a respeito do significado da palavra *casamento*, e também quanto a várias outras palavras, pessoas, lugares etc.

Para ilustrar a complexidade e a natureza onipresente das crenças, tente esse novo enigma: "Um pai e filho estão em um automóvel e sofrem um acidente. O pai morre e o filho é levado às pressas para um hospital. O melhor profissional da especialidade é chamado para realizar uma operação delicada. Quando a operação é concluída com sucesso, essa pessoa olha para a cara do menino pela primeira vez e diz: Meu Deus, é meu filho!".

Se houver uma eventual dificuldade em resolver o enigma, isso não é "culpa" sua, mas sim de suas experiências de vida, que formam a base de seu sistema de crenças. E, porque se baseiam em experiências, as crenças tendem a ficar cada vez mais fortes. A resposta desse enigma é que "o melhor profissional" é uma mulher, mãe do menino. A palavra *profissional* pode estar mais associada a uma figura masculina, da mesma forma que *casamento* está associado a "se casar". A menção a um pai e seu filho, no início da construção do enigma, também ativa a associação com figuras masculinas. Essas associações poderosas se combinam para apresentar um preconceito inconsciente, o de que o profissional em questão deve ser um homem. Então, mesmo se você questionou com sucesso suas crenças em relação à palavra *casamento*, você pode ficar preso a outra palavra: *profissional*. Agora pense em como os preconceitos estão sujeitos a contextos e experiências. Por exemplo, no contexto da contemporaneidade, quando não é incomum crianças com ambos os pais de um mesmo sexo, e quando há ótimos profissionais da medicina do sexo feminino, o enigma da sala de cirurgia tem soluções mais fáceis. Mas no contexto dos anos 1970, quando havia poucas médicas (na verdade, nos Estados Unidos, o número de médicas se viu multiplicado por dez entre 1970 e 2001), a coisa muda.

Preconceitos, alimentados por experiência, cultura, sociedade e memória, ajudam a explicar por que pesquisadores e empresários muitas vezes são mais criativos em suas teorias e experimentos no início de suas carreiras. Não é apenas porque mantêm algum nível de idealismo em seu pensamento. É também porque não estão totalmente estabelecidos em seus caminhos. Lembre que Isaac Newton tinha só 23 anos quando a força universal da gravidade apareceu em sua mente. Albert Einstein tinha 28 quando teve sua famosa "experiência de pensamento"; e Bill Gates estava com 26 quando licenciou o sistema operacional QDOS à IBM. Bilionários nascidos na internet, biotecnologia ou fundos *hedge* não são exatamente uma novidade dos dias de hoje. Jovens sempre criaram o futuro. E em parte por sua inexperiência. Experiência produz convenções, e apesar de convenções poderem produzir sucesso, também podem atrapalhar sua próxima grande idéia. Além disso, sucesso é faca de dois gumes: depois que você realizou algo, sua vontade exploratória muitas vezes termina. Assim, seu sucesso pode frustrar sua criatividade. Afinal, você já sabe o que funciona, então por que ficar tentando coisas novas? Mais do que isso: lembre-se que, à medida que envelhecemos ou ganhamos mais experiência em determinado assunto, convenções se tornam mais difíceis de quebrar. Não podemos voltar o relógio para trás, mas podemos voltar atrás em nossas crenças e questionar as convenções. Talvez você lembre que eu, no início do livro, falei para você não desistir ainda de ser uma pessoa quadrada. Agora é hora de pensar no quadrado.

Convenções criam limites artificiais em nossa mente — e você fica quadrado. Se você aprender a identificar, questionar, torcer, virar pelo avesso e, portanto, reconstruir esse quadrado, poderá criar condições para pensamentos mais criativos. Uma das maneiras de questionar as convenções é aprender a pensar em posições opostas ao mesmo tempo. A dificuldade, particularmente para aqueles de nós que nasceram e cresceram no Ocidente, é que integrar opostos (com a exceção de advogados) não faz parte da nossa cultura. Na verdade, em certo grau, somos ensinados a pensar em absolutos: preto ou branco, esquerda ou direita, papel ou plástico. Qualquer coisa diferente de um pensamento categórico nos parece estrangeiro, ou histericamente engraçado.

Um pensamento que integre opostos é precursor de *insights* criativos, pois momentos-eureca freqüentemente vêm como resultado de uma mudança brusca na forma de processar informação. A mudança nos obriga a ver problemas e situações de forma diferente: a parte de trás na frente, de cabeça para baixo, do avesso. Pensar em termos opostos é uma habilidade cognitiva altamente desejável quando tentamos solucionar um problema ou criar uma nova idéia.

O estudo dos opostos é chamado de dialética. A idéia geral é que, ao estudar contradições, estaremos mais bem equipados para conseguir soluções criativas. No processo dialético você estabelece uma tese, desenvolve uma antítese contraditória e, então, combina as duas para chegar a uma síntese coerente. Eis um debate dialético: As pessoas gastam mais dinheiro porque estão infelizes? Ou as pessoas estão infelizes porque gastam mais dinheiro? Quem concorda com a primeira formulação — as pessoas gastam dinheiro para preencher um vazio — pode sugerir um *hobby* para resolver o problema, percebido como um vazio. Quem concorda com a segunda formulação — as pessoas estão infelizes porque estão falidas — pode sugerir um controle orçamentário para resolver o problema, percebido como irresponsabilidade financeira. As duas soluções são bem diferentes, e, além disso, nenhuma delas é assim tão criativa. E você continua falido e infeliz. Aqui é que o pensamento em opostos pode ajudar em uma solução criativa provavelmente superior às concebidas a partir de uma única perspectiva.

Examinando os dois lados da questão (integração de opostos), você chega a uma solução mais holística e preenche tanto o vazio emocional (o *hobby*) quanto a falta de controle (o orçamento). Ver ambos os lados, em vez de isso ou aquilo, é a premissa central do pensamento em opostos. E serve também para quebrar convenções. Neste exemplo, você provavelmente tinha uma opinião a respeito da causa-raiz do problema daquela pessoa. Para a maioria de nós, criados no Ocidente, viver é negociar: se você baixar impostos, vai haver corte em programas sociais; se aquilo faz bem para a saúde, só pode ter gosto ruim; e se parecer bom demais para ser verdade, é. No Ocidente, não encorajamos o meio termo (harmonia); em vez disso, somos a favor de "ter opiniões" (ou seja, tomar partido). Mas os que criam o futuro são aqueles capazes de introduzir idéias baseadas em ambos os lados (por exemplo, "é delicioso e também não tem gordura trans"). Eles — e não os que pensam em termos disso ou aquilo. Em vez de se ver como um peixe graúdo num lago pequeno, ou um peixinho miúdo num grande lago, escolha uma terceira via: existem peixes bem grandes vivendo em lagos enormes (sendo que esses são os que questionaram as convenções de suas áreas de atuação, ou os sucessores deles).

O pensamento em opostos tem sido motivo de debate acirrado há milhares de anos. Cerca de três mil anos atrás, mais ou menos na mesma época em que Arquimedes corria nu pelas ruas de Siracusa, o filósofo grego pré-socrático Heráclito — cujas idéias influenciaram gerações de líderes pensadores como Sócrates, Platão, Aristóteles, Nietzsche, Heidegger, Whitehead, Kant, Jung, Engels, Marx e até mesmo o presidente Mao Tsé-tung — disse que toda mudança vem por contradições. Heráclito chamava esse pensamento em opostos de "Vir a Ser", um processo contínuo de inter-relacionamento de opostos. Ele escreveu: "A oposição traz a concórdia. Da discórdia nasce a mais justa harmonia". E "Pela lei do cosmos, da mesma forma, o dia traz a noite; o inverno, o verão; a guerra, a paz; a fartura, a fome. Tudo muda". Platão e Aristóteles foram influenciados por Heráclito, mas essa influência se deu porque ambos discordavam dele. Platão acreditava que tudo tinha uma única definição, um só propósito, uma existência. Aristóteles anunciou, contra Heráclito, sua "lei da não-contradição". Já Sócrates usou a idéia de Heráclito no famoso método socrático, o de questionar ensinando, que você já deve ter ouvido falar. Fora da Grécia, havia muitos que se "opunham à idéia das oposições" (o que é uma formulação por si só bastante irônica). E violentamente. Entre eles, o filósofo medieval Avicena, que escreveu: "Qualquer um que negue a lei da não-contradição devia ser espancado e queimado até admitir que ser espancado não é a mesma coisa do que não ser espancado, e que ser queimado não é o mesmo do que não ser queimado".

Apesar de as idéias de Heráclito serem, na época, uma novidade para o mundo ocidental, a noção de opostos tem uma longa história no Oriente. Na Ásia, o yin e o yang têm origem no I Ching, há três mil anos, e nos ensinamento do mestre taoísta Lao Tsé, há 25 séculos. Para o taoísmo, a única constante real é a mudança, e "mudanças graduais criam subitamente novas formas". A idéia de opostos também está presente entre os astecas no México, os Lakotas da América do Norte, ou o povo Dogon de Mali, na África. Mas apesar de relevante em outras culturas, a teoria dos opostos não pegou no

Ocidente. Pode agradecer a Aristóteles nossa tradição de "ou uma coisa ou outra", a substituir o "uma coisa e outra".

Alguns acham que a derrota do pensamento em opostos no Ocidente acontece quando São Tomás adota a doutrina de Aristóteles fazendo da não-contradição a tese central da religião medieval. Outros dizem que, porque a filosofia ocidental deixou de reconhecer que o progresso vem por meio do conflito de forças opostas, não nos preparamos adequadamente para as mudanças sem precedentes que nos atropelaram no século XIX. Mas esse mesmo argumento também serve para o Oriente. A filosofia oriental reconhece a mudança como uma constante, mas a vê como cíclica, e não como um processo evolucionário. Assim, os avanços do século XIX foram perturbadores para o Oriente também. Afinal, o século XIX não foi apenas uma época de contradições a forçar mudanças evolucionárias, foi uma revolução. A Revolução Industrial mudou tudo, foi uma guinada radical, não tinha nada de cíclica. O engraçado é que, quando a Revolução Industrial começou, filósofos ocidentais (entre eles Kant e Hegel), como se fossem gurus de Wall Street em busca da mídia, passaram a achar que a dialética não era tão ruim assim e que devia ser "reconsiderada". Afinal, como explicar uma mudança tão dramática? Eles precisavam arranjar alguma filosofia sólida para a resposta.

Mas não vamos desperdiçar a dialética ficando só na filosofia. Sempre que você tropeçar em uma convenção arraigada, lembre que pensar em opostos é instrumento relevante na geração de *insights* criativos. E estamos falando de governo, indústria, organizações e de pessoas como eu e você. Na busca do *insight* criativo, pensar em opostos faz com que você se livre de convenções previamente formadas (crenças) sobre o que funciona e o que não funciona, o que é possível e o que não é, o que podia ser *versus* o que é. Para mostrar como convenções nos cegam, veja como o pensamento em opostos ajudou a gigante de produtos eletrônicos Sony a se livrar de umas crenças sobre os produtos que vendia.

Nos anos 1970, a Sony abandonou temporariamente um projeto muito importante, o desenvolvimento do CD, porque ninguém lá achava viável pôr 18 horas de música em um único objeto. De onde vem o número 18? De um CD de 12 polegadas, claro — a mesma forma e diâmetro do formato já existente, o disco *long-play*. A Philips, o gigante holandês de eletrônica, tinha um ponto de vista diferente, graças a seu questionamento das convenções sobre reprodução de músicas. No espírito de se reunir para discutir um padrão universal de áudio, a Philips mandou uma equipe ao Japão para uma reunião com os engenheiros da Sony. Sem saber que a Sony já havia interrompido o trabalho com o CD, os pesquisadores da Philips compartilharam seu protótipo de CD com a Sony. O protótipo da Philips era mais ou menos do tamanho de um CD de hoje, cerca de 5 polegadas. De onde a Philips pegou essa medida? Seus pesquisadores perguntaram ao maestro Herbert von Karajan que capacidade de disco ele achava apropriada. Sua resposta foi: "Se você não conseguir pôr a Nona de Beethoven em um lado, não é grande o suficiente". Cinco polegadas dava direitinho.

A Sony, como muitos candidatos a inovadores em busca do próximo momento-eureca, ficou presa pelo passado, que é o maior concorrente do futuro. E ficou presa não só no tempo como no espaço. Seus pesquisadores estavam atentos ao tamanho do produto (o espaço para encher) e, assim, não puderam ver o conceito do produto (o tempo desejado). Por isso, a Sony pensou: "Como calcular o preço de um CD com 18 horas de música, e quem vai querer uma coisa dessas?". Para a Sony, a história não fechava, e com isso o projeto foi suspenso. Um estalo (o protótipo da Philips, construído a partir do tempo, e não do espaço) e, de repente, o programa da Sony recuperou todo o seu vigor. A Sony teve sorte: a Philips, a essa altura, já pensava diferente a respeito de como um CD devia ser.

Não há uma razão específica de por que os engenheiros da Sony não conseguiram chegar a essa mesma conclusão sozinhos. Se tivessem questionado as convenções existentes sobre a gravação de LPs (convenções sobre tamanho: eles precisam ter 12 polegadas de diâmetro; convenções sobre conteúdo: você precisa encher todo o espaço disponível com música; convenções sobre espaço: os LPs precisam ter dois lados), talvez o conceito do CD aparecesse mais cedo. O que este caso também ilustra é como até mesmo pensamentos ou experiências ágeis fracassam dramaticamente se a percepção não for boa. Mas assim que os engenheiros da Sony viram o protótipo e sentiram o estalo do óbvio, o ponto de vista deles sobre a viabilidade comercial do CD mudou imediatamente. Nesse momento eles se livraram de suas crenças e, num instante, viram todas as possibilidades.

No seu livro de 1962, *The Structure of Scientific Revolutions*, o filósofo e historiador da ciência Thomas Kuhn desenvolveu a noção de que a ciência caminha de maneira não-linear, e que, portanto, todos os livros escolares de ciência escritos de forma linear estão errados. Ele argumenta que você não pode simplesmente acrescentar conhecimentos novos ao conhecimento que já existe, como se estivesse pondo fotos em um álbum de família. Em algum momento, tudo muda e novos livros precisam ser escritos.

Durante a história, os maiores saltos de progresso da humanidade aconteceram na seqüência de uma mudança brusca em algum campo determinado. Por exemplo, o telescópio do século XVII de Galileu, que iria mudar tanta coisa, foi um tapa na cara das teorias de Aristóteles sobre a natureza dos corpos celestes. Da mesma forma, a conceituação da Philips sobre os CDs contradisse a noção convencional de espaço de gravação, e favoreceu o tempo. Galileu e Philips questionaram convenções.

Cientificamente, o fenômeno que atrapalha o pensamento criativo é chamado de *fixação funcional* — um entrave cognitivo que limita a percepção de uma pessoa sobre a utilidade de um objeto, a partir do seu uso tradicional. Fixação funcional é uma barreira comum em criatividade, provocando tropeços legendários, como o do co-fundador da Digital Equipment Corporation, Ken Olsen, que declarou, em 1977: "Não há razão alguma para que uma pessoa tenha um computador dentro de casa". Para ser justo com Olsen, por volta de 1977, os computadores tinham o tamanho médio de metade de uma grande sala de jantar. Mesmo assim, ele estava fixado funcionalmente. O objeto de sua fixação era o computador que existia na época, um sistema grande usado por grandes corporações. Mas, ainda assim, o que Olsen não conseguiu ver — usos alternativos para o computador — foi aquilo que o incapacitou. Em retrospecto, o comentário dele parece ridículo, até mesmo engraçado. No entanto, na realidade, muitos de nós caímos na mesma armadilha todos os dias. Simplesmente não vemos o que está na nossa frente até conseguirmos nos libertar de nossa fixação. Todas as novas idéias são culpadas até prova em contrário. E o que acontece é que, quanto mais experiência uma pessoa tiver em um campo de trabalho, empresa ou ramo industrial, mais é possível que ela fique fixada nas soluções já disponíveis. No campo da criatividade, a fixação funcional é uma das primeiras barreiras da criação de novidades.

O conceito de fixação funcional foi percebido pela primeira vez pelos psicólogos da Gestalt, que enfatizavam o processamento holístico da informação, ou seja, que o todo é mais do que a soma das partes. A charada das duas cordas, de Maier, é sempre usada para ilustrar o que é fixação funcional. Nessa charada, o participante fica em um quarto com duas cordas amarradas no teto, as duas de igual comprimento. O objetivo é que ele amarre as pontas das duas cordas, uma na outra. O problema é que, embora as cordas sejam longas o suficiente para serem amarradas, elas são curtas demais para permitir que a pessoa agarre uma corda, vá até a outra, agarre essa outra e amarre as duas juntas (Figura 9.1). Dispersos pelo quarto há alguns objetos: uma bandeja, alguns livros, uma cadeira, um alicate, um fio de extensão elétrica e uma caixinha de fósforos.

Para resolver o problema, é preciso localizar sua causa-raiz. A causa-raiz pode ser vista como: a corda é muito curta; meus braços são muito curtos; a ponta da corda não fica parada onde eu quero que fique, enquanto vou lá pegar a outra ponta; a corda não vem sozinha até onde estou. Graças aos objetos espalhados pelo quarto, qualquer dessas hipóteses pode ter solução. Por exemplo, a extensão elétrica pode aumentar uma das cordas, ou outro objeto (a cadeira, por exemplo) pode ampliar o alcance das mãos etc. Quando o único objeto do quarto passa a ser um alicate, as soluções ficam mais limitadas. Cerca de 60% dos participantes fracassaram em achar uma solução no prazo máximo de dez minutos, porque viam os alicates apenas com o seu uso de ferramenta tradicional, não reconhecendo que poderiam usá-lo como um peso de pêndulo, balançando a ponta de uma das cordas e resolvendo, assim, a causa-raiz do tipo "a corda não vem sozinha até onde estou".

Figura 9.1. A charada das duas cordas

Fonte: De http://psy.ucsd.edu/~mckenzie/Problem%20Solving.pdf

A maioria de nós tem dificuldade em ver o alicate de outra forma que não a de ferramenta, porque foi assim que aprendemos a vê-lo. Por força de hábito, estamos fixados no fato de que sua função é a função de um alicate. Se ultrapassarmos essa fixação, poderemos ver seus outros usos: peso (peso de papel, de um pêndulo, como arma, como chumbo para vara de pescar), condutor de eletricidade (fusível emergencial, contato de bateria) etc. É muito importante vencer a fixação funcional, porque inovação significa justamente encontrar novos usos para um conhecimento já adquirido. Temos de tentar ultrapassar essa barreira, de que um determinado conhecimento serve para apenas uma coisa.

Há mais um *insight* disponível na charada das duas cordas. Lembre-se da dica da Philips para a Sony. A dica foi o protótipo compartilhado. E assim que os engenheiros da Sony o viram, perderam imediatamente sua fixação a respeito das 12 polegadas — 18 horas. Esse fenômeno também esteve presente na charada das duas cordas. Aqui, durante algumas sessões, o monitor dava a dica ao encostar "aparentemente por acaso" em uma das cordas, pondo-a em movimento — o que provocava nos participantes a idéia de que deviam dar um jeito de fazer as cordas balançarem. Essa dica pequena, mas relevante, quebrava a convenção de que alicates são apenas ferramentas. Podem ser pesos. Uma vez dada a dica, o desempenho na solução do problema melhorou. Aliás, com a dica, apenas 23% dos participantes continuaram empacados na solução do enigma.

Se a Sony de repente percebeu que precisava mudar de perspectiva e começar a pensar em opostos, Henry Ford fez a mesma coisa. Ele concebeu sua grande idéia a partir de um pensamento de trás para a frente. Lembre da transferência de conceitos que Ford fez ao levar uma linha de desmontagem (do boi) para uma linha de montagem (do carro). A pergunta é: Como ele apareceu com essa idéia? O que Ford não viu, o que não estava lá, foi o mais relevante para a epifania dele: ele não viu a linha de montagem — uma fila de coisas para serem juntadas. Viu só a idéia de filas como possibilidade de produção em massa. Ao visitar as processadoras de carne de Chicago, só havia "desmontagem". Não havia "montagem". Abatedouros não juntam bois, cortam-nos. William Klann, chefe do departamento de motores de Ford, lembra do que foi dito durante a pouco atraente visita à empacotadora da Swift, em Chicago: "Se eles matam porcos e vacas assim, podemos montar carros assim também". A grande idéia de Ford veio com um pensamento em opostos. Ahá!

É importante notar que esse tipo de pensamento de trás para a frente também pode explicar por que tantas pessoas criativas têm diagnóstico de dificuldade de aprendizado. Entre criativos famosos diagnosticados com dislexia e outras deficiências estão: Alexander Graham Bell, Richard Branson, Thomas Edison, Leonardo da Vinci, John Lennon, Charles Schwab, Ted Turner e outros. No campo dos negócios, poderíamos argumentar que disléxicos têm vantagens criativas, pois vêem o mundo de maneira diferente, algo que as empresas gastam muito dinheiro tentando obter. Henry Ford também era disléxico. Pode ser que sua dislexia tenha tido um papel no momento-eureca da introdução da linha de montagem na indústria automobilística. Mas antes, como Ford teve a idéia de visitar a Swift? O livro *The Jungle*, de Upton Sinclair, expunha vivamente a experiência sangrenta de um abatedouro da Swift em detalhes horripilantes. Foi publicado em 1906, apenas dois anos antes do início da produção em massa da Ford e do lançamento subseqüente do Modelo T, em 1908. Quem diria que um meme (termo cunhado pelo zoólogo e cientista evolucionário Richard Dawkins, em 1976, para descrever "uma unidade de informação cultural transferível de uma mente a outra") de Upton Sinclair iria acabar na mente de Henry Ford?

Sendo o pensamento em opostos um precursor freqüente de *insights* criativos, por que algumas pessoas parecem já nascer com uma predisposição para ele, enquanto outras têm tendência a ficar fixadas? É biológico? É comportamento aprendido? É algo que pode ser influenciado por experiências socioculturais? Provavelmente essas três coisas juntas. Depois de fazer muitas consultorias em inovação para corporações do mundo todo, acredito que a cultura tem papel significativo na maneira com que cada um lida com tarefas criativas. Por exemplo, diferenças entre Oriente e Ocidente em relação à criatividade podem ser observadas e rastreadas em heranças históricas diferentes, escolas filosóficas, valores sociais e até mesmo em estruturas familiares. Os japoneses, por exemplo.

A criatividade ocidental está baseada em liberdades individuais. Norte-americanos, em particular, admiram aventureiros de fronteira, pessoas que vivem no limite, que assumem riscos. A criatividade japonesa é baseada na harmonia. Há um ideal japonês de *i ko* ("bom menino"). Os adjetivos normalmente usados para descrever um *i ko* são *otonashii* ("brando"), *sunao* ("obediente"), *akarui* ("de olhos brilhando"), *genki* ("bem-humorado"), *hakihaki* ("sempre alerta") e *oriko* ("esperto"). Na China, há um conceito similar, *xiao* ("devoção filial"). O *xiao* é ensinado a crianças pequenas, mas espera-se que seja exercido também por filhos adultos de pais idosos. *Xiao* enfatiza o apoio financeiro, a produção de netos e a preservação do nome da família. No Japão e na China, você será mais bem visto se for "um bom menino" em vez de "um rapaz ocidentalizado". Em relação a metas e objetivos, ocidentais preferem pouco controle e pepinos cabeludíssimos, o que lhes dá grande liberdade pessoal, enquanto japoneses preferem metas que antecedem outras e mais outras, o que promove conformidade e evita constrangimento público. Isso vem da filosofia Zen, na qual o único alvo verdadeiro é a iluminação pessoal, e soluções concretas são vistas como algo meio decadente. Aliás, o termo ocidental eureca, ligado a descobertas científicas, tem um correspondente no Japão com o *satori*, que significa "iluminação pessoal".

No Ocidente, tentamos sobressair da massa. A criatividade espontânea é encorajada. No Japão, autores de idéias originais são quase sempre ignorados pelo grupo, não inspiram confiança, são mesmo ironizados. Apesar de a intuição, baseada na meditação zen, ter papel importante no processo criativo japonês, correr nu depois de uma inspiração seria visto por lá com grande reserva. No Ocidente, o caminho mais curto é a linha reta. No Japão é o círculo — um ir e vir infinito entre o passado, o presente e o futuro. A diferença fica patente entre filósofos de criatividade de uma e de outra origem. No Ocidente tem o certo e o errado, e haverá sempre uma maneira certa de se fazer qualquer coisa. Ocidentais são objetivos. O Japão é uma sociedade de lentes multifocais: tudo sempre pode ser visto de várias perspectivas. Japoneses acreditam em totalidades: quanto mais perspectivas houver a respeito de um problema, melhor será a solução. Na verdade, antes da ocidentalização do país, não havia uma palavra para *objetividade* na língua japonesa. Depois, acabaram cunhando novas palavras para conceitualizar o pensamento ocidental: objetividade virou *kyakkanteki* ("o ponto de vista do visitante") e subjetividade é *shukanteki* ("o ponto de vista do dono da casa"). Essas diferenças em filosofia, virtudes e valores não afetam de forma dramática apenas a criatividade. Afetam como percebemos o mundo. Impressionado com isso, o psicólogo Richard Nisbett, da Universidade de Michigan, formou uma equipe internacional para estudar diferenças cognitivas entre ocidentais e orientais. Em uma experiência, Nisbett pediu a japoneses da Universidade de Kyoto e norte-americanos da Universidade de Michigan que vissem uma cena submarina de desenho animado (Figura 9.2) e depois a relatassem. Os norte-americanos deram grande importância aos peixes maiores e mais coloridos, e os japoneses falaram 70% a mais sobre o que havia no fundo: plantas, pedras, uma cobrinha, o sapinho, as bolhas de ar etc. (veja Figuras 9.3 e 9.4).

Figura 9.2. Cena submarina de desenho animado exibida a norte-americanos e japoneses

Fonte: Richard Nisbett, *The Geography of Thought: How Asians and Westerners Think Differently... and Why* (Nova York: Free Press, 2003).

Figura 9.3. Relato dos japoneses sobre: cenário original, nenhum cenário e novo cenário

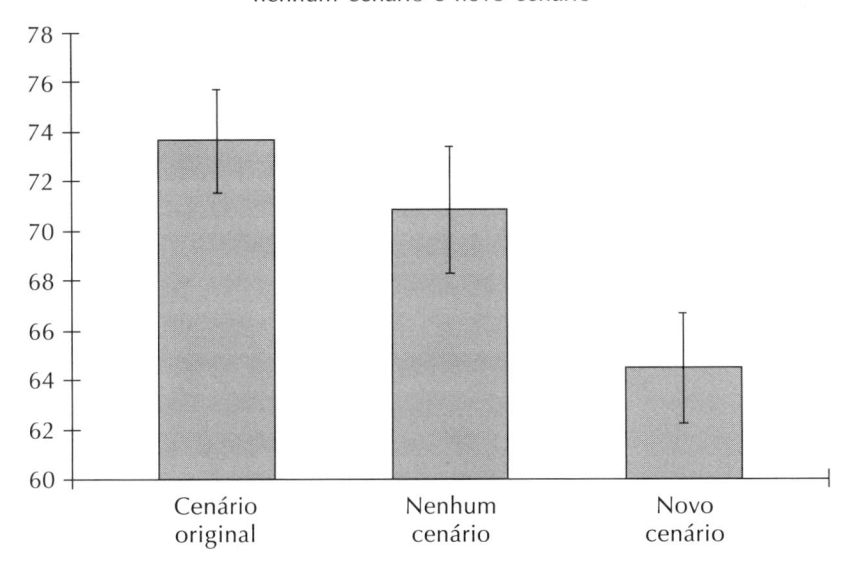

Fonte: Nisbett, *The Geography of Thought*.

Figura 9.4. Relato dos norte-americanos sobre: cenário original, nenhum cenário e novo cenário

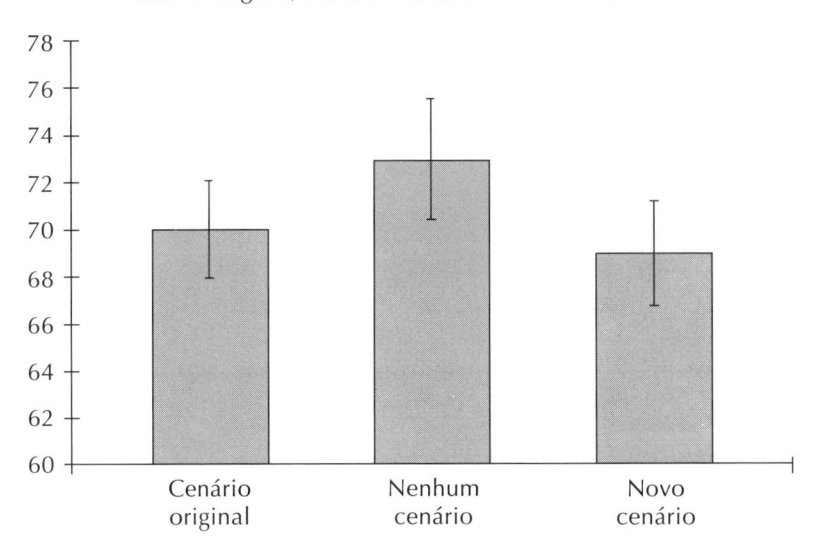

Fonte: Nisbett, *The Geography of Thought*.

Figura 9.5. Quais dessas duas figuras combinam?

Fonte: Nisbett, *The Geography of Thought*.

Em outra experiência, os participantes viam a figura de uma vaca (Figura 9.5) e deviam ligá-la a uma galinha ou a um capim. (Tente você também: qual é o par da vaca?) Ocidentais ligam a vaca à galinha (objetos classificáveis) e orientais ao capim (campos semânticos).

As descobertas de Nisbett sublinham a natureza do pensamento oriental, que vê objetos em contexto, enquanto orientais se fixam em categorias. É como acompanhar filosofias, valores e culturas do Ocidente e do Oriente. No Oriente, indivíduos vivem em redes de relações complexas; já os ocidentais têm um foco grande no eu e em objetivos individuais.

Como essas e outras descobertas sugerem, o mundo pode ter linhas retas economicamente, mas culturalmente não há nada reto.

Pensamos de forma diferente por causa do modo como vivemos, a que coisas damos valor e a quem admiramos. Se são diferenças genéticas ou aprendidas ainda está em discussão. Eis o ponto de vista de Nisbett: "Com certeza não sou um essencialista que pensa em diferenças genéticas... e não sou um essencialista que acha que as coisas não mudam. Não sei quando essas diferenças se tornam incrustadas, e não sei quão fixadas elas estão nessa incrustação". Mas as descobertas de Nisbett podem gerar controvérsia em alguns círculos. Segundo ele, "o universalismo é uma espécie de religião. Para mim, não se tratava apenas de uma convicção profunda, era mesmo quase uma religião, isso de pensar que todos somos iguais. Mas se somos diferentes, precisamos saber disso. Senão, iremos atribuir as diferenças ao fato de eu achar o outro um idiota, ou de ele pertencer a algum grupo que considero inferior etc."

Então, a pergunta é: Quem está certo quando se trata de criatividade? É melhor pensar como um ocidental ou como um oriental? É aqui que o quebra-cabeça se torna mais complicado. Olhar apenas o processo cognitivo, sem seu contexto social, pode ser insuficiente. Por exemplo, pode-se dizer que o viés cognitivo oriental tem uma estrutura pró-criatividade, já que considera a informação a partir do campo semântico (quer dizer, dentro de um contexto); e que o viés cognitivo ocidental tende a se fixar em categorizações, o que limita as ligações não-ortodoxas e reforça convenções e crenças anticriatividade. Mas o que falta aos ocidentais em termos de campo semântico é compensado por entusiasmo, paixão e zelo empresarial para fazer as idéias acontecerem. E o que falta aos orientais em termos de aceitação social de inovações é compensado pela vontade de considerar perspectivas múltiplas. Se somarmos idealismo ocidental com holismo oriental teremos a combinação perfeita para inspiração e produção criativa, para a tradução de idéias em produtos e serviços tangíveis.

Na busca da grande idéia, o maior obstáculo da criatividade e do *insight* pode estar vinculado ao ponto de vista e às crenças a respeito do que é possível. Para afastar esse obstáculo à inovação, é importante fazer o diagnóstico certo. Por causa de sua predisposição em pensar de forma categórica, ocidentais precisarão se libertar das definições convencionais e míopes sobre a utilidade das coisas (por exemplo, o martelo faz mais do que pôr um prego na parede). No contexto de negócios, isso inclui questionar quem são de fato seus concorrentes — há o grupo óbvio e talvez outros, não tão convencionais. Por exemplo, o software de contabilidade Quicken inclui na sua lista de concorrência não apenas os contadores pessoas físicas, mas também o canhoto do cheque do cidadão comum e o lápis. Pense que produtos você vende de fato, ou, ainda, o que as pessoas estão realmente comprando — e por quê. Por exemplo, a Disney vende por um preço exagerado uma entrada para algo que não é mais do que um parque de diversões incrementado ou está vendendo um rito de passagem? Em que ramo industrial você está competindo de fato? Como você o define? Por exemplo, o McDonald's acha que é "restaurante de serviços rápidos", seus clientes acham que é *"fast-food"*.

A divergência entre a auto-definição e a definição dada pelos outros pode prejudicar a criatividade, pois estaremos tendo uma percepção de nós mesmos como oferecendo algo diferente do que as pessoas estão comprando. Em casos assim, ocidentais tendem a fazer definições muito estreitas, ou agrupar as coisas de forma incorreta. Ignoram, também, concorrentes não-óbvios, que parecem não pertencer à mesma categoria. Assim, ocidentais precisam questionar mais as convenções, explorando pontos de vista opostos. E orientais, predispostos por natureza a considerar opostos, precisam trabalhar para obter redes sociais tolerantes, e mais valor político e pessoal para obter a confiança necessária para compartilhar seus pontos de vista singulares. Ou seja, aprender a se sobressair da massa. Às vezes, escutamos que orientais não são criativos. Não são visivelmente criativos, apenas. Talvez precisem receber mais estímulos e oportunidades para poder falar algo diferente sem temer ouvir risadas pela sala. Manter a dignidade é uma total necessidade para eles, mas mesmo isso vem sendo aos poucos questionado.

No Japão, *soozoo* ("criatividade") se tornou uma espécie de mantra nacional. Os japoneses estão aprendendo a gerenciar essa tensão entre novidade e dignidade por meio do que eles chamam de círculos criativos: equipes de cinco pessoas voltadas a desenvolvimento de produtos, com a função de produzir a próxima grande idéia. O desafio, no entanto, é o Japão não ter tradição em inovação. Claro que você conhece marcas japonesas como a Sony. Mas o país, historicamente, obteve suas idéias da China, da Coréia e da Índia e, nos últimos cem anos, também dos Estados Unidos e da Europa. Como acontecia com os italianos do século XIX, que tinham grande reverência pela arte da representação perfeita, os japoneses também têm uma longa história de admiração pela imitação. Os círculos criativos têm a incumbência de tentar mudar essa maneira de pensar. Ao reconhecer que não podem continuar a copiar o que outras pessoas inventam no resto do mundo, os japoneses, em seus círculos criativos, pararam de discutir como copiar idéias já criadas. Discutem problemas que vêem nos produtos já existentes, e fazem *brainstorms* para obter novas idéias. Até mesmo porque copiar sem ninguém notar ficou mais complicado com a redução de barreiras alfandegárias, o aumento do turismo e das viagens internacionais, o acesso de produtos via internet etc. Para gerenciar conflitos referentes à criatividade, líderes empresariais japoneses estão encorajando a auto-confiança em suas equipes, para que apresentem novas idéias. E fazem isso copiando um dos dogmas da bíblia empresarial norte-americana: eles nomeiam líderes de equipe. Esses líderes são, tipicamente, cientistas renomados com controle sobre seus próprios orçamentos e autonomia para recrutar membros da equipe. Então, a pergunta continua: quem é mais criativo: os pensadores orientais ou os ocidentais? Resposta: nenhum dos dois.

Tanto ocidentais quanto orientais têm capacidade de criar. A diferença é que, enquanto ocidentais questionam convenções publicamente, orientais sempre encontram uma maneira de fazer isso sem exposição pública. As cartas que os ocidentais têm na mão — sua disposição de assumir riscos relativos — são compensadas pela capacidade oriental, a melhor do mundo, em aperfeiçoar idéias novas. Na busca da inovação, ambos os perfis são necessários para a vitória.

Depois desses *insights* sobre como são diferentes os pensamentos oriental e ocidental, voltemos àquela histórica reunião da Philips e da Sony sobre o CD. Iam mudar o mundo, e o viam de forma tão diferente uns dos outros. Talvez agora tenha ficado mais claro por que novatos têm tantas vezes uma facilidade muito maior para questionar convenções na busca por novas idéias. Eles não estão presos no passado ou fixados no presente. Simplesmente procuram uma forma melhor de resolver um problema.

Viaje no tempo por algumas décadas, depois daquela reunião da Philips e da Sony, e lembre que foi um fabricante de computadores com nome de fruta (e não uma empresa de produtos eletrônicos) quem mais uma vez questionou as convenções e criou o passo seguinte no ramo da música. Mas se a história servir de exemplo, já sabemos que não será a Apple a criar a terceira revolução da indústria musical. O futuro favorece quem está por fora. Eu não ficaria surpreso se a nova mudança radical da reprodução sonora vier de alguém tão improvável quanto um editor de revistas ou uma empresa de telecomunicações. Afinal, quem compreende administração de assinantes, mídia e lazer melhor do que esses caras? Claro, estou aqui partindo do pressuposto de que eles estejam minimamente atentos às possibilidades latentes tanto quanto estão aos produtos que vendem, o que é sem dúvida muito otimismo da minha parte. Além de ser uma convenção em si mesma.

A história continua a nos ensinar sem parar, e o maior concorrente na criação de um futuro desejável é um passado confortável. O passado, tanto em seus sucessos quanto em seus fracassos, produz convenções e crenças a respeito do que funciona e do que não funciona, do que tem valor, do que não tem, do que é sagrado e do que deve ser mudado. Se esse passado obteve suas informações por aquisições culturais ou por sucessos anteriores, tanto faz. O ponto é que para criar um futuro é preciso saber reconhecer quando, por que e como as convenções podem ajudar ou prejudicar *insights* criativos. Uma sugestão: vire de cabeça para baixo tudo o que você sabe, sacuda com força e, se sair alguma coisa, aposte nela. Um cliente meu, bem-sucedido empresário, uma vez me disse: "Tendências são enganosas. As grandes idéias estão sempre no contrafluxo".

Depois de discutir os quatro mais freqüentes precursores do momento-eureca — curiosidade, limites, ligações e convenções — chegamos no prêmio máximo do *Enigma*: o código criativo. O código criativo junta esses precursores tão díspares e, ao fazer isso, se torna um método pelo qual você poderá gerenciar de maneira deliberada e organizada o caos da criatividade.

Resumo e exercícios criativos

- Convenções são crenças que mantemos normalmente sobre a maneira como as coisas funcionam. Procure questioná-las para provocar novas idéias.
- Dialética é o estudo de opostos. Momentos-ahá muitas vezes aparecem quando consideramos o problema de trás para diante.
- Heurística e regras de ouro estão cheias de hipóteses que podem ter relevância histórica, mas prejudicam a inovação. Para questionar convenções, escreva as regras de ouro aplicáveis a seu problema. E tente questionar cada uma delas pensando em qual seria o seu oposto.
- A criatividade é influenciada pelo contexto cultural de cada um de nós. Os do Oriente tendem a considerar mais o campo semântico: analisam um amplo leque de informações quando solucionam um problema. Os do ocidente tendem a se orientar por metas, focalizam alvos específicos para problemas específicos. Enquanto orientais precisam de um esforço para conseguir assumir riscos (o que ocidentais fazem sem problemas), ocidentais precisam se esforçar para pensar de forma mais abrangente (o que muitos orientais fazem naturalmente). Nenhuma das duas maneiras de pensar é superior à outra. Ambas são necessárias para uma inovação ser bem-sucedida.

10

Um súbito brilhantismo

O que há em comum entre mestres de xadrez, um seriado de televisão dos anos 1960, o *Gilligan's Island*, teatro de improviso e o empresário serial Stelios Haji-Ioannou? Códigos. Códigos de criatividade são estruturas nas quais inovadores geram novas idéias (de preferência, idéias que funcionem). Como você já deve ter notado a essa altura, o *insight* criativo não é necessariamente resultado de eventos aleatórios. Porque sabem identificar limites, fazem ligações não-ortodoxas e questionam as convenções, os inovadores, com o tempo, acabam desenvolvendo uma habilidade quase automática de geração de idéias. Para isso, usam estruturas criativas de interpretação do mundo à sua volta. Usam códigos.

Códigos criativos aparecem após anos de experiência trabalhando, com ou sem sucesso, em um determinado campo. É o material do qual é feita a intuição, ou instinto. Provavelmente você já usou seu próprio código criativo no trabalho. Alguma idéia sua já caiu como uma luva? Você podia até não saber por que a idéia era boa, mas sabia que ia funcionar. Provavelmente sabia disso porque a idéia se enquadrava no seu código criativo, se ajustava à estrutura que você já havia usado várias vezes em soluções de problemas no passado, consciente ou inconscientemente. Assim, a nova idéia, por mais louca que parecesse, fazia sentido para você. Como se você já a tivesse visto antes em algum lugar.

Quando você está ligado em alguma coisa, passa a ver aquilo sem parar. Por exemplo, minha mulher e eu compramos recentemente uma minivan Honda e, de repente, tudo que havia nas ruas eram minivans. Por que? *Convergência do relevante.* Quando minivans se tornam relevantes em nossa vida, prestamos atenção nelas. Esse fenômeno está relacionado com a heurística em tomadas de decisão. Regras de ouro nascem da experiência de tomar decisões, as boas ou mesmo as más.

Códigos criativos funcionam mais ou menos da mesma forma. Nascem da consciência do que funciona para inspirar você, e de um sentimento a respeito do que é relevante para o público que você quer atingir (um bando de crianças, os clientes da firma, flamenguistas, um time de vôlei de praia, seus alunos). Aliás, você deve estar agindo a partir de um código criativo neste exato momento, e você o desenvolveu em anos de experiência. É importante, contudo, saber a diferença entre fixação e código criativo. Ambos são fruto da experiência, mas códigos criativos são avessos a objetos específicos. Em outras palavras, não se fixam em alguma coisa em particular, ou na utilidade de alguma coisa, não acham que martelos existam só para pôr pregos em paredes. Ao contrário, têm seu foco em capacidades: tudo que se pode fazer com um martelo. Vamos voltar à diferença entre fixação e código criativo com mais detalhes ainda neste capítulo. Mas, enquanto isso, saiba que a experiência pode afetar a criatividade de duas maneiras: (1) levando você a uma fixação (um obstáculo à criatividade); e (2) ajudando no desenvolvimento de um código criativo (uma estrutura para gerenciar a criatividade). Em ambos os casos, a experiência estará por lá. Livros sobre criatividade às vezes se referem à "regra dos dez anos". É preciso no mínimo dez anos de experiência para dominar um campo de conhecimento, e depois poder fazer contribuições verdadeiramente fantásticas, do tipo obra de arte. E isso vale para tudo, desde tocar violoncelo a jogar golfe. Embora seja verdade no quesito conhecimento, quando se trata de criatividade conceitual, a coisa não funciona mais da mesma forma. Há muitos novatos em uma categoria ou ramo industrial que mudam completamente as regras do jogo, ou fazem a descoberta da vida deles com pouca ou nenhuma experiência específica.

Veja o caso de Roger Bacon. Os cientistas riram na cara dele quando sugeriu que se podia corrigir defeitos de refração dos olhos humanos. Mas esse monge franciscano do século XIII não ligou e acabou inventando os óculos. Lembre de Trevor Baylis, o dublê de cenas embaixo d'água que inventou o rádio de corda. Mas o maior tributo às contribuições criativas de novatos talvez seja o importantíssimo *A origem das espécies*, um livro escrito não por um biólogo, mas por seu oposto: Charles Darwin era pastor religioso. O impressionante no caso de Darwin é que suas observações científicas, a bordo do Beagle e nas ilhas Galápagos, entravam em contradição direta com suas crenças religiosas. Não apenas Darwin era novato em biologia — mesmo que depois tenha dedicado toda sua vida a ela —, mas era contrário à qualquer coisa que atacasse a teoria do criacionismo religioso. Por aí se imagina como as evidências devem ter sido convincentes. Darwin gastou anos de sua vida analisando e estudando o que via, antes de chegar à sua grande idéia. Alfred Wallace, o co-descobridor da seleção natural, chegou à sua idéia durante um ataque de malária. Mas é preciso examinar a epifania acamada de Wallace mais de perto. Ele tinha um bom currículo de pesquisas em variações naturais, especificamente na vida selvagem da América do Sul e da Ásia, e chegou a fornecer espécimes de aves para Darwin fazer os estudos dele. Talvez a maior vantagem de Wallace tenha sido mesmo a malária e o tempo em que ficou na cama sem pensar sobre as pesquisas (ou pensando em nível inconsciente). Por fim, Wallace e Darwin se entenderam e, em 1858, Wallace mandou a Darwin sua teoria, para que Darwin o ajudasse a publicá-la, e ela era praticamente igual às idéias que Darwin havia desenvolvido durante longuíssimos anos.

Apesar de a regra dos dez anos ser certamente relevante na aquisição de maestria ou mesmo para fazer descobertas científicas, a coisa muda completamente quando o assunto é criar soluções novas e relevantes para problemas já existentes. É simples: existe uma diferença entre habilidade/conhecimento e imaginação. Por exemplo, jogar xadrez (uma habilidade e um conhecimento) e criar novos produtos (imaginação aplicada) envolvem inspiração criativa. Mas nascem de maneiras diferentes de pensar. Para dominar uma habilidade como o jogo de xadrez, é preciso haver uma intensa memorização. Para criar um novo produto, muitas vezes é preciso esquecer. Esquecer regras de funcionamento, como as coisas são feitas, o que as pessoas dizem que querem (*versus* o que elas de fato querem). Mas, apesar de conhecimento e imaginação serem diferentes, ambos promovem *insights* que propiciam epifanias. Para mostrar a diferença entre essas duas maneiras de pensar, vamos aos exemplos: começando com o domínio de conhecimentos ou habilidades (como o jogo de xadrez), e depois chegando à criação de um novo produto (um programa de tevê).

Psicólogos têm um longo caso de amor com o xadrez, porque esse jogo fornece um ambiente especial, destituído do fator sorte, para o estudo do processo de resolução de problemas. O primeiro estudo que se conhece desse jogo foi feito por Alfred Binet, em 1894. Binet, que se tornaria conhecido pelos seus testes de inteligência, vendou jogadores de xadrez para poder investigar processos mnemônicos. Para eu ou você, jogar xadrez de olhos vendados é praticamente impossível. Mas, mesmo vendados, há mestres que conseguem vitórias consecutivas com relativa facilidade. Reuben Fine, um famoso mestre dos anos 1930 e autor do *The Psychology of the Chess Player* [A psicologia do jogador de xadrez], dizia que todos os mestres deviam jogar pelo menos uma partida desse jeito. A pergunta é: o que os mestres fazem que os amadores não fazem? Apesar de várias tentativas de relacionar fatores diversos — como diferenças fisiológicas —, a evidência se inclina para um único fator: mestres sabem mais do que eu e você.

Apoiado na experiência pessoal de tabuleiro e ao estudo de jogos históricos de campeonatos famosos, um grande mestre consegue lembrar entre 50 mil e 100 mil padrões e movimentos do jogo. Parece muito, mas é bom saber que um adulto médio reconhece mais de 20 mil palavras em sua língua nativa. Na experiência de 1894, Binet concluiu que grandes mestres vendados obtinham a vitória a partir de conhecimentos e experiência, imaginação e memória. Mas, ao questionar os jogadores a respeito de suas jogadas com olhos vendados, a hipótese original de Binet, de que o xadrez exigia grande memória visual, se mostrou errada. Os mestres disseram que mantinham na memória, durante o jogo, apenas uma visão geral abstrata do tabuleiro. Não dependiam da memória visual, e sim da memória verbal. Na verdade, um dos mestres, Goetz, era capaz de lembrar dos 336 movimentos feitos enquanto jogava dez jogos simultâneos de olhos vendados.

Depois de Binet, o psicólogo holandês Adriann de Groot, ele mesmo um mestre do jogo, detalhou a mente dos enxadristas em *Thought and Choice in Chess* [O pensamento e a escolha no xadrez], de 1965. Considerado o primeiro estudo psicológico de jogadores de xadrez, o livro de De Groot incluiu pessoas bem diferentes, desde campeões mundiais e especialistas teóricos até semi-amadores de ranking baixo. Em um estudo, De Groot mostrava por poucos segundos um tabuleiro armado em uma posição determinada do jogo. Quando os participantes reconstruíam o que haviam visto, a diferença ficava clara. Os melhores (grandes mestres e mestres) lembraram de 93% das peças; os especialistas, 72%; e os jogadores de ranking inferior, 51%. De Groot concluiu que os melhores jogadores puderam lembrar de mais peças não por causa de melhor capacidade de percepção (reconstruindo o que tinham visto, memória visual), mas por causa da experiência deles (reconstruindo o que sabiam ser as posições estabelecidas, as permitidas pelas regras do jogo). Eles tinham desenvolvido um código, isto é, uma estrutura a partir de dezenas de milhares de posições que já haviam armado pessoalmente, visto em outros jogadores ou em livros.

Essa descoberta foi confirmada por um estudo de 1973, em que jogadores viam de relance posições permitidas e depois posições sem sentido. Nas posições permitidas, a memória tinha relação direta com o nível de jogo do participante. Quanto maior o nível, maior a lembrança do tabuleiro, e vice-versa. Mas, no caso das posições sem sentido, ou seja, nas posições não permitidas pelas regras do jogo, todos os jogadores, fossem eles grandes mestres ou jogadores de ranking inferior, obtiveram aproximadamente o mesmo resultado — o que afastou ainda mais a crença de que grandes mestres teriam grande memória visual. A conclusão foi que jogadores de alto nível empregavam algum sistema de código para armazenar as posições para futura recuperação mnemônica. Os mestres não guardavam as relações visuais entre as peças, guardavam relações funcionais — e eis uma idéia muitas vezes mal entendida em desempenhos pessoais, quando se dá ênfase a "ver seu objetivo". Mais do que ver cada peça de xadrez e sua posição respectiva, os melhores jogadores estavam vendo as relações entre as peças e suas posições, ou seja, eles as estavam vendo como conceitos. Como Mark Jeays sugere em *A Brief Survey of Psychological Studies of Chess* [Breve levantamento dos estudos psicológicos sobre xadrez]: "Um bispo impediu um cavalo de sair do lugar porque havia uma ameaça à rainha, o que será lembrado pela relação de impedimento do cavalo, e não porque o bispo estava em g5, o cavalo em f6 e a rainha em d8". Jeays sublinha que "mesmo sem jogar muito bem, um profissional pode codificar umas seis peças como um conjunto, incluindo aí um rei preso, a torre, um bispo avançado e três peões à sua volta; mas um iniciante só conseguirá lembrar deles separadamente". Por causa da dificuldade em lembrar cada posição separadamente, a maioria dos amadores não consegue programar mais do que cinco movimentos à frente. A codificação que favorece jogadores de nível alto é resultado da sua experiência. A capacidade criativa, ou conhecimento, melhora graças a um único fator: a experiência de jogos anteriores. É para esse tipo de coisa que a regra dos dez anos existe.

Apesar de essa regra ser citada em muitos livros de psicologia da criatividade, acredito ser possível gerar códigos criativos sem ter de esperar uma década. Os códigos não têm o intuito de dominar um assunto ou conhecimento, mas de criar algo novo — explorar a imaginação — a partir de uma estrutura lógica. Para criar códigos criativos, é importante reconhecer a diferença entre campos de conhecimento e criação inovadora. Se tudo que você quer é resolver um problema cuja solução é conhecida (por exemplo, montando uma posição para impedir o avanço do seu adversário de tabuleiro), seja de um jogo ou de uma categoria ou ramo da indústria, então a experiência e a memória vencerão sempre. É por isso que computadores hoje dominam o xadrez. Parece o ideal de representação da Renascença italiana: o gênio criativo renascentista é mensurado por sua habilidade em reproduzir os mestres do mundo antigo. Mas se você procura uma nova idéia, precisará criar um código baseado não apenas na memória e experiência, mas também na imaginação. Grandes mestres do xadrez usam a memória para resolver seus problemas, mas outros gênios do cotidiano implantam códigos criativos para obter a criação de idéias. Para ilustrar como os códigos criativos funcionam no contexto de criação de idéias, vamos considerar aqui uns poucos indivíduos que usam esses códigos para amealhar enormes fortunas, começando por um prolífico produtor de televisão: Aaron Spelling.

Sei o que vocês estão pensando. *Aaron Spelling? Não é aquele cara que fez uma porção de água-com-açúcar nos anos 1980?* Ele mesmo. Gênio criativo, sim, senhor. Aaron Spelling, praticamente sozinho, criou a cultura pop dos anos 1970 (e dos 1980 e boa parte dos 1990). Qualquer zumbi televisivo vai concordar comigo. Spelling foi o mais prolífico produtor televisivo da história da mídia. Produziu mais de 50 seriados, dez minisséries e 150 filmes feitos especialmente para a televisão, entrando no *The Guinness Book of World Records*. Pelo cálculo do *Guinness*, Spelling produziu 3.842 horas de televisão até 1999, o suficiente para encher a programação de um canal, sete noites por semana, sem nenhuma repetição, por três anos e meio. Além disso, escreveu mais de cem roteiros, ganhou dois Emmys e deu um jeito de levar para casa dois Lifetime Achievement Awards: um pelo People's Choice Awards e o outro pela National Association of Television Program Executives. Além disso, durante sua vida, a National Association for the Advancement of Colored People outorgou a ele cinco de seus prêmios.

Entre os shows produzidos por Spelling estão *The Mod Squad, The Rookies, Burke's Law, O barco do amor, A ilha da fantasia, Starsky and Hutch, O menino da bolha de plástico, Zack e Cody: Gêmeos em ação, As panteras, Casal 20, Charmed, Twin Peaks, Dinastia, The Colbys,*

Carro comando, Barrados no baile, Melrose Place e a minissérie da HBO *E a vida continua*. Ame-o ou deixe-o, mas em determinado momento Spelling era responsável por seis das dez principais atrações da ABC, fazendo com que as más línguas dissessem que ABC era abreviatura de "Aaron's Broadcasting Company". No dicionário on-line dictionary.com, *produtor* quer dizer "pessoa que produz". Spelling certamente merece o título. Para ele, a televisão era um canal para sua criatividade, e de algum modo também para sua insegurança.

Desde cedo, Spelling foi tomado pela insegurança, que ele dominava escrevendo. Ele mesmo diz: "Eu era uma criança frágil e doentia... um garoto pobre e judeu vivendo no Texas". Era atacado na escola. Mas se defendia: "De repente, eu tinha uma nova arma para combater aqueles garotos: contar histórias. Sempre que tentavam armar uma briga, eu contava uma história sem o final. E dizia que o final eu só contaria no dia seguinte, e eles me deixavam ir para casa. Eu corria como um louco antes que mudassem de idéia". *Continua no próximo episódio*, eis algo que ele não esqueceria. Spelling era prolífico, mas nem sempre original. Na verdade, até certo ponto, era até bem previsível. Mas sua previsibilidade, como a dos imutáveis salões do hotel Ritz-Carlton, era uma previsibilidade desejada. Foi o que o tornou grande. Quando estava atrás das câmeras, a audiência sabia o que viria, e os estúdios de Hollywood também: dinheiro. Os telespectadores queriam uma válvula de escape e sabiam que Spelling os ajudaria a ir para longe. Spelling se mantinha alinhado ao desejo de sua audiência. Como ele conseguia?

Uma das vantagens de viver em uma das maiores mansões do Sul da Califórnia é ter sua casa no itinerário dos ônibus de turismo. Então, quando bandos de gente desciam dos ônibus-leito estacionados em frente à sua mansão, na aprazível Holmby Hills, Spelling saía e ia falar com eles em vez de se esconder atrás das grades. Escutava mais do que falava. É revelador o tipo de pergunta que ele fazia para seus "grupos focais móveis": "Por que você vê televisão?". Spelling costumava dar um conselho a aspirantes a escritores: "Escolha alguns programas e estude-os bem. Descubra por que são um sucesso ou um fracasso. E aí comece a desenvolver alguns personagens". A resposta invariável que Spelling recebia dos turistas à sua porta era que viam televisão "para relaxar". Spelling lembra: "Nem sei quantas idéias boas roubei desses ônibus de turismo. Veja, você não mede o gosto do público americano falando com o pessoal de Beverly Hills ou Bel Air. Eles não vão admitir que vêem *Melrose Place*. Se você escutar o que eles falam, o único programa que tem audiência nesse país é o *60 Minutes*". Mas Spelling não se deixava enganar.

Aaron Spelling é um caso clássico de pensador conceitual. Tinha a capacidade de juntar problemas existentes, soluções relevantes e audiências específicas. Nada de aleatório nessa capacidade. Pelo contrário, era montada em um código simples, uma fórmula que vamos estudar daqui a pouco e que você provavelmente vai reconhecer. Ele aprendeu esse código em anos de experiência, trabalhando como um jovem ator esforçado, roteirista, diretor e produtor de sucesso. O código raramente o decepcionava. Pelo contrário, fez dele um homem extremamente rico, mesmo que, do alto do luxo, nunca tenha deixado sua infância e sua insegurança para trás. De certa maneira, a insegurança teve uma influência prática na motivação de "ser criativo" durante a vida toda.

Em 1943, no seu aniversário de 18 anos, Spelling entrou para o serviço militar na Força Aérea, onde serviu como correspondente de guerra. Durante sua estada na Alemanha, levou um tiro na mão esquerda e outro no joelho. Os cirurgiões-militares queriam amputar seus dedos, mas ele disse que era pianista (mais uma de suas "histórias") e eles acabaram costurando o ferimento. Depois de voltar aos Estados Unidos, matriculou-se na Southern Methodist University, nas vagas reservadas a ex-pracinhas, e depois de se formar achou seu caminho para Hollywood, levando a insegurança a tiracolo. Em 1955, já um jovem escritor, tinha tanto medo de perder suas melhores idéias que, ao sair, guardava seus papéis na geladeira, para salvá-los em caso de algum incêndio.

Spelling atribuía, nessa época, sua capacidade criativa ao cachimbo. "Sempre que via retratos de escritores de Hollywood, eles estavam com um cachimbo. Aí, comecei a fumar cachimbo quando me mudei para cá, achando que isso me ajudaria a escrever melhor. Aprendi que fumar cachimbo é a melhor bengala que um escritor pode ter. O produtor pergunta a você sobre uma história. Você precisa de tempo para responder. Aí você enche o cachimbo, acende. Quando tiver terminado, já deu para pensar em uma boa resposta". A respeito da necessidade de manter um fluxo constante de inspiração criativa, disse: "Como acontece com freqüência, o material pode ficar batido, e recebemos uma encomenda de algo original". Por fim, todas as idéias novas acabam ficando batidas. Idéias novas de produtos, serviços ou negócios bem-sucedidos são copiadas sem hesitação, forçando seus autores a refazê-las sempre. Grandes idéias não sofrem de solidão. Mas, para Spelling, voltar à mesa de trabalho sempre foi um prazer. Foi uma dessas voltas o que deu a Spelling sua primeira entrada em Hollywood.

Alan Ladd, o mais famoso ator hollywoodiano de seu tempo, ouviu falar do talento promissor de Spelling e pediu a ele que lesse um roteiro e desse uma nota de avaliação. Ladd na verdade não gostava do roteiro, mas Spelling não sabia como fazer para dar uma nota a algo apresentado por Ladd, a maior bilheteria dos Estados Unidos. Então, em vez de dar nota ao roteiro, o jovem Spelling foi para casa, jogou o roteiro fora e reescreveu a coisa toda. Ao ler a nova versão, Ladd ligou para o estúdio e disse: "Vou fazer o papel e o nome do produtor é Aaron Spelling". A partir dessa sua estréia, Spelling aderiu a um conjunto de princípios, um código que iria inspirar seus futuros trabalhos criativos. Em uma entrevista no *Dick Powell Show*, Spelling comentou: "Uma vez, pouco antes de começar uma produção, tive essa grande idéia de convidar astros famosos para fazerem pontas, figurações. Foi o primeiro programa a ter artistas convidados. Muito depois, fizemos isso outra vez em *O barco do amor*, *A ilha da fantasia* e *Zack e Cody: Gêmeos em ação*. Os telespectadores adoravam ver seus artistas favoritos aparecerem de repente na tela". Artistas convidados tornaram-se um tópico permanente do código criativo de Spelling.

Spelling ia além. Se pessoas podem ter códigos, produtos também podem. E, se um produto desafiar seu código subjacente, não vai funcionar. Ele disse: "Você não pode fazer humor em um *western*. Os fãs simplesmente não vão aceitar isso". Rir vai contra o código do gênero *western*, e portanto Spelling não queria nem saber de botar a mão nisso. Mas é importante notar que um código criativo não precisa ser compartilhado por todos. O código de Spelling, entre outras coisas, excluía comédias sobre *western*. Era assim para ele, mas não para Mel Brooks, cuja comédia sobre *western*, *Blazing Saddles*, foi um grande sucesso. Brooks fez exatamente o que Spelling fazia, trabalhar a partir de um código criativo, mas de um modo completamente diferente.

Brooks lançou o humor em assuntos onde não existia humor (*western*, documentários históricos etc.). Era esse seu cartão de visitas. O código de Spelling — não rir do que não era para rir, usar três histórias entrelaçadas e convidar famosos para pontas — também era seu cartão de visitas: um modelo que ele sabia, pelos anos de experiência, que funcionaria. Para ele. Para Rod Serling, um dos heróis da vida de Spellling e também prolífico escritor, havia outro código, completamente diferente. Rod Serling era o legendário produtor de uma das mais bem-sucedidas experiências televisivas, *Além da imaginação*. Spelling se interessava pela noção de criatividade contínua (a habilidade de gerar idéias não como eventos isolados, mas como um fluxo contínuo), e perguntou a Serling: "Como você consegue escrever tantos roteiros para *Além da imaginação*?" "Simples", ele respondeu, "não preciso fazer um terceiro ato para explicar nada. Tudo o que eu digo é: 'E foi assim que aconteceu em *Além da imaginação*'; e pronto, me safei de mais uma".

Sterling, assim como Spelling, compreendia o poder de manter códigos criativos, e sabia que eles não precisam ser compartilhados nem sequer conhecidos pelas outras pessoas para serem úteis na promoção de um *insight* criativo. O código precisa ser relevante apenas para você e para o público que você quer atingir. Sem ele, tudo que você vai conseguir é arte — objetos únicos, admirados pela sua beleza, mas não necessariamente relevantes. Mesmo que arte seja um bom efeito colateral da manutenção de um código criativo, em alguns casos, como negócios, o que é necessário é a relevância para uma audiência específica. Outra coisa, códigos criativos não precisam ser propriamente originais. Precisam funcionar no contexto em que você os usa, e serem únicos na época em que você os usa.

O código de Spelling foi baseado parcialmente nas memórias de sua juventude, nas antologias de histórias de O. Henry, pseudônimo do escritor norte-americano William Sydney Porter (1862-1910), que ele adorava. A reviravolta final da trama de Porter — seu código — fazia com que seus seguidores tivessem de rever toda a história por causa de uma informação introduzida no último minuto. O código de Porter ficou tão famoso em Hollywood, que se tornou uma marca, "finais à O. Henry". Desde Porter, um número sem fim de diretores de Hollywood adotam o mesmo código. Entre os mais famosos, Alfred Hitchcock, como no suspense de Robert Block, *Psicose* (1959). Até o finalzinho do filme, o público é levado a acreditar que Bates e sua mãe controladora coexistiam em um estado perene de brigas, discussões e escaramuças. Só na cena final, quando Hitchcock permite que a audiência veja Norman Bates, personagem de Anthony Perkins, vestido como a mãe dele, em um caso de dupla personalidade estranha e psicótica, a verdade é revelada. É nesse momento que os espectadores, em meio a gritos, levam de repente um tapa psicológico e começam a pensar: "Nossa, que filme bom de terror!" Ou: "Ai, meu Deus! Bates é também a mãe dele!" Hitchcock é um gênio — assustador, diabólico e pervertido, mas gênio ainda assim. Esse código de Hitchcock e, inicialmente, de O. Henry, pode ser resumido por: *tudo que eu achava que sabia não era verdade*. A intenção do "final à O. Henry" é deixar todas as premissas de pernas para o ar e provocar um repensamento da trama a partir de uma pequena, mas perturbadora, informação mantida em segredo. O código funcionou lindamente em *Psicose*, como funcionou em *O sexto sentido*, de M. Night Shyamalan, quando a audiência de repente percebe que o personagem de Bruce Willis é um fantasma, e não uma pessoa viva.

Spelling se inspirou nas antologias de O. Henry, em suas reviravoltas e surpresas (no seu código). Mas ele não copiou simplesmente a técnica do seu escritor preferido. Adaptou-a para sua audiência e a ampliou, usando três fios narrativos e artistas convidados, deixando-a mais suave. Cedo em sua carreira, Spelling já havia reconhecido e admirado a simplicidade e flexibilidade que esse instrumento criativo (um código) oferecia a um criador. Códigos criativos oferecem a estrutura na qual idéias são geradas e gerenciadas. Em um código, elas obtêm uma plasticidade, um formato, funcionam e, mais do que tudo, encadeiam-se em uma seqüência de novas idéias. Afinal, quando alguém segue pela vida tendo uma estrutura para interpretar o mundo, oportunidades sempre aparecem.

Você pode estar se perguntando: será que a idéia de ter um código não contradiz a noção de questionar convenções? Não necessariamente. Códigos criativos são estruturas, isto é, maneiras de estruturar informações, deixando a mente livre para preencher detalhes de forma criativa. Fazer a estrutura emergir é, muitas vezes, o grande momento criativo que propicia vários outros pequenos momentos criativos. Como um investidor financeiro que tem parâmetros sobre quando, e principalmente em que investir, você também saberá para onde olhar. Porque você tem um código, momentos-eureca se tornam comuns. Aliás, depois de obter um código que funcione, seus momentos-eureca não terão mais tanta carga emocional, pois as oportunidades se tornam óbvias para você. Foi o caso com a maior vitória de Spelling, uma história de três mulheres — Sabrina Duncan, interpretada por Kate Jackson; Jill Munroe, por Farrah Fawcett-Majors; e Kelly Garrett, por Jaclyn Smith — e o chefe delas, Charlie, um papel de John Forsythe.

Os episódios sempre começavam com a mesma frase: "Era uma vez três lindas garotas que entraram na academia de polícia e cada uma delas ganhou uma missão perigosa. Mas eu as tirei dessa vida e agora trabalham para mim. Meu nome é Charlie". Em sua edição original, *As panteras* era diferente de todos os outros seriados policiais: tinha mulheres como protagonistas. Não se ouvia falar de uma coisa dessas na Hollywood daquela época. Era uma regra de ouro: atriz alguma conseguiria segurar, sozinha, um programa de uma hora. No máximo, e ainda assim seria um risco, se poderia tentar isso em comédias, mas os espectadores não aceitariam mulheres protagonistas em qualquer outro formato, asseguravam os executivos dos estúdios, a não ser que houvesse também um protagonista masculino. (Fica a pergunta: de onde saía tanta certeza?, já que nos anos 1960 as taxas de audiência da ABC caíam vertiginosamente em relação às da CBS e NBC, provocando o comentário do comediante Milton Berfle: "Ponham a Guerra do Vietnã na ABC. Em 13 semanas, ela termina".)

Então, de onde veio a idéia de *As panteras*? Spelling lembra: "Len Goldberg e eu estávamos fazendo um *brainstorming* no nosso escritório, tentando achar alguma nova idéia para Kate Jackson, já que *The Rookies* estava chegando ao fim e não queríamos perdê-la. Pensamos: *Por que não fazer alguma coisa ultrajante, um policial com mulheres, só com mulheres*. Rabiscamos algo que, com bom humor, chamamos de *Alley Cats*, sobre três detetives mulheres chamadas Alley, Lee e Catherine, e levamos para Barry Diller e Michael Eisner, da ABC: "É a pior idéia que já vi", disse Michael, e Barry acrescentou: "Vocês deviam ficar com vergonha". Bem, começamos largando o conceito de golpes de caratê e roupas de couro, e também o nome *Alley Cats*". Mas a história estava longe do fim.

Spelling continua:

> Michael Eisner nos chamou poucos meses depois para discutir um problema. (A palavra problema é música nos ouvidos dos inovadores!) Para conseguir que Natalie Wood e Robert Wagner concordassem em atuar juntos em *The Affair*, a ABC tinha prometido desenvolver um seriado em que a dupla seria co-proprietária de direitos, junto com a ABC. A ABC tinha separado 25 mil dólares para desenvolver o piloto, mas ainda não tinha chegado a um produto que parecesse bom. Michael nos chamou porque o prazo estava para expirar. E se não conseguíssemos submeter alguma coisa a eles, a rede perderia 25 mil dólares. "Por que a gente não escreve um roteiro para *As panteras*?", dissemos.
> Michael desistiu de brigar. O prazo final se aproximava, ameaçador, e ele preferia ter um roteiro de que não gostava a não ter roteiro algum. Então, procuramos o Bob Wagner e contamos a

ele o conceito do programa. Ele respondeu, igual a Barry e Michael: "É a pior idéia que já ouvi". Depois riu e disse: "Mas não sei nada sobre produção de TV. Vocês é que são os especialistas. Vamos em frente". E foi aí que *As panteras* começou a ser escrito. A opinião de Michael e Barry, no entanto, não ia mudar do dia para a noite. Quando o roteiro chegou nas mãos deles, simplesmente sentaram em cima. *As panteras* ficou na prateleira pegando poeira. Um ano depois, um novo diretor de programação assumiu o posto. Ele procurava novos programas que pudessem tirar a ABC do terceiro lugar. Olhou tudo que já havia sido desenvolvido e me chamou. "Esse negócio aqui, sobre essas três garotas. Vocês ainda querem fazer isso?" Finalmente, nosso piloto ia em frente. É engraçado como chegamos ao título definitivo. Len Goldberg e eu estávamos no meu escritório e Kate se juntou a nós. Ela viu um quadro que eu tinha na parede, de três anjos. "Talvez você pudesse chamá-las de anjos". Originalmente ia ser *Harry's Angels,* mas na época a ABC estava com um outro programa chamado *Harry O*. Então, chamamos de *Charlie's Angels*. A ABC testou nosso piloto com um grupo focal. Muita gente não sabe disso, mas o piloto de *As panteras* recebeu uma das piores avaliações de teste de audiência da história da ABC. Uma pontuação média aceitável é 60, e *As panteras* ficou muito, muito, muito, abaixo disso. A ABC estava convencida de que tinha um verdadeiro fracasso nas mãos, e decidiram não pôr o programa na grade. Em junho, arriscaram uma apresentação do piloto em um horário não definitivo. Sem promoção alguma e, com certeza, sem grandes estrelas no elenco, a exibição atraiu enormes 50% de audiência — só comparáveis às massas de megaeventos como a Superliga. O programa tornou-se um fenômeno nacional. Os homens viam porque queriam observar as garotas, as mulheres viam pelo mesmo motivo.

O código de Spelling, provando sua eficácia mais uma vez, tinha os seguintes componentes: Primeiro, questionava as convenções. Acontece que protagonistas mulheres podiam, sim, carregar nas costas um programa inteiro. Na verdade, não só podiam, como o faziam interpretando papéis decididamente masculinos — no caso, detetives. Segundo, criava a história a partir de três linhas narrativas (três atrizes, três linhas). E terceiro, usava artistas convidados que tinham apelo para uma ampla audiência, expandido assim o alcance do programa. Entre os que apareceram em pontas durante a longa vida do seriado estavam todos os atores contratados de um outro seriado, mais uma das obras-primas criativas de Spelling, *O barco do amor* (no qual ele usou o mesmo código).

Spelling, Serling, O. Henry, Hitchcock e outras lendas entenderam cedo a importância de códigos criativos em sua busca por inovação contínua. Uma vez descoberto o código, as variações sobre o tema se tornam quase infinitas. Mas, enquanto essas variações continuarem relevantes (por exemplo, ajudando espectadores a relaxar), não só serão bem acolhidas, como sua previsibilidade passará desapercebida, ou será até mesmo apreciada. Na verdade, na indústria do entretenimento, os códigos são tão previsíveis que um ex-estudante de psicologia computacional da Universidade de Chicago escreveu um software para prever o desenrolar dos seriados em cartaz. Ele comparava elementos das tramas com outras tramas armazenadas na memória da máquina, criando um algoritmo similar ao que fez sucesso em jogos de xadrez.

O software "Structuralist Gilligan", de Daniel Goldstein, foi um trabalho de classe sobre inteligência artificial, pedido pelo seu professor com a ressalva de que deveria ser algo "bossudo". Goldstein viu centenas de seriados, incluindo o popular *Gilligan's Island* do final dos anos 1960 — sete náufragos em uma ilha deserta. Leu centenas de sinopses de tramas e, como Spelling, Hitchcock e outros, descobriu previsibilidades, técnicas e métodos que faziam os seriados funcionar. Inspirado pelo crítico russo de literatura Vladimir Propp, Goldstein mapeou as linhas narrativas dos seriados. Esse exemplo tirado de *Gilligan's Island* ilustra o código de Goldstein:

> *Evento inicial.* Entra um indicador de perigo: a água em volta da ilha sobe acima do nível de segurança. Close na tábua de me-

dição de altura de água do professor — armada para avisar se havia risco de a ilha submergir.

Conflito. O perigo se instaura: o professor conclui que a ilha está submergindo.

Ação. Reação ao perigo: todos se mudam para uma parte alta da ilha.

Resolução. O indicador de perigo é falso. Como enfim descobrem, Gilligan tinha inclinado sem querer a tábua de medição durante uma pescaria. Não foi o nível da água que mudou, foi a posição da tábua.

Se você já viu alguma vez *Gilligan's Island*, deu um sorrisinho ao reconhecer o código, incluindo a pitada final à O. Henry. Cada episódio ia, vinha e acabava se resolvendo com alguma desventura de Gilligan. A experiência e conhecimentos de Goldstein, obtidos no estudo dos seriados, ajudaram-no a achar seu próprio código, uma evolução do que ele considera sua "improvisação escolar sobre estruturas".

Ao se formar na Universidade de Chicago, Goldstein tentou o teatro como ator, dançarino, cantor, escritor e diretor. Decidiu-se pelo teatro de improvisação, estudando esse gênero na Second City, a companhia mundialmente famosa que gerou o programa *Saturday Night Live*. Goldstein também trabalhou na ImprovOlympic e no Annoyance Theater, ambas companhias com nível de excelência no teatro de improviso. A partir daí, Goldstein desenvolveu um formato de improvisação chamado improvisação estruturalista, que, segundo ele, "permite ao ator criar histórias sólidas, coerentes, em tempo real, histórias que agradam não só à audiência, mas aos próprios atores". A estrutura usada contém todos os elementos relevantes para o espetáculo: trama básica, redes de relacionamento, marcação de tempo de cena, desenho do palco, barreiras, movimento de atores e outros fatores necessários para atingir o objetivo de agradar à platéia.

Segundo Goldstein, "Para improvisar bem, é preciso ter um sentido da estrutura global do que está sendo criado. Primeira pergunta:

vai durar cinco minutos ou uma hora? Em formatos curtos, é mais comum haver regras. Em formatos longos, regras e estruturas são abandonadas e qualquer coisa entra. Muitas vezes essas improvisações não contam com uma história, e talvez por isso não conseguem agradar a atores e audiências. Na improvisação estruturada, nossa posição é a de estudar a estrutura de uma linguagem artística, antes de usá-la".

Da mesma forma que o código de Spelling e os finais de O. Henry, a improvisação estruturada de Goldstein fornece um arcabouço de geração de idéias em base contínua, ao mesmo tempo que mantém uma linha narrativa aparente para a audiência. O processo de geração criativa não fica aparente, há no máximo indícios dele na performance teatral. Você nota que há alguma coisa ali a manter as ações integradas em um todo, mas não sabe bem o que é. Goldstein diz: "Ao estudar estruturas, aprendemos a improvisar peças que se desdobram tão suavemente que parecem nascer de roteiros escritos. A improvisação estruturada encanta suas audiências, porque elas sabem que há algo a direcionar a beleza da criação, mas não sabem o que é". Esse algo também está presente em muitos outros atos de criatividade da arte, ciência e negócios. É o código — uma estrutura de criação de idéias.

O momento-eureca de Arquimedes não apareceu do ar, e o humor típico do teatro de improviso também não. Ele vem de conhecimentos específicos, somados à heurística que inspira criatividade. É essa a base de todos os códigos criativos, incluindo o de Goldstein. O dele acabou por produzir o formato do programa mais repetido no mundo todo, *SITCOM*. Rodado em 13 cidades dos Estados Unidos e mais quatro países, *SITCOM* se parece com um show de variedades. Tem duas partes de meia hora cada, incluindo comerciais, piadas, música temática e cenários improvisados, montados a partir de 56 blocos modulares. O conteúdo do programa é gerado parcialmente com sugestões da platéia. E, apesar de parecer completamente improvisado, tem regras de direcionamento. Esse tipo de improvisação é encontrada com mais freqüência em shows de curta duração. Formatos maiores são raros, porque provocam perda de unidade nas produções convencionais. São subtramas que nunca se acabam, personagens que somem e não voltam, e outros que aparecem de repente. Para criar as condições de criatividade de um bom teatro de improviso, os mestres no gênero se guiam por princípios. Segundo Goldstein, esses princípios são: aceitar a fala do outro; desenvolver uma história; estabelecer diálogos linha a linha. Vamos falar de cada um desses princípios, começando pela aceitação das informações dadas pelo outro.

Meu irmão, Alan, que é ator, já havia me falado sobre a regra número um da improvisação: *nunca diga não*. "O *não*, falado ou sugerido, pára o fluxo da cena. Se um outro ator oferece uma idéia, você a adota logo e encontra uma maneira de fazê-la funcionar. Por exemplo, você e eu estamos no palco e eu digo: *Não vejo você usar esse chapéu há séculos*. A pior resposta que você pode me dar é: *Não é um chapéu, é um pássaro*. Em improvisação, isso é o equivalente a dizer não. Pararia imediatamente o fluxo da cena, e a audiência não ia gostar".

É isso que Goldstein chama de aceitação de informações: tudo que for dito vira verdade. Nesse exemplo, ao negar a existência de um chapéu, eu mato a cena (e pior, a negativa é um insulto para o colega de cena). Aceite a idéia e parta daí. Alan explica: "A resposta deve levar o diálogo para a frente. Por exemplo, em resposta ao comentário, *Não vejo você usar esse chapéu há séculos*, o outro ator deve responder *Ainda lembro do olhar do sujeito quando roubei o chapéu da cabeça dele. Só mesmo em Tijuana!*" Isso é aceitar a fala do outro ou, como meu irmão diz, *não dizer não*. Aceitar também ajuda no segundo conceito do código da improvisação: o desenvolvimento da história. Nas duas linhas do diálogo citado, já se sabe que o chapéu usado em cena tem um enredo por trás dele. A frase *Ainda lembro do olhar do sujeito quando roubei o chapéu da cabeça dele. Só mesmo em Tijuana!* faz você saber muito mais: aqueles dois são provavelmente amigos, foram ao México juntos e se envolveram em atividades pouco recomendáveis na cidade de Tijuana. A história dá aos diálogos um caminho para seguir. É uma plataforma robusta para a inspiração criativa, para a criação de novas idéias.

Além de aceitar informações e desenvolver uma história, há diálogos linha a linha, uma marca para quem deseja dominar a improvisação. Um ator diz uma linha, o outro baseia seu comentário no que foi dito por último e fala a sua linha. E assim vai, um pingue-pongue verbal.

No exemplo do chapéu, a última coisa dita, *Só mesmo em Tijuana!*, produziria outra linha como: *Sua mãe ainda tem aquele bordel por lá?* No que o outro ator responde: *Acabou vendendo para um cara que usava chapéu.* E assim o diálogo continua e o humor surge. Ou, como Goldstein diz: "Nunca tente ser engraçado ou contar piadas no palco. O humor vem naturalmente a partir das relações e de tramas sólidas e simples".

Tentar ser engraçado durante uma improvisação é o equivalente a tentar ter uma grande idéia durante uma sessão de *brainstorming*. Sem a estrutura adequada, não funciona. Você pode até receber algumas risadas baratas — ou gerar algumas poucas boas idéias. Mas não vai conseguir gargalhadas contagiantes ou *insights* realmente brilhantes. Mas com o código criativo, a probabilidade de sucesso cresce. Códigos criativos não são exclusividade de mestres de xadrez, produtores de Hollywood e atores do teatro de improviso. Estão presentes na improvisação criativa das empresas. Aliás, produziram mais de um empresário serial e sua enorme riqueza. Entre eles, o britânico nascido na Grécia, conhecido pelo simples nome de Stelios.

Stelios Haji-Ioannou é fundador e co-proprietário do easyGroup, uma holding privada que promove novas iniciativas e possui a marca *easy*. Nascido em Atenas em 1967, Stelios se mudou para Londres no início dos anos 1980, estudou na London School of Economics e especializou-se em fretes e comércio na City University Business School. É um serial clássico, indo de indústria em indústria, categoria em categoria, criando cada vez mais riqueza para ele e seus acionistas ao longo desse caminho. Tornou-se conhecido ao fundar (na provecta idade de 28 anos) a maior empresa aérea de baixo custo da Europa, a easyJet, PLC. A easyJet abriu seu capital em 2000, embora Stelios continue sendo o principal acionista. Ele fundou mais de 17 empresas, incluindo a Stelmar Shipping, fundada aos 25 anos. A Stelmar abriu o capital na Bolsa de Nova York em 2001 e, em 2005, Stelios vendeu sua parte para a OSG Shipping Group por 1,3 bilhão de dólares.

Como Spelling, Stelios é também um produtor, mas ele produz novos negócios, em vez de programas de tevê. Outras empresas do easyGroup são: easyCar, uma empresa de aluguel de veículos de baixo custo, com mais de 2 mil agências no mundo todo; easyCruise, navios de cruzeiros voltados ao público jovem; easyBus, linhas de transporte barato entre aeroportos e centros de cidade; e easyHotel, acomodações baratas em centros de cidade. Além disso, as empresas easyGroup estão em áreas tão diversas quanto cibercafés, sites de pesquisa de preços de produtos, sites de pesquisa de empregos, música on-line, corretoras para pequenos investidores, cinemas, mictórios masculinos, entrega de pizza, telefonia móvel e até mesmo relógios de pulso. Para o observador acidental, essas empresas parecem um saco de gatos. Mas, para Stelios, são todas a mesma coisa.

E aqui está o código criativo de Stelios. Todas as suas empresas têm elementos em comum, e cada um desses elementos representa sua inspiração criativa. O código de Stelios é montado em volta da simplicidade, embora as coisas não se limitem apenas a isso. Aaron Spelling fazia "gente famosa" aparecer em suas produções, e na superfície pode parecer que o nome *easy* (fácil) seja a liga que mantém todo o império de Stelios. No entanto, virar bilionário não é assim tão fácil.

Os bilhões de Stelios nasceram de seu código criativo, que compreende três fatores: 1) ofereça grande valor agregado (diferença entre preço e produto); 2) enfrente os cachorros grandes (entrando nas indústrias dominadas por eles); e 3) crie para as massas, e não para uns poucos. O código criativo de Stelios é indiferente a tipos de indústrias ou categorias de produtos. Envolve qualquer ramo de negócios com valor desequilibrado (em que se possa oferecer grande valor agregado, como em cinemas); em que haja um poder estabelecido e já letárgico (em que se possa "enfrentar os cachorros grandes", como no ramo de seguros); e em que se possa atrair uma ampla base de clientes com soluções simples (criar produtos "para as massas, e não para uns poucos", como redes de cibercafé). Esse código, e não o nome *easy*, é a base da criatividade de Stelios. É o código que dá a Stelios e a inúmeros outros empresários seriais a inspiração de novas idéias a partir de uma estrutura lógica.

A vantagem aqui é gerar grandes idéias de forma deliberada, sem acasos. Ou seja, fazer a lógica entrar na criatividade. Os temas desenvolvidos neste livro são a base para o seu código: alimente a curiosidade, identifique os limites, questione convenções (hipóteses) e faça ligações não-ortodoxas (force a confluência de informações disparatadas). São esses os precursores do *insight* criativo. Para começar a montar seu código de toda a vida — ou apenas para uma situação determinada —, siga os seguintes passos:

1. *Saiba como as coisas se passam.* É aqui que a curiosidade aparece. Por exemplo, siga Spelling e sua sabedoria sobre como é trabalhar na TV, ou Stelios e sua sabedoria sobre como "cachorros grandes" agem dentro de uma determinada indústria. Explore os fatores que influenciam sua indústria, categoria ou contexto. Para Spelling, isso incluía ficar atento ao passado, apreciar e entender técnicas de contar histórias (como os finais de O. Henry) e prestar atenção em sua própria experiência. Esses *insights* servirão também para descobrir as convenções (ou regras do jogo) que você poderá questionar. Em investimentos financeiros, bons desempenhos antigos não são garantia de bons desempenhos futuros. Mas sempre há alguma coisa atemporal que pode ser útil (por exemplo, seriados com três linhas narrativas e atores convidados funcionam até hoje). Na verdade, estar atento a elementos atemporais permitiu a Spelling produzir programas para adolescentes mesmo já maduro. Disse ele: "Ninguém questionou a idade de Mark Twain quando ele escreveu *Tom Sawyer* ou *Huckleberry Finn*. Ou a de George Bernard Shaw quando escreveu *Pygmalion*. Se você tem imaginação, o que importa a idade?" Outra convenção que não se sustenta: a dos dez anos de estudo. Stelios é um exemplo clássico de por que você não precisa esperar dez anos

para fazer contribuições inovadoras. Ele jamais passou dez anos em qualquer de seus negócios, mas compreende todos eles muito bem. Antes de entrar nela, Stelios tinha profunda compreensão de como a indústria aérea opera — sua economia (ou falta de), suas operações etc. Escreva em um papel esses fatores de sucesso. Essa lista irá apontar convenções (crenças), as regras do jogo. Daqui a pouco você volta à lista. Vamos ao segundo passo.

2. *Compreenda o que sua audiência deseja — o que eles querem, mas não conseguem articular.* Essa é sua lista de limites, e inclui os "por quês?" Você tem de saber por que compram (ou não compram), o que eles querem ao comprar (ou ao não comprar). Junto com isso há outros "por ques": por que assistem isso ou aquilo, dirigem esse carro e não outro, consomem esse biscoito, participam do jogo, escutam a música, pertencem ao clube etc. Você já tinha a lista das convenções. Com esta agora, você poderá identificar fatores motivacionais. Por exemplo, "Vejo TV para relaxar". E também limites: "Uso a TV como babá eletrônica porque não tenho dinheiro para contratar uma de verdade".

3. *Explore e defina antagonismos que possam oferecer uma base para sua nova idéia ou solução do problema.* Essa terceira lista será o alimento de ligações não-ortodoxas entre informações díspares. Provavelmente é o material mais importante para a criação do seu código, pois quanto mais aleatórias são as ligações, mais valor terão suas idéias. Assim, para construir essa lista, considere informações advindas de um amplo leque de fontes. (Lembre do Capítulo 8 sobre como fazer ligações não-ortodoxas). Na essência, você estará tentando adivinhar como essas informações díspares (tendências, necessidades, tecnologias, estilos de vida, categorias, indústrias, materiais, tempo, espaço etc.) agirão quando dirigidas a um ponto único de confluência. Lembre de Arquimedes correndo nu: sua grande idéia veio da confluência de informações sobre construção de navios, higiene pessoal (o banho) e fórmulas de mensuração. Dava para adivinhar? Lembre que informação inútil não existe. E que informação insuficiente produz idéias do tipo meia bomba. Tente rastrear suas idéias. Preste atenção quando elas parecem surgir aleatoria-

mente, sem relação com nada. Como você pensou naquilo? Em que momento?

4. *Depois de ter completado essas listas, comece a desenhar suas tentativas de código criativo.* Pegue um item de sua lista de limites. Por exemplo, "Não tenho dinheiro (para viajar, comer fora, ir ao cinema etc.). Depois, pegue uma linha de sua lista de convenções (por exemplo, frases feitas como "um luxo ao seu alcance", o que parece uma contradição, e que, portanto, é perfeita). E mais um item de sua lista de ligações (por exemplo, receitas de gestão e grandes inventários). É a base para seu código criativo. Receitas de gestão é um conceito usado para direcionar a demanda por meio de uma política de preços. Era algo que Stelios conhecia bem, pois dirigia a maior linha aérea de baixo custo da Europa. Ao ligar gestão de resultados com abundância de inventário (assentos vagos em uma rede de cibercafés), viu a oportunidade de aplicar ambas: durante as horas de pico, o aluguel das máquinas custa mais, e custa menos nas horas de baixo movimento.

Curiosidade, limites, convenções e ligações — cada um deles está na base de um código criativo. Na formulação de Stelios: "Como posso (curiosidade = 'modelo econômico') oferecer grande valor agregado em viagens aéreas (limite = 'não tenho dinheiro') para as massas (questionar convenções = 'luxo ao seu alcance') em uma indústria dominada por cachorros grandes (ligação = 'gestão de resultados + abundância de inventário')?" Agora dá para ver por que e como Stelios conseguiu tantas idéias lucrativas.

Há lógica na criatividade. Ao estimular a curiosidade, identificar os limites, questionar o saber convencional e forçar ligações entre pedaços aparentemente não relacionados de informação, você também formulará seu próprio código.

Comece já. Ponha os precursores de Eureca para trabalhar por você. Responda a essas perguntas:

1. Quais são as perguntas sem resposta que mais atraem você, ou seja, que problemas você gostaria de resolver?

2. Quais são os limites, ou seja, o que está atrapalhando a possibilidade de resolver o problema? E como você pode olhar para esses limites de uma forma diferente? (Lembre do papel da percepção.)
3. A partir da identificação do problema e seus limites, como você questionaria o saber convencional envolvido?
4. Que analogias são possíveis com problemas similares já resolvidos antes (talvez fora de sua categoria, indústria ou área de conhecimento)? Quais são as ligações não-ortodoxas que você pode fazer relacionadas ao problema? Que outras informações, mesmo se irrelevantes, estão disponíveis? Há outras possíveis soluções? Quais são?

Eis a solução do enigma. Ao pensar de forma deliberada sobre sua percepção de problemas; o uso de limites para seu próprio benefício; o gerenciamento de informações aparentemente irrelevantes; a confluência delas com sua experiência e conhecimento anteriores; e como você questiona convenções a respeito do mundo, você se tornará inspirado.

Resumo e exercícios criativos

- Códigos criativos são estruturas nas quais inovadores bem-sucedidos geram idéias. Os códigos são diferentes de convenções porque não são específicos para um problema determinado. Pelo contrário, podem ser aplicados em vários problemas diferentes.
- Códigos criativos são mecanismos comuns, usados com freqüência entre os melhores cineastas, produtores de televisão, editores, companhias de teatro e empresários seriais.
- Códigos criativos oferecem uma plataforma na qual é possível gerar idéias de forma contínua, e não acidental.

EPÍLOGO

E é isso que acontece com tudo que é novo

Como você agora já sabe, todos temos capacidade de criar, inclusive os "não-criativos". É o que eu acho. Também acho que criatividade conceitual é uma coisa que pode ser aprendida. Você provavelmente conhece pessoas que se declaram não-criativas. Se quiser ajudá-las a aplicar as lições deste livro, sugiro começar por três palavras, antes de entrar nos princípios analisados nestas páginas. As palavras são: inovação, fracasso e sucesso.

Primeiro vem *inovação*. É uma ironia, mas porque ela quer dizer coisas diferentes para pessoas diferentes, *inovação* é um dos maiores impedimentos da criatividade conceitual. Então, esse é meu conselho: se quiser ter sucesso nas suas inovações, e quiser ajudar outros a ter igual sucesso, não inove. Em vez disso, resolva problemas. Ao pôr o foco na solução de problemas, em vez de tentar criar coisas singulares, você vai aumentar suas chances de sucesso na busca da inovação. Redefinir pensamentos sobre o mundo é o mais simples e o mais importante para a melhoria da capacidade criativa. Pergunte aos não-criativos: "Quando foi a última vez que você resolveu um problema? Como você fez?" Ele pode não saber, mas essa resolução de problema foi um ato de criatividade. Seja um resolvedor de problemas você também, não um inovador.

A segunda palavra que quero que você considere é *fracasso*. Fracasso, no contexto de inovação, significa vontade de correr riscos. Significa também uma redução da quantidade de soluções possíveis para um determinado problema (partindo da premissa que você aprenda com seus erros). Ou seja, fracasso é um dado estatístico. O importante não é propriamente o fracasso, mas a que você *atribui* sua ocorrência. Por que aquilo fracassou? Às vezes achamos que o fracasso não se deve à idéia em si, mas à sua execução, ou a alguma força exterior fora de nosso controle. Pode ser verdade, mas atribuir o fracasso a esse tipo de coisa pode levar a novos fracassos. Iremos perseverar na idéia, achando que a culpa é da execução. Então, quando as coisas não dão certo (e tomara que não dêem, pois se não houver um fracasso ou outro, você não está se esforçando o suficiente), pare e pense. E quando as coisas dão certo (porque às vezes dão), pergunte: De onde veio essa idéia? O que eu estava fazendo logo antes de ter essa grande idéia? A partir das respostas, vamos ver o que você pode fazer para recriar no futuro as condições da criatividade. Preste atenção tanto ao que levou você às idéias quanto às idéias em si. Escreva tudo isso e estude o caminho que você seguiu. É provável que haja um padrão atrás do feliz acaso. Pode ser útil para definir seu código criativo. Use-o.

E isso me leva à última e terceira palavra: *sucesso*. Da mesma forma que *inovação* e *fracasso*, o sucesso também pode engessar sua capacidade — e a dos outros — de criar de forma contínua. Eis a razão. Se o fracasso reduz o número de soluções possíveis, o sucesso acaba com a busca em si. Ao final do grande dia, você põe sua curiosidade na gaveta, a nova idéia na pilha de grandes idéias, todos ficam contentes e vão para casa. Mas lembre do que acontece depois de um sucesso. Ele dá origem a um novo conjunto de regras que, mais uma vez, cegarão você para as novas oportunidades. Mais do que isso, o sucesso cria um novo quadro de referências, pois grandes idéias são reverenciadas — ninguém acha que vá encontrar nada melhor. Por exemplo, o fato da Apple, Starbucks e Google terem tido sucesso com suas inovações não quer dizer que as idéias deles são as melhores. Quer dizer apenas que as idéias deles eram as melhores no momento em que foram criadas. Sucesso sustentável, como acontece com a democracia, não é um lugar onde se chegue, é um desejo. Assim, para ter sucesso com inovação, não pense nela como um lugar, e sim como um caminho. E não se esqueça de olhar de vez em quando para o retrovisor. Você vai ver que tudo já foi feito.

De uma coisa tenho certeza. Quando a próxima grande idéia nascer, você não vai lembrar disso, mas a história vai: "O que já era será de novo; o que já foi feito será feito de novo; não há nada de novo sob o sol. Tudo já estava aqui desde sempre. Ninguém lembra dos homens de antigamente e os homens que estão por vir, eles também não serão lembrados pelos que a eles se seguirão". E é isso que acontece com tudo que é novo.

Notas

Introdução

Edward de Bono é o autor de *Lateral Thinking* (Nova York: Harper Collins, 1973), e um dos maiores acadêmicos de sua área em atividade.

Stage-Gate é um processo popular de gerenciamento de novos produtos, desenvolvido por Robert G. Cooper e Scott J. Edgett. Veja em: www.prod-dev.com.

As estatísticas sobre fio dental, analgésicos e tênis de corrida foram tiradas de W. Michael Cox em seu "Productivity Should Be Higher Still", in Federal Reserve Bank of Dallas, *The Right Stuff: America's Move to Mass Customization* (Dallas: Federal Reserve Bank of Dallas, 1998), p. 6. As cinco marcas de tênis de corrida no mercado em 1970 podem ser encontradas em: www.sneakerhead.com.

Mais detalhes sobre os lenços de papel Anti-Viral Tissues, da Kleenex, em: http://www.kleenex.com/au/range/anti-viral/.

A citação atribuída a Carlos Pellicer (1898-1977) pode ser encontrada em *Vuelo*, revista da Mexicana Airlines, de fevereiro de 2007, p. 86.

Capítulo 1

A citação de Robert Sternberg sobre a relação entre ansiedade e criatividade veio de Robert J. Sternberg e Todd I. Lubart em "Investing in Creativity," *Psychological Inquiry*, 1993, 4, 229.

A informação sobre LifeStraw é de "Design for a Better Planet," *Smithsonian*, maio de 2007, p. 38.

O fracasso de US$ 400 milhões da Ford Motor Company, o Edsel, está descrito em: http://www.edsel.com/anecdote.htm.

Ralph Nader, *Unsafe at Any Speed* (Nova York: Grossman Publishers, 1965). A citação de Andrew Hargadon sobre Henry Ford é de seu livro *How Breakthroughs Happen: The Surprising Truth About How Companies Innovate* (Boston: Harvard Business School Press, 2003), p. 46.

Comentários sobre a fábrica moderna de Henry Ford estão em Hargadon, *How Breakthroughs Happen*.

Capítulo 2

A informação sobre as Musas de Zeus e as fontes de *insights* criativos no mundo antigo veio de Robert Weisberg em seu *Creativity: Understanding Innovation in Problem Solving, Science, Invention, and the Arts* (Hoboken, N.J.: Wiley, 2006), pp. 90-91.

A citação de Platão sobre a inspiração divina é de Margaret Boden em seu *The Creative Mind: Myths and Mechanisms* (Nova York: Basic Books, 1990), p. 4.

A citação de Platão sobre loucura é de George Becker, em seu comentário sobre *Phaedrus*: "The Association of Creativity and Psychopathology," *Creativity Research Journal*, 2001, 13(1), 45-53.

O livro de Joyce Johnson *Minor Characters: A Beat Memoir* (Nova York: Penguin, 1999) é o relato premiado de suas memórias dos anos 1950 e de sua relação com Jack Kerouac.

Herb Caen cunhou o termo *beatnik* em 2 de abril de 1958. Sua coluna foi publicada no *San Francisco Chronicle* seis meses depois do lançamento do satélite russo *Sputnik*. Allen Ginsberg respondeu a ele, dizendo, no *New York Times*: "Se *beatniks* e poetas *beats* nem um pouco iluminados cobrirem este país, eles não terão sido criados por Kerouac, mas pela indústria de comunicação de massa, que continua a fazer lavagem cerebral nos humanos". http://www.richmondreview.co.uk/features/campbe0l.html.

A citação de Harriet Beecher Stowe sobre sua inspiração para *Uncle Tom's Cabin* foi relatada por G. S. Balakrishnan em "The Creative Gene," *Financial Daily*, 26 de julho de 2001.

A análise de Sigmund Freud sobre a Mona Lisa pode ser encontrada em: http://www.studiolo.org/Mona/MONASV12.htm.

Graham Wallas publicou seu modelo de níveis criativos em *The Art of Thought* (Orlando, Fla.: Harcourt, 1926).

Teresa Amabile, *The Social Psychology of Creativity* (Nova York: Springer-Verlag, 1983).

O comentário sobre a Honda é de Gene Landrum em *Profiles of Genius* (Nova York: Prometheus Books, 1993), p. 186.

Capítulo 3

Para análise mais detalhada do jogo mental da Universidade de Cambridge, veja http://www.mrc-cbu.cam.ac.uk/~mattd/Cmabrigde/

Para saber mais sobre os processos de inverter palavras (conhecimentos de gramática, sintaxe e contexto, isto é, sobre a ordem lógica de uma frase gramaticalmente correta), veja David E. Rumelhart em "Toward an Interactive Model of Reading," in R. B. Ruddell, M. R. Ruddell, and H. Singer (eds.), *Theoretical Models and Processes of Reading*, 4ª ed. (Newark, Del.: International Reading Association, 1994).

A demonstração original do efeito aleatório de letras é atribuída a Graham Rawlinson. Ele escreveu uma carta ao *New Scientist* (29 de maio de 1999, p. 55) em resposta a K. Saberi e D. R. Perrot em "Cognitive Restoration of Reversed Speech," *Nature*, 1999, 398, (16) sobre o efeito de se trocar a ordem de pequenos trechos de um discurso. Em sua carta, Graham diz: "Isso me lembra de meu Ph.D. na Universidade de Nottingham (1976), em que letras trocadas no meio das palavras tinham pouco ou nenhum efeito na compreensão de leitores experientes". (http://www.newscientist.com/article.ns?id=mg16221887.600).

Os comentários de Carlos Fuentes sobre seu medo de perder o gosto pela escrita foram feitos durante uma entrevista a Blanca Granados para a *Vuelo*, a revista da Mexicana Airlines, outubro de 2006, p. 108.

Sarah Breedlove Walker e seu método Walker de tratamento de cabelo são citados por Ethlie Ann Vare e Greg Ptacek em seu livro *Mothers of Invention: From the Bra to the Bomb: Forgotten Women and Their Unforgettable Ideas* (Nova York: Quill/Morrow, 1987), p. 69.

Comentários sobre os *insights* de Sir Isaac Newton, Friedrich August Kekule von Stradonitz, Albert Einstein e Paul McCartney vieram de Dan Falk em seu artigo, "Eureka! Where Great Ideas Come From," *University of Toronto Magazine*, outono de 2005, http://www.magazine.utoronto.ca/05autumn/eureka.asp#moments.

A estatística de "Yesterday" dos Beatles como sendo interpretada 7 milhões de vezes no século XX, tornando-se a música mais gravada da história, veio da instituição de controle de direitos autorais BMI (Broadcast Music Incorporated). Algumas fontes citam "White Christmas", de Irving Berlin, originalmente gravada por Bing Crosby, como tendo mais gravações. Veja em: http://en.wikipedia.org/wiki/Yesterday_(song).

Capítulo 4

Sobre a origem da idéia de *A ilha da fantasia*, veja A. Spelling e J. Graham em *Aaron Spelling: A Prime-Time Life*, 2ª ed. (San Bruno, Calif.: Audio Literature, 1996).

Sobre o estudo de como o sono interage com o aprendizado, veja U. Wagner e outros, em "Sleep Inspires Insight," *Nature*, 9 de janeiro de 2004, pp. 352-354.

Os estudos sobre a atividade cerebral de ratos e o exercício de redução numérica vêm da mesma fonte.

As estatísticas sobre *insights* e resolução de problemas são de Matthew Walker em seu "To Sleep, Perchance to Gain Creative Insight," *Trends in Cognitive Sciences*, 2004, 8, 191-192.

Meat Loaf é pseudônimo do cantor de rock Michael Lee Aday, conhecido por seu sucesso *Bat Out of Hell*. "Vou dormir em cima disso e dou minha resposta pela manhã" é da música "Paradise by the Dashboard Light", escrita por Jim Steinman e interpretada por Meat Loaf. http://en.wikipedia.org/wiki/Meat_Loaf.

Capítulo 5

O custo de 50 mil dólares de a *Ilha da fantasia* é citado em: http://en.wikipedia.org/wiki/FantasyIsland.

Para a análise de Robert Schumann, veja R. Weisberg em *Creativity: Understanding Innovation in Problem Solving, Science, Invention, and the Arts* (Hoboken, N.J.: Wiley, 2006).

A citação atribuída a Edward Bowden é de um e-mail dele para mim, datado de 5 de fevereiro de 2007.

O estudo de mergulhadores, no contexto de memória dependente de ambientes, é de D. R. Godden e A. D. Baddeley em "Context-Dependent Memory in Two Natural Environments: On Land and Underwater," *British Journal of Psychology*, 1975, 66, 325–331.

Os estudos de memória no contexto de dependência de estados de humor são atribuídos a Eric Eich em "Searching for Mood Dependent Memory," *Psychological Science*, 1995, 6, 67–75, e S. M. Smith e E. Vela em "Environmental Context-Dependent Memory: A Review and Meta-Analysis," *Psychonomic Bulletin and Review*, 2001, 8, 203–220.

A citação do dr. NakaMats é de: http://www.brainsturbator.com/site/comments/yoshiro_nakamatsu_we_salute_you/.

O investimento em pesquisa do Pentágono (20 milhões de dólares) dedicado a pílulas inteligentes foi citado por Melissa Healy em "Total Recall? 'Smart' Pills Make Headway", *Orlando Sentinel*, 2 de março de 2005.

Para saber mais sobre neurologia cosmética, veja A. Chatterjee em "Cosmetic Neurology: The Controversy over Enhancing Movement, Mentation, and Mood," *Neurology*, 2004, 63, 968–974.

As 512 vitórias e 313 derrotas de Cy Young estão documentadas por Gene Landrum em *Profiles of Genius* (Nova York: Prometheus Books, 1993).

Para Babe Ruth, veja em: http://www.turtletrader.com/babe-ruth.html.

A citação de Mao Tsé-tung é de seu texto de maio de 1963, "Where Do Correct Ideas Come From?" em seu *Four Essays on Philosophy* (Honolulu: University Press of the Pacific, 2001). A citação é de uma passagem sobre "Draft Decision on the Central Committee of the Chinese Communist Party on Certain Problems in Our Present Rural Work." Foreign Language Press Edition. Veja em: http://www.etext.org/Politics/MIM/wim/oncorrect.html.

Capítulo 6

A entrevista de Teri Pall ao *Inventor's Digest* sobre seu telefone sem fio e a invenção de Stephanie Kwolek do Kevlar estão documentadas por Ethlie Ann Vare e Greg Ptack em *Patently Female* (Hoboken, N.J.: Wiley, 2002), pp. 21–22 (telefone sem fio) e pp. 7–8 (Kevlar).

A história do braile é de P. Kimbrough em "How Braille Began," que pode ser encontrado em http://www.brailler.com/braillehx.htm.

A. Gopnik, A. Meltzoff, e P. Kuhl em *Scientist in the Crib* (Nova York: HarperCollins, 2000), http://www.berkeley.edu/news/media/releases/99legacy/8-10-1999.html.

A citação de Steve Jurvetson sobre o pensamento infantil é de uma seção de perguntas e respostas da *Fortune Magazine*, 28 de junho de 2006, a respeito de "questões, pessoas e valores que têm importância hoje". Veja em: http://money.cnn.com/2006/06/27/magazines/fortune/attendeeanswer.fortune/index.htm.

Mais sobre habilidades metacognitivas, com J. Flavell em "Metacognitive Aspects of Problem-Solving," in L. Resnick (ed.), *The Nature of Intelligence* (Mahwah, N.J.: Erlbaum, 1976). Ele argumenta que a metacognição explica por que crianças em idades diferentes lidam com o aprendizado de maneiras diferentes: à medida que as crianças ficam mais velhas, desenvolvem novas estratégias de pensamento. Pesquisas confirmam que crianças mais velhas têm mais consciência do seu processo mental. Veja O. K. Duell em "Metacognitive Skills," in G. Phye and T Andre (eds.), *Cognitive Classroom Learning* (Orlando, Fla.: Academic Press, 1986).

Os historiadores Robert Friedel e Paul Israel documentam as 22 invenções da lâmpada incandescente e a compra de patente por Edison para o território dos Estados Unidos e Canadá por US$ 5 mil em seu livro *Edison's Electric Light: Biography of an Invention* (New Brunswick, N.J.: Rutgers University Press, 1987).

A história da lâmpada de Lewis Latimer é de P. C. Sluby em *The Inventive Spirit of African Americans* (Nova York: Publishers, 2004).

A citação de A. G. Lafley, da P&G, pode ser encontrada em: http://www.allbusiness.com/retail-trade/food-stores/4251276-1.html.

A citação de Hargadon é de seu livro *How Breakthroughs Happen: The Surprising Truth About How Companies Innovate* (Boston: Harvard Business School Press, 2003), p. 46. A citação do diário de Mina Edison também é do livro de Hargadon.

A história da Leica A, de 35 mm, pode ser encontrada em: http://images.google.com/imgres?imgurl=http://www.cameraquest.com/jpg6/Leica_A_3.jpg&imgrefurl=http://www.cameraquest.com/leicaa.htm&h=346&w=224&sz=14&hl=en&start=4&tbnid=Np1RoOzbmZQRcM:&tbnh=116&tbnw=75&prev=/imagespercent3Fqpercent3Dleica percent2B1925 percent26svnum percent3D10percent26hlpercent3Denpercent261rpercent3Dpercent26sa percent3DG. A história da máquina de 35 mm da Canon pode ser lida em http://www.canon.com/camera-museum/.

A história do cartão Diner's Club pode ser encontrada em: http://www.dinersclubnewsroom.com/anniversary.cfm. A história do cartão da American Express em: http://home3.americanexpress.com/corp/os/history.asp.

A história da Code-a-Phone Corporation e sua secretária eletrônica está em: http://home.adelphia.net/~dgudas/code-a-phone.htm. A história da Panasonic e sua secretária eletrônica está em: http://panasonic.net/history/corporate/h_pre.html.

Para saber mais sobre Louis Braille, veja C. M. Mellor em *Louis Braille: A Touch of Genius* (Boston: National Braille Press, 2006). A citação de Keller também é desse livro.

O estudo de 1926 sobre tenacidade é de C. Cox, *Genetic Studies of Genius, Vol. 2: The Early Mental Traits of Three Hundred Geniuses* (Stanford, Calif.: Stanford University Press, 1926). Os estudos de 1952 e 1984 sobre absorção mental em uma tarefa são de A. Roe, "A Psychologist Examines Sixty-Four Eminent Scientists," *Scientific American*, 1952, 187, *21-25*, e D. K. Simonton, *Genius, Creativity, and Leadership* (Cambridge, Mass.: Harvard University Press, 1984). A referência ao estudo biográfico de 1993 com os sete gênios é de H. Gardner, *Creating Minds* (Nova York: Basic Books, 1993).

Capítulo 7

As estatísticas sobre suprimento de água em Israel vieram de Yedidya Atlas em seu "Israel's Water Basics" (1999). http://www.freeman.org/m_online/nov99/atlas.htm. Atlas é correspondente e comentarista para a cadeia de rádio Israel National Radio Arutz-7. Também é consultor do comitê do Freeman Center for Strategic Studies.

Para saber mais sobre a água no Oriente Médio, leia o geólogo Martin Sherman em seu *The Politics of Water in the Middle East* (Nova York: Macmillan, 1999).

Dados sobre a falta de água global e a necessidade de mais alimentos são da United Nations Food and Agricultural Organization: http://www.netafim.com/img/ new_sys/medial/4/449_5602.pdf.

A citação de Aharon Wiener é de R. Popkin em *Technology of Necessity* (Westport, Conn.: Praeger, 1971), p. 66.

As citações de Nakamatsu são de uma entrevista concedida a Chic Thompson, gravada em 29 de abril de 1990, em Pittsburgh, Pensilvânia, no Duquesne Club.

O estudo de criatividade e tempo em locais de trabalho é de Teresa Amabile, Constance N. Hadley e Steven J. Kramer em "Creativity Under the Gun," *Harvard Business Review,* 2002, 80(8), 52-61.

A pesquisa sobre a relação entre gastos em pesquisa e aumentos de venda foi realizada por Booz Allen Hamilton e registrada por B. Jaruzelski, K. Dehoff e R. Bordia em "The Booz Allen Hamilton Global Innovation 1000: Money Isn't Everything," *Strategy + Business,* inverno de 2005, 1-16. A Global Innovation 1000 gastou 384 bilhões de dólares em P&D em 2004, representando um aumento de 6.5% desde 1999. Em 2002, a taxa pulou para 11%. As duas mil corporações que mais gastaram em P&D totalizaram 410 bilhões de dólares, apenas 26 bilhões de dólares, ou 6,8%, a mais do que as mil primeiras. Essa lista inclui 80% a 90% dos maiores investidores em P&D, ou cerca de 60% de todos os investidores, incluindo entidades governamentais. Mas só estão presentes empresas de capital aberto e que divulgam seus gastos na área (empresas financeiras não estão incluídas). A lista estabelece uma relação entre percentagens de investimentos em P&D e vendas, para eliminar questões de tamanho de corporações. Por exemplo, a Intel, número 12 da lista, gasta em P&D 80 vezes o que gasta a muito menor Cymer, número 766, mas ambas têm a mesma relação entre investimento em P&D e vendas: 4,3%. Há indústrias com um percentual de vendas bem mais alto (a farmacêutica tem vendas intrinsecamente superiores à de serviços públicos, por exemplo). Assim, você pode indexar as indústrias por tipo, para normalizar a comparação. Por exemplo, a Toyota, que está no quinto lugar, é um *benchmark* da sua indústria, apesar de estar no terceiro lugar dos maiores investidores de P&D da indústria automobilística. Seu foco em excelência de processos e produtos resultou no menor ciclo de desenvolvimento da indústria, e também em uma posição de liderança em tecnologias híbridas, além de um valor de mercado (em outubro de 2005) que é maior do que a soma de seus três maiores competidores (em capitalização de mercado): 167 bilhões de dólares *versus* 160 bilhões de dólares.

As citações de Trevor Baylis são de seu livro *Clock This: My Life as an Inventor* (Londres: Headline Book Publishing, 1999).

As estatísticas sobre Aids são da ONG CARE em: http://www.care.org/campaigns/hiv.asp?source=170740260000&WT.srch=1.

A citação de Matthew Bond pode ser vista no livro de Baylis, *Clock This*, p. 240.

A história de James Dyson e as estatísticas de seu sucesso são citadas por Hannah Clark no artigo "James Dyson Cleans Up", *Forbes*, 1 de agosto de 2006. http://www.forbes.com/2006/08/01/leadership-facetime-dyson-cx_hc_0801dyson.html.

Sobre os momentos-ahá, veja M. Jung-Beeman e outros, "Neural Activity Observed in People Solving Verbal Problems with Insight," *Public Library of Science—Biology*, 2004, 2, 500-510. E. M. Bowden e M. Jung-Beeman, "Aha! Insight Experience Correlates with Solution Activation in the Right Hemisphere," *Psychonomic Bulletin and Review*, 2003, 10, 730-737. M. Jung-Beeman e E. M. Bowden, "The Right Hemisphere Maintains Solution-Related Activation for Yet-to-Be Solved Insight Problems," *Memory and Cognition*, 2000, 28, 1231-1241. M. J. Beeman, E. M. Bowden e M. A. Gernsbacher, "Right and Left Hemisphere Cooperation for Drawing Predictive and Coherence Inferences During Normal Story Comprehension," *Brain and Language*, 2000, *71*, 310-336. E. M. Bowden e M. J. Beeman, "Getting the Right Idea: Right Hemisphere Contributions to Solving Insight Problems," *Psychological Science*, 1998, 9, 435-440.

Para saber como dicas inconscientes modificam nosso pensamento, veja E. M. Bowden em "The Effect of Reportable and Unreportable Hints on Anagram Solution and the Aha! Experience," *Consciousness and Cognition*, 1997, 6, 545-573.

As estatísticas e citações sobre a Shimano foram dadas por Catherine Fredman em "Executive Secrets," *Hemispheres*, fev. de 2007, pp. 82-87.

J. Diamond, *Guns, Germs, and Steel: The Fates of Human Societies* (Nova York: Norton, 2005).

A discussão das diferenças do *Corpus callosum* em homens e mulheres é atribuída a C. Lacoste-Utamsing e R. L. Holloway em "Sexual Dimorphism in the Human Corpus Callosum," *Science*, 1982, 216, 1431-1432.

Fracassos são discutidos por J. W. Schooler e S. Dougal em "Why Creativity Is Not Like the Proverbial Typing Monkey," *Psychological Inquiry*, *1999*, 10, 351-356. Schooler e Dougal discutem a obra de C. M. Seifert e outros, "Demystification of Cognitive Insight: Opportunistic Assimilation and the Prepared-Mind Perspective," in R. J. Sternberg e J. E. Davidson (eds.), *The Nature of Insight*. Cambridge, Mass.: MIT Press, 1995.

Capítulo 8

Mais sobre o cérebro de Einstein em M. Paterniti, *Driving Mr. Albert: A Trip Across America with Einstein's Brain* (Nova York: Dial Press, 2001).

Mais sobre a perda do cérebro de Einstein e sobre a análise de Marian C. Diamond na porção 39, em F. Balzac em "Exploring the Brain's Role in Creativity," *Neuropsychiatry Reviews,* 2006, 7(1), 19-20. http://www.neuropsychiatryreviews.com/may06/einstein.html

Dados sobre inscrição e organização da Society for Neuroscience são do website: http://apu.sfn.org/index.cfm?pagename=about_SfN. M. C. Diamond, A. B. Scheibel, G. M. Murphy Jr e T. Harvey em "On the Brain of a Scientist: Albert Einstein," *Experimental Neurology,* 1985, 88, 198-204.

A discussão sobre o cérebro de Einstein é de Balzac em "Exploring the Brain's Role in Creativity."

Comentários de Heilman em K. M. Heilman, S. E. Nadeau e D. O. Beversdorf, e "Creative Innovation: Possible Brain Mechanisms," *Neurocase,* 2003, 9, 369-379.

Comentários de Art Fry sobre *insight* criativo são de um artigo da MSNBC.com de 27 de abril de 2004, com o título de "Behind Eureka! Plenty of Preparation: Accidental Inventions? They Are More Myth Than Reality."

Para saber mais sobre assimilação oportunista, veja "Incubation in Problem Solving as a Context Effect", de Rachel Seabrook (Oxford Brookes University) e Zoltan Dienes (Sussex University) em http://www.lifesci.sussex.ac.uk/home/Zoltan_Dienes/Seabrookpercent20&percent20Dienes percent2003.pdf.

J. Watson e F. Crick, "The Molecular Structure of Nucleic Acids: A Structure for Deoxyribose Nucleic Acid", *Nature,* 1953, 171(4356), 737-738.

A definição de *scholé* é de P. Madow em *Recreation in America* (Nova York: Wilson, 1965), p. 31.

A citação de Aristóteles sobre escolas é de M. Mead em "The Patterns of Leisure in Contemporary American Culture", in E. Larrabee e R. Meyersoh (eds.), *Mass Leisure* (NovaYork: Free Press, 1958), pp. 11-12.

A carta de Thomas Jefferson para George Rogers Clark é mencionada em "American Journeys: Eyewitness Accounts of Early American Exploration and Settlement", http://www.americanjourneys.org/lewisclark.asp.

O terremoto da Calábria, Itália, que deixou 50 mil mortos, foi relatado em "Italy's Earthquake History", BBC News, 31 de outubro de 2002, http://news.bbc.co.uk/1/hi/world/europe/2381585.stm.

Para a citação de Beister, veja N. Hinske e M. Albrecht (eds.), *Was ist Aufklarung? Beitrage aus der Berlinische Monatsschrift,* 4ª ed. (Darmstadt: Wissenschaftliche Buchgesellschaft, 1990).

A pergunta de Johann Friedrich Zöllner, "What is Enlightenment?" foi publicada em dezembro de 1783 no *Berlin Monthly.* Fato citado por James Schmidt em *The Modern Scholar: The Enlightenment* (audiolivro).

O número de 22 diferentes definições de Iluminismo é de Schmidt, *The Modern Scholar.*

A resposta de Immanuel Kant à pergunta de Zöllner é de "Beantwortung der Frage: Was ist Aufklarung", de Kant, e pode ser encontrada em H. Reiss (ed.), *Kant's Political Writings* (Cambridge: Cambridge University Press 1970), p. 54. James Schmidt fala da resposta de Kant no seu artigo "The Question of Enlightenment: Kant, Mendelssohn, and the Mittwochsgesell-schaft", *Journal of the History of Ideas*, 1989, 50, 269-291.

Estudos sobre o uso do tempo podem ser encontrados no U.S. Department of Labor Bureau of Labor Statistics em seu release de imprensa "American Time Use Survey" 2005 results, 27 de julho de 2006, em: http://www.bls.gov/news.release/pdf/atus.pdf.

Os feitos de Antoine Lavoisier vêm de sua biografia em: http://en.wikipedia.org/wiki/Antoine_Lavoisier.

Os feitos de Benjamin Franklin vem de sua biografia em http://en.wikipedia.org/wiki/Benjaminfranklin.

N. Howe e W. Strauss, *Millennials Rising: The Next Great Generation* (Nova York: Random House, 2000).

Capítulo 9

"The world's funniest joke" foi um estudo feito por Richard Wiseman, da Universidade de Hertfordshire, em 2002. Wiseman criou um site e solicitou o envio de piadas. Os internautas deveriam depois dar notas a elas. Cerca de 40 mil pessoas enviaram e 2 milhões votaram. O vencedor foi Gurpal Gosall, de Manchester, England. http://en.wikipedia.org/wiki/World%27s_funniest_joke.

O aumento do número de médicas veio de uma apresentação dada por Dixie Mills, M.D., FACS, Department of Surgery, Maine Medical Center, em 19 de setembro de 2003. http://www.womensurgeons.org/aws_library/pub_resources.htm.

A citação de Heráclito é relatada em "Heraclitus: The Complete Fragments: Translation and Commentary and the Greek Text", traduzida por William Harris, fragmento 98; http://community.middlebury.edu/-harris/Philosophy/heraclitus.pdf.

A citação de Avicena sobre Aristóteles está em http://en.wikipedia.org/wiki/Law_of_non-contradiction.

A frase "Mudanças graduais levam a súbitas alterações de forma (hua)" pode ser encontrada em Stephen Karcher, *Ta Chuan: The Great Treatise* (Nova York: St. Martin's Press, 2000), p. 53.

A história da Sony e da Philips sobre a criação do CD é citada por Joel Barker em *Paradigms: The Business of Discovering the Future* (Nova York: Harperbusiness, 1993).

A progressão não-linear da ciência é sugerida por Thomas Kuhn em *The Structure of Scientific Revolutions,* 3ª ed. (Chicago: University of Chicago Press, 1996), p. vii.

A citação do fundador da DEC, Ken Olsen sobre computadores domésticos está disponível em http://en.wikipedia.org/wiki/Ken_Olsen.

O resultado da charada das duas cordas, de Maier, é citado por R. E. Landrum em "Maier's (1931) Two-String Problem Revisited: Evidence for Spontaneous Transfer?", *Psychological Reports,* 1990, 67, 1079–1088.

O comentário de William Klann depois de uma visita à fábrica da Swift está em A. Hargadon, *How Breakthroughs Happen: The Surprising Truth About How Companies Innovate* (Boston: Harvard Business School Press, 2003), p. 43.

A definição de meme, de Richard Dawkins, está em http://en.wikipedia.org/wiki/Memes.

Os dados sobre as diferenças entre orientais e ocidentais relativas a inovação e criatividade estão em P. Herbig, *Innovation Japanese Style: A Cultural and Historical Perspective* (Westport, Conn.: Quorum Books, 1995).

A definição de *ii ko* ("um bom menino") é de H. Stevenson, *Child Development and Education in Japan* (Nova York: Freeman, 1986).

O conceito chinês de *xiao* aparece em A. Kinney, *Chinese Views of Childhood* (Honolulu: University of Hawaii Press, 1995).

As imagens de Richard Nisbett são de seu livro *The Geography of Thought: How Asians and Westerners Think Differently... and Why* (Nova York: Free Press, 2003).

Para saber mais sobre círculos criativos, veja P. Herbig e L. Jacobs, "Creative Problem-Solving Styles in the USA and Japan," *International Marketing Review,* 1996, 13(2), 63–71.

Capítulo 10

O material sobre Darwin e Wallace está em http://links.jstor.org/sici?sici=0021-8510(198101)15%3A1%3C17%3ACAESCR%3E2.0.CO%3B2-T.

As estatísticas sobre mestres de xadrez são de Mark Jeays, "A Brief Survey of Psychological Studies of Chess" (http://jeays.net/files/psychchess.htm), que referencia P. Saariluoma, *Chess Players' Thinking: A Cognitive Psychological Approach* (Londres: Routledge, 1995).

A informação de que um adulto reconhece mais de 20 mil palavras de sua língua nativa é de R. W. Weisberg, *Creativity* (Hoboken, N.J.: Wiley, 2006).

Para mais informações sobre os estudos de Alfred Binet, veja em: http://www.psychology.sbc.edu/Alfred%20Binet.htm.

Estatísticas sobre a memória de Goetz são de M. Jeays, "A Brief Survey of Psychological Studies," com referências a D. H. Holding, *The Psychology of Chess Skill* (Mahwah, N.J.: Erlbaum, 1985).

A. D. de Groot, *Thought and Choice in Chess* (The Hague: Mouton, 1965). O estudo de 1973 é de H. A. Simon e K. J. Gilmartin em "A Simulation of Memory for Chess Positions", *Cognitive Psychology*, 1973, 5, 29-46.

Anotações algébricas são uma maneira comum de descrever posições de xadrez. A letra *a* até *g* são as colunas, números de 1 a 8 são as linhas horizontais.

O registro de Aaron Spelling no *Guinness Book of World Records* foi publicado em NDB's "Tracking the Entire World", e em uma biografia de Spelling: http://www.nndb.com/people/950/000022884/.

As citações de Spelling's são de A. Spelling e J. Graham, *Aaron Spelling: A Prime-Time Life*, 2ª ed. (San Bruno, Calif.: Audio Literature, 1996).

O diálogo introdutório e uma lista dos astros convidados de *Charlie's Angels* estão em: http://www.thrillingdetective.com/angels.html.

A frase "Improvisação escolar sobre estruturas" é parte de uma entrevista com Daniel Goldstein: J. Rigby, "Virtual TV", *University of Chicago Magazine,* dez. de 1994. http://magazine.uchicago.edu/9412/Featl.html. Sua citação sobre a improvisação está em http://www.dangoldstein.com/creative.html.

A biografia de Stelios está em http://en.wikipedia.org/wiki/Stelios_Haji-Ioannou. Informação sobre o easyGroup pode ser encontrada em http://www.easy.com/about/index.html.

Epílogo

"Não há nada de novo sob o sol." Eclesiastes 1:9-14.

Bibliografia ampliada

Amabile, T. M. *Creativity in Context.* Boulder, Colo.: Westview Press, 1996. Amabile, T. M. "How to Kill Creativity." *Harvard Business Review,* 76 (5), 1998, pp. 76-87.

Boden, M. A. *The Creative Mind: Myths and Mechanisms.* Nova York: Routledge, 2004.

Csikszentmihalyi, M. *Creativity: Flow and the Psychology of Discovery and Invention.* Nova York: HarperCollins, 1997.

De Bono, E. *Lateral Thinking: Creativity Step-by-Step.* Nova York: HarperCollins, 1973.

Guilford, J. P. *The Nature of Human Intelligence.* Nova York: McGraw-Hill, 1967.

Razeghi, A. *Hope: How Triumphant Leaders Create the Future.* San Francisco: Jossey-Bass, 2006.

Simonton, D. K. *Origins of Genius: Darwinian Perspectives on Creativity.* Nova York: Oxford University Press, 1999.

Smith, S. M., Blakenship, S. E. "Incubation and the Persistence of Fixation in Problem Solving." *American Journal of Psychology,* 1991, 104, 61-87.

Spearman, C. *Creative Mind.* Nova York: Appleton-Century Crofts, 1931.[

Sternberg, R. J., Lubart, T. I. "The Concept of Creativity: Prospects and Paradigms." In R. J. Sternberg (ed.), *Handbook of Creativity.* Cambridge: Cambridge University Press, 1999.

Torrance, E. P. *Torrance Tests of Creative Thinking.* Bensenville, Ill.: Scholastic Testing Service, 1974.

Wallas, G. *Art of Thought.* Orlando: Harcourt, 1926.

Weisberg, R. W. *Creativity: Beyond the Myth of Genius.* Nova York: Freeman, 1993.

_____. "Genius and Madness: A Quasi-Experimental Test of the Hypothesis That Manic-Depression Increases Creativity." *Psychological Science,* 1994, 5, 361-367.

Agradecimentos

Agradeço a todos que me ajudaram a moldar as idéias que estão entre as duas capas deste livro, tanto no presente quanto no passado. Agradeço principalmente a Edward Bowden por sua orientação, criatividade e profundidade de conhecimentos. Encontramo-nos como estranhos, e por meio desse projeto e de nosso interesse mútuo na origem das idéias nos tornamos amigos. Agradeço também a Robert Weisberg da Temple University, Teresa Amabile da Harvard University, Edward de Bono da University of Malta, e Mark Jung-Beeman da Northwestern University pela sua generosidade e dedicação de toda uma vida a pesquisar e promover a criatividade, e por me darem seu apoio. Obrigado também à minha esposa, Cindy, que é tão inspiradora não só para mim, mas para todos os que a cercam. Agradeço a meu filho Charlie pelo seu *insight* sobre como persuadir o pai a deixá-lo comer bolinhos no café da manhã; e agradeço ao meu filho recém-nascido, Matthew, por seus gritantes pontos de vista. Obrigado também a meu irmão, Alan, por seus *insights* na arte da improvisação. E meu obrigado à minha comunidade de amigos criativos: Salvador Alva, Adriana Garza, Eduardo de la Garza e Ernesto Sanchez, da PepsiCo; Carlos Cruz e os estudantes e professores do Instituto Tecnológico de Monterrey; Tom Stat e o pessoal criativo da IDEO; e Urs Eberhard, Maureen Hubbs, Neil Hart, John Ward, Chuck Templeton, Jonathan Greenblatt e Paul Sestak. Obrigado também à equipe de Jossey-Bass por seu profissionalismo e dedicação à palavra escrita: Susan Williams, Rob Brandt, Mary Garrett, Beverly Miller e Carolyn Miller Carlstroem. Finalmente, meu obrigado aos meus alunos na Northwestern University por seu idealismo generoso, entusiasmo sem fim e vontade de fazer o bem.

CRÉDITO DE ILUSTRAÇÕES/CITAÇÕES

Capítulo 4 — figuras 4.1 e 4.2: "Sleep Inspires Insight", de Ullrich Wagner, Staffen Gais, Hilde Haider, Rolf Verleger e Jan Born, *Nature*, 427 (22), janeiro de 2004. Reproduzidas com autorização de Nature Publishing Group. © Clearance Center.

Capítulo 5 — figuras 5.1, 5.2 e 5.3: *Creativity: Understanding Innovation in Problem Solving, Science, Invention, and the Arts*, de Robert Weisberg. © 2006 by John Wiley & Sons, Inc. Reproduzidas com autorização da John Wiley & Sons.

Capítulo 5 — as citações do doutor Edward Bowden foram reproduzidas com a autorização dele.

Capítulo 7 — as citações de Baylis foram extraídas de *Clock This: My Life as Inventor*, de Trevor Baylis. © 1999 by Trevor Baylis. Pulicado por Headline Books Publishing.

Capítulo 9 — as figuras 9.2, 9.3 e 9.4 foram reproduzidas com autorização da The Free Press, um selo da Simon & Schuster Adult Publishing Group, de *The Geography of Thought: How Asians and Westerners Think Differently... and Why*, de Richard E. Nisbett. © 2003 by Richard Nisbett. Todos os direitos reservados.

Capítulo 10 — as citações de Aaron Spelling foram reproduzidas de *Aaron Spelling: A Prime-Time Life*, de Aaron Spelling e Jefferson Graham. © 1996 by Aaron Spelling e Jefferson Graham. Publicado por St. Martin's Press.

Capítulo 10 — as citações de Daniel Goldstein foram reproduzidas de "Virtual TV", entrevista com Daniel Goldstein conduzida por Julie Rigby, da University of Chicago Magazine, em dezembro de 1994, e extraídas do site www.dangoldstein.com. Reproduzidas com autorização do autor.